Princípios Processuais Civis na Constituição

CÓPIA NÃO AUTORIZADA É CRIME
ABDR
ASSOCIAÇÃO BRASILEIRA DE DIREITOS REPROGRÁFICOS
RESPEITE O DIREITO AUTORAL

Preencha a **ficha de cadastro** no final deste livro
e receba gratuitamente informações
sobre os lançamentos e as promoções da
Editora Campus / Elsevier.

Consulte também nosso catálogo
completo e últimos lançamentos em
www.campus.com.br

Olavo de Oliveira Neto
Maria Elizabeth de Castro Lopes
organizadores

Princípios Processuais Civis na Constituição

Alexandre Sormani

Flávio Luís de Oliveira

Jefferson Aparecido Dias

João Batista Lopes

Leonardo Ferres da Silva Ribeiro

Maria Elizabeth de Castro Lopes

Nelton Agnaldo Moraes dos Santos

Olavo de Oliveira Neto

Olivar Augusto Roberti Coneglian

Patrícia Elias Cozzolino de Oliveira

Paulo Hoffman

Sergio Seiji Shimura

Walter Claudius Rothenburg

ELSEVIER

CAMPUS
JURÍDICO

© 2008, Elsevier Editora Ltda.

Todos os direitos reservados e protegidos pela Lei nº 9.610, de 19/02/1998.
Nenhuma parte deste livro, sem autorização prévia por escrito da editora,
poderá ser reproduzida ou transmitida, sejam quais forem os meios empregados:
eletrônicos, mecânicos, fotográficos, gravação ou quaisquer outros.

Editoração Eletrônica
SBNIGRI Artes e Textos Ltda.

Copidesque
Maria da Glória Silva de Carvalho

Revisão Gráfica
Vania Coutinho Santiago

Projeto Gráfico
Elsevier Editora Ltda.
A Qualidade da Informação
Rua Sete de Setembro, 111 — 16º andar
20050-006 — Rio de Janeiro — RJ — Brasil
Telefone: (21) 3970-9300 Fax (21) 2507-1991
E-mail: info@elsevier.com.br
Escritório São Paulo
Rua Quintana, 753 – 8º andar
04569-011 – Brooklin – São Paulo – SP
Telefone: (11) 5105-8555

ISBN: 978-85-352-2916-5

Muito zelo e técnica foram empregados na edição desta obra. No entanto, podem ocorrer erros de digitação, impressão ou dúvida conceitual. Em qualquer das hipóteses, solicitamos a comunicação à nossa Central de Atendimento para que possamos esclarecer ou encaminhar a questão.
Nem a editora nem o autor assumem qualquer responsabilidade por eventuais danos ou perdas, a pessoas ou bens, originados do uso desta publicação.

Central de Atendimento
Tel.: 0800-265340
Rua Sete de Setembro, 111, 16º andar – Centro – Rio de Janeiro
E-mail: info@elsevier.com.br
Site: www.campus.com.br

CIP-Brasil. Catalogação-na-fonte.
Sindicato Nacional dos Editores de Livros, RJ

P952   Princípios processuais civis na Constituição / [coordenadores Maria Elisabeth de Castro Lopes, Olavo de Oliveira Neto]. – Rio de Janeiro: Elsevier, 2008.

        Inclui bibliografia
        ISBN 978-85-352-2916-5

        1. Processo civil – Brasil. 2. Brasil. [Constituição (1988)]. I. Lopes, Maria Elisabeth de Castro. II. Oliveira Neto, Olavo de.

08-0257.   CDU: 347.91/.95

Os Autores

Alexandre Sormani
Juiz Federal e ex-Procurador Federal. Mestre em Direito pelo CPG – ITE – Bauru/SP. Professor universitário, Professor do curso de pós-graduação da Universidade Federal do Mato Grosso do Sul de Três Lagoas/MS, do curso de pós-graduação da Fadap de Tupã/SP, do curso de pós-graduação da Univem de Marília/SP e do curso da Escola da Magistratura do Paraná de Jacarezinho/PR.

Flávio Luís de Oliveira
Mestre e Doutor em Direito pela Universidade Federal do Paraná – UFPR. Docente dos Cursos de Mestrado e Doutorado em Direito da Instituição Toledo de Ensino. Membro do Instituto Ibero-americano de Direito Processual. Membro do Instituto Brasileiro de Direito Processual. Advogado.

Jefferson Aparecido Dias
Procurador da República, Doutorando pela Universidad Pablo de Olavide – Sevilha/Espanha, Mestre em Teoria do Direito e do Estado e Professor em cursos de pós-graduação.

João Batista Lopes
Professor dos cursos de mestrado e doutorado da PUC/SP. Desembargador aposentado. Consultor jurídico. Membro do Instituto Brasileiro de Direito Processual.

Leonardo Feres da Silva Ribeiro
Mestre e Doutorando em Direito Processual Civil pela PUC/SP. Pós-Graduado, com título de especialista, em Direito dos Contratos e Direito Processual Civil. Professor Assistente e

Palestrante do curso de pós-graduação *lato sensu* em Processo Civil do Cogeae – PUC/SP. Professor da Escola Superior de Advocacia da OAB/SP. Membro do Instituto Brasileiro de Direito Processual – IBDP. Advogado em São Paulo.

Maria Elizabeth de Castro Lopes
Mestre e Doutora em Direito pela PUC/SP. Professora de Direito Processual Civil na Faap. Membro do Instituto Brasileiro de Direito Processual. Membro Fundador do Cebepej. Advogada.

Nelton Agnaldo Moraes dos Santos
Desembargador Federal no Tribunal Regional Federal da 3ª Região. Mestre em Direito Processual pela Universidade de São Paulo. Ex-juiz de Direito em Mato Grosso do Sul e ex-Promotor de Justiça no Paraná.

Olavo de Oliveira Neto
Mestre e Doutor pela PUC/SP. Pós-Doutorado na Università Degli Studi di Milano. Professor do programa de doutorado, mestrado, especialização e graduação da ITE-Bauru. Professor de Direito Processual Civil da Escola da Magistratura do Paraná e em inúmeros cursos de especialização. Juiz formador da Escola Paulista da Magistratura. Prêmio *"Professor Nota 10"* de 1998. Juiz de Direito no Estado de São Paulo. Ex-Promotor de Justiça no Estado de São Paulo. Ex-Procurador do Estado de São Paulo.

Olivar Augusto Roberti Coneglian
Juiz de Direito no Estado do Mato Grosso do Sul. Graduado pela Faculdade de Direito da Universidade Federal do Paraná e Mestre em Direito Constitucional pela ITE/Bauru.

Patrícia Elias Cozzolino de Oliveira
Defensora Pública do Estado do Mato Grosso do Sul, Especialista em Direito Processual Penal pela Universidade Católica Dom Bosco – Campo Grande/MS e Mestre em Direito Constitucional pela ITE – Bauru/SP.

Paulo Hoffman
Doutorando, Mestre e Especialista em Direito Processual Civil pela PUC/SP. Especialista em Direito Processual Civil pela *Università Degli Studi di Milano*. Membro do Instituto Brasileiro de Direito Processual. Professor da Escola Superior da Advocacia. Advogado em São Paulo.

Sergio Seiji Shimura
Membro do Ministério Público do Estado de São Paulo. Mestre, Doutor e Livre-Docente pela PUC/SP, Professor nos programas de graduação e pós-graduação da PUC/SP e do Unifieo – Centro Universitário Fieo, Professor da Escola Superior do Ministério Público.

Walter Claudius Rothenburg
Procurador Regional da República, Mestre e Doutor em Direito pela UFPR, Pós-graduado em Direito Constitucional pela Universidade de Paris II, Professor do Programa de Pós-Graduação em Direito da Instituição Toledo de Ensino (ITE) de Bauru-SP.

Apresentação

Vivemos uma época de reformas, que nos permite perceber, em todas as disciplinas afetas à ciência jurídica, um anseio por adaptar institutos antigos e considerados ultrapassados a uma nova realidade social. Busca-se implementar novos valores e traçar novos perfis, sempre em consonância com o ideal de distribuição de uma Justiça rápida e eficaz.

Para atingir esse escopo é necessário que o sistema jurídico acompanhe a evolução e o progresso social, o que obriga uma mudança de perspectiva no estudo do Direito.

O estilo tradicional de ensino a partir do exame da legislação deve ceder passo à investigação científica, que exige pleno conhecimento da principiologia jurídica, razão pela qual os coordenadores desta coletânea aceitaram o desafio de convidar uma plêiade de especialistas para concretizar essa empreitada.

Após muita reflexão, a coordenação apresentou à Editora Campus/Elsevier um projeto de coletânea sobre os princípios do processo civil na Constituição.

Tomou-se como premissa o fato de que passamos por uma fase de reforma da nossa legislação, fruto da constitucionalização do processo promovida pela Constituição de 1988 e da reforma ideológica promovida pelos ideais de acesso à Justiça, instrumentalidade e efetividade do processo; enquanto se demonstra nítido o desiderato de aparelhar o Poder Judiciário, em todas suas esferas de competência, de uma estrutura adequada para seu bom funcionamento, seja com o maior número de magistrados e de funcionários, seja com a modernização nos sistemas de gerenciamento da máquina judiciária em todas as suas facetas, em especial no tocante à informatização.

Assim, resta a implementação da reforma ideológica, impondo-se uma nova forma de pensar e de aplicar o Direito Processual Civil.

A maioria de nós, situação que é notória, teve nos bancos universitários uma formação tradicional, onde as aulas meramente expositivas costumavam preocupar-se apenas com a apresentação dos textos legais e da posição dos diversos doutrinadores a respeito de um determinado tema, sem o compromisso de desenvolver no graduando um raciocínio lógico-jurídico voltado à aplicação dos textos em consonância com um sistema de princípios que informam a atividade processual civil.

Para aqueles de formação mais antiga, infelizmente, já que entre estes nos incluímos, um princípio nada mais era do que um conselho, sem força para vincular e que restava afastado nos casos em que colidia com uma regra. Tinha seu campo de incidência como coadjuvante na interpretação da regra ou para colmatar lacunas, onde a lei era omissa.

Hoje, entretanto, enfrentamos nova realidade. Os princípios vinculam; e, em caso de colidência com uma regra, pode esta ser afastada e aplicado aquele, que se apresenta como uma diretriz para todo o sistema. Assim sendo, torna-se intuitivamente perceptível a importância que se deve atribuir aos princípios processuais inseridos na Constituição Federal, dando-lhes tratamento adequado e em consonância com sua nova realidade.

Daí, também, a importância e a razão de ser desta obra. Escrita por autores de renome e já consagrados no cenário jurídico, cada princípio processual inserido na Constituição Federal é tratado de modo profundo e em harmonia com os demais princípios, dando a exata noção do seu perfil e da sua estrutura.

Deixamos registrados nossos agradecimentos a todos os autores participantes desta obra, que não mediram esforços para apresentar um trabalho de excepcional qualidade, o que fez com que o conjunto, materializado neste livro, se tornasse uma obra bastante profunda, em perfeita harmonia com a realidade hodierna.

Somos gratos, também, à Editora Campus/Elsevier na pessoa de sua gerente editorial Dra. Marisa Portela Harms, que desde o início prestigiou nosso trabalho e colocou à nossa disposição os meios necessários para a concretização de nosso projeto.

Olavo de Oliveira Neto
Maria Elizabeth de Castro Lopes

Sumário

Sistema, regras e princípios na Constituição brasileira de 1988   1
Patrícia Elias Cozzolino de Oliveira

Princípio do devido processo legal   25
Jefferson Aparecido Dias

Princípio da inafastabilidade do controle jurisdicional   47
Leonardo Ferres da Silva Ribeiro

Princípio do acesso à Justiça   79
Flávio Luís de Oliveira

Princípio do contraditório   101
Maria Elizabeth de Castro Lopes

Princípio da ampla defesa   119
João Batista Lopes

Princípio da isonomia   137
Olavo de Oliveira Neto e Patrícia Elias Cozzolino de Oliveira

Princípio do juiz natural   155
Olivar Augusto Roberti Coneglian

Princípio da publicidade   173
Nelton Agnaldo Moraes dos Santos

Princípio da fundamentação das decisões judiciais   193
Olavo de Oliveira Neto

Princípio do duplo grau de jurisdição   215
Alexandre Sormani

Princípio da efetividade   241
Maria Elizabeth de Castro Lopes e João Batista Lopes

Princípio da proibição da prova ilícita   255
Sérgio Shimura

Princípio da proporcionalidade   283
Walter Claudius Rothenburg

Princípio da razoável duração do processo   321
Paulo Hoffman

SISTEMA, REGRAS E PRINCÍPIOS NA CONSTITUIÇÃO BRASILEIRA DE 1988

*Patrícia Elias Cozzolino de Oliveira**

> **Sumário**: Introdução. 1. Lei, Juízo e Princípio. 2. Distinção entre Valor e Princípio. 3. Princípios. 3.1. Conceito de Princípio e Distinção de Regra. 3.2. Função dos Princípios no Sistema Constitucional Contemporâneo. 4. Sistema Constitucional Aberto. 4.1. Postulados Interpretativos no Sistema Constitucional Aberto Brasileiro. 5. Teoria Dialógica. 6. Conclusões 7. Bibliografia.

INTRODUÇÃO

Este estudo busca traçar os contornos principais do sistema aberto de regras e princípios na Constituição brasileira de 1988, demonstrando a distinção entre lei, juízo e princípio, bem como expondo que existe uma opção ideológica feita pelo constituinte originário que é definida pelos valores elegidos para integrarem a estrutura dos princípios constitucionais, que se não são sinônimos de valores, não deixam de tê-los em sua estrutura.

A opção metodológica de desenvolvimento do tema foi o raciocínio indutivo, ou seja, partimos de categorias específicas da ciência do Direito, como lei, juízo e princípio, para, ao curso do desenvolvimento, irmos contextualizando-as no macrocosmo que é o sistema aberto na Constituição de 1988 e seus postulados interpretativos.

Para aquele que se interesse sobre o tema, fica a advertência de que este estudo é uma breve introdução sobre o assunto,

---

* Defensora Pública do estado do Mato Grosso do Sul, Especialista em Direito Processual Penal pela Universidade Católica Dom Bosco – Campo Grande/MS e Mestre em Direito Constitucional pela ITE – Bauru/SP.

pois, por ser fascinante e profundo, demandaria não só um singelo capítulo como este, mas um estudo de fôlego a se corporificar em livro.

Por derradeiro, espera-se que este tópico cumpra a função de preparar o leitor para os próximos capítulos, que tratarão do panorama específico de cada princípio referente ao processo civil brasileiro.

1. LEI, JUÍZO E PRINCÍPIO

O Direito é uma ciência específica e seu campo de estudo é o ser e o dever-ser, diferentemente das ciências naturais, que estudam somente o ser. Como ciência que é, o Direito utiliza estruturas comuns a toda teoria do conhecimento, a exemplo dos paradigmas lei, juízo e princípio.

A idéia de lei, em sentido amplo, diz respeito a um enunciado sobre um saber científico determinado. Assim também ocorre na ciência do Direito, mas nesta há distinções a serem feitas; a primeira delas é o fato da lei ser uma espécie do gênero norma jurídica. A segunda distinção entre lei no campo das ciências naturais e no da ciência do Direito é a existência de sanção, em face do descumprimento ou inobservância da lei, o que só ocorre na seara da ciência do Direito.

Às leis naturais é inimaginável a inclusão da sanção na estrutura que as prescrevem, isto porque o descumprimento gera uma conseqüência fática que não depende do Estado, mas decorre da própria natureza, por exemplo, a inobservância da "lei da gravidade" para aquele que se lança de um edifício, acarreta a conseqüência morte, ônus natural decorrente da citada inobservância, o que torna a sanção desnecessária.

Miguel Reale afirma:

> As leis naturais não são sancionadas, nem sancionáveis, porque as conseqüências por elas previstas resultam necessariamente do fato em seus nexos causais. As leis morais ou jurídicas não se podem, porém, compreender desprovidas de sanção.[1]

---

[1] Reale, 1994, p. 205.

O escopo da ciência do Direito é alcançar a mudança de comportamento das pessoas com a adoção do dever-ser prescrito na norma jurídica, logo, a exigência do cumprimento do dever-ser é uma decorrência lógica desta ciência. Essa exigência ocorre no plano do concreto por meio da imposição de sanção à inobservância da norma jurídica.

A norma jurídica é um comando prescritivo que visa à concretização da conduta e interfere no plano do dever-ser, possuindo como espécies: as regras, também chamadas de leis, e os princípios. Logo, ambas as modalidades do gênero norma jurídica, regras e princípios, quando descumpridas ou não observadas acarretam a imposição de sanção por parte do Estado.

Miguel Reale assim define sanção:

> Sanção é toda conseqüência que se agrega, intencionalmente, a uma norma, visando ao seu cumprimento obrigatório. Quando a medida se reveste de uma expressão de força física, temos propriamente o que se chama coação. A coação, de que tanto falam os juristas é, assim, uma espécie de sanção, ou seja, a sanção de ordem física.[2]

Pode-se afirmar que o sentido utilizado para sanção, quando se diz que não há norma jurídica desprovida de sanção, é um sentido amplo, ou seja, esta não é simplesmente uma conseqüência imediata contida na mesma norma jurídica, como ocorre no Direito Penal quando determina: "Matar alguém. Pena de 06 a 20 anos." Sanção, neste contexto, é uma conseqüência negativa direta, prevista hipotética e genericamente para os casos de descumprimento da norma; mas poderá ser encontrada na mesma norma jurídica que se visa proteger ou mesmo em outra norma jurídica existente no sistema, a exemplo da inconstitucionalidade de uma lei infraconstitucional que não observe um princípio constitucional.

Tércio Sampaio Ferraz Júnior afirma o caráter coercitivo de todo e qualquer discurso normativo,[3] mas orienta que a sanção

---

[2] *Op. cit.*, p. 207-208.
[3] Ferraz Jr., 1986, p. 68.

faz parte da norma no seu aspecto dialógico e não no seu aspecto monológico.[4]

Nesta visão sanção é uma decorrência do diálogo existente entre as diversas normas jurídicas que compõem o sistema jurídico. Decorrência esta que só se materializa quando o fato concreto caracteriza inobservância ou afronta a norma jurídica determinada.

Esta verdade é compreendida quando se pensa no sistema jurídico como campo de diálogo constante entre as normas jurídicas, que garantem a *imperatividade* de todo o sistema e de cada norma de *per si*.

Afirma Miguel Reale[5] que sendo a lei, nas ciências naturais, um juízo enunciativo da realidade, a lei, segundo a ciência do Direito, seria um "juízo normativo de conduta", por ser imprescindível à sanção na estrutura da lei, em face da própria natureza da ciência do Direito.

Ora, e o que é um juízo propriamente dito?

Nas palavras de Miguel Reale:

> Juízo é a ligação lógica de um predicado a algo, com o reconhecimento concomitante de que tal atributividade é necessária, implicando sempre uma "pretensão de verdade". O juízo, portanto, é a molécula do conhecimento. Não podemos conhecer sem formular juízos, assim como também não podemos transmitir conhecimentos sem formular juízos. A expressão verbal, escrita ou oral, de um juízo chama-se proposição.[6]

Quando se desenvolve um raciocínio lógico, o pensamento humano desenvolve-se correlacionando de forma lógica os juízos existentes na mente daquele que o desenvolve.

Em virtude do desenvolvimento deste método específico de pensar por meio de juízos, chega-se ao princípio de uma ciência quando se consegue determinar um juízo impassível de ser reduzido a outros, vejamos:

---

[4] *Op. cit.*, p.73.
[5] *Op. cit.*, p. 45.
[6] *Op. cit.*, p. 45.

Quando o nosso pensamento opera essa redução certificadora, até atingir juízos que não possam mais ser reduzidos a outros, dizemos que atingimos princípios. *Princípios são, pois, verdades ou juízos fundamentais, que servem de alicerce ou de garantia de certeza a um conjunto de juízos, ordenados em um sistema de conceitos relativos a dada porção da realidade.* Às vezes também se denominam princípios certas proposições que, apesar de não evidentes ou resultantes de evidências, são assumidas como fundamento de validez de um sistema particular de conhecimentos, como seus pressupostos necessários.[7](grifei)

Não há hierarquia formal entre regras e princípios, mas se os princípios "são verdades ou juízos fundamentais resultantes de uma redução certificadora" de todas as regras até então existentes, substancialmente os princípios têm maior importância do que as regras e seu descumprimento acarretará conseqüências mais profundas do que o descumprimento das regras. O descumprimento de um princípio poderá provocar até a invalidez de uma regra.

2. DISTINÇÃO ENTRE VALOR E PRINCÍPIO

O positivismo clássico deixava o valor para outras ciências diversas do Direito, a exemplo da sociologia, pois não estaria o valor no campo da ciência do Direito, logo, não caberia a esta estudá-lo.

O pós-positivismo admite a existência do valor em campo diverso da ciência do Direito,[8] podendo ser estudado separadamente pela sociologia ou mesmo pela filosofia; contudo, também informa que o valor é um elemento da ciência jurídica, haja vista a teoria tridimensional do Direito, em que Miguel Reale define Direito como o resultado de três elementos: fato, valor e norma.

Algumas ponderações são necessárias para que não se confunda valor com princípio, que para nós são categorias jurídicas distintas.

---

7 *Op. cit.*, p. 46.
8 Bobbio, 1995, p. 138.

O valor decorre de um juízo sobre algo, um juízo adjetivador que reconhece uma qualidade a algo, podendo ser o objeto de análise deste juízo uma conduta humana ou não.

O princípio, enquanto espécie de norma jurídica que é, espelha um valor, mas ultrapassa o campo de análise deste, pois além de espelhar uma determinada opção do sistema por aquele valor, também determina condutas futuras.

Pensemos no valor igualdade em uma situação comezinha: quando o observador afirma que o pão "A" é igual ao pão "B", está realizando sua análise, seu juízo, sobre os objetos observados; no campo da axiologia, está estabelecendo adjetivos ou qualidades às coisas no mundo do ser. Agora, quando o observador afirma "todos os pães a serem fabricados daqui para sempre deverão guardar as mesmas características do pão A", seu juízo ultrapassa o mundo do ser, passando ao mundo do dever-ser, campo da deontologia, nesta fase materializa-se uma norma que deverá disciplinar a realização da conduta humana no futuro, qual seja "todos os pães que serão fabricados deverão se igualar ao primeiro, aqui chamado de pão A".

No exemplo, atribuiu-se um valor que está presente na prescrição a ser seguida, qual seja, o valor igualdade, mas se trata de um campo diverso de análise, porque no primeiro caso se analisa o que é e no segundo há um "plus", analisa-se e determina-se o que deve ser.

Logo, o princípio é uma espécie de norma jurídica que traz em sua estrutura a opção por um valor determinado, contudo, é mais do que um simples valor, trata-se de verdadeira prescrição que determina a conduta humana, bem como orienta a confecção de regras sob sua orientação.

Robert Alexy esclarece que o "cumprimento gradual dos princípios tem seu equivalente na realização gradual dos valores", todavia distingue três conceitos sob os quais passa a análise científica e filosófica: *deontológico*, cujos exemplos são mandatos de proibição, permissão ou direito a algo; *axiológico*, ocorre quando algo pode ser qualificado de bom ou mal, ou qualquer outro critério qualitativo; e **antropológico**, quando se analisam a vontade, interesse, necessidade, decisão e ação sob o prisma do indivíduo.⁹

Não há identidade propriamente dita entre valor e princípio, o que não quer dizer que os princípios não demonstrem os valores adotados pelo sistema jurídico. Há verdadeiro caráter ideológico adotado pelo sistema jurídico como um todo.

Robert Alexy afirma:

> Si se parte de la tripartición aquí esbozada, es posible constatar facilmente la diferencia decisiva entre el concepto de principio y el de valor. Los principios son mandatos de un determinado tipo, es decir mandatos de optimización. En tanto mandatos, pertenecen al ámbito deontológico. Em cambio, los valores tienen que ser incluidos en el nivel axiológico.¹⁰

Quando pensamos no sistema constitucional, identificando os princípios constitucionais – "mandatos de otimização" –, ficam claras as opções realizadas pelo Poder Constituinte Originário, que tudo pode, principalmente nos países, como o Brasil, que adotam um modelo de Constituição dirigente, buscando regular e direcionar as decisões políticas e condutas futuras, e não só a norma jurídica infraconstitucional.

Ao identificar e estudar os princípios constitucionais referentes ao processo na Constituição – objetivo deste livro –, estamos estudando também as opções ideológicas do Constituinte Originário que dão o contorno fundamental ao processo civil brasileiro – fenômeno da constitucionalização do processo.

O caráter ideológico do discurso normativo é reconhecido por seu conteúdo valorativo, logo, a ciência do Direito abarca não só o campo deontológico, mas também axiológico. A modalidade de norma jurídica reconhecida como princípio expressa um fenômeno para análise em ambas as esferas (deontológica e axiológica). O princípio é maior do que o valor, não guarda identidade a ele, trata-se de categoria distinta, mas, ainda que distintas, guardam alguma semelhança.

---

9 Alexy, 2002, p.139-140.
10 Op.cit., p. 141.

Tércio Sampaio Ferraz Jr. reconhece o caráter ideológico do discurso normativo e também define valor como "símbolo de preferência", vejamos:

> Assumimos, pois, que valores são símbolos de preferência para ações indeterminadamente permanentes, portanto fórmulas integradoras e sintéticas para a representação de consenso social. Manifestando interesses, valores são considerados como entidades, compondo um sistema em si – mundo dos valores – mas com funções interacionais. Valores "valem para" os comportamentos interativos, em termos de um processo seletivo das informações em curso. Neste sentido, valores são *topói* de argumentação.
>
> (...)
>
> O valor é prisma, projeto modificador e demarcatório dos comportamentos aos quais se dirige.[11]

Afirmamos o que o princípio não é idêntico ao valor, mas nos resta a árdua tarefa de definirmos, ainda que em alguns momentos por exclusão, o que é princípio.

3. PRINCÍPIOS
3.1. Conceito de princípio e distinção de regra

No item "1" deste estudo transcrevemos a definição de Miguel Reale que conceitua princípios como: "verdades ou juízos fundamentais, que servem de alicerce ou de garantia de certeza a um conjunto de juízos, ordenados em um sistema de conceitos relativos a dada porção da realidade."[12]

Consoante o conceito anterior, princípio é um juízo, contudo, não um juízo individual, mas coletivo; um juízo certificador e fundante do sistema.

Robert Alexy[13] para definir princípios jurídicos utiliza o critério de distinção entre princípios e regras, todavia, adverte que são possíveis três visões distintas sobre o assunto:

---

[11] Ferraz Jr., 1986, p.151.
[12] *Op. cit.*, p. 46.
[13] *Op. cit.*, p. 85-86.

1) a tentativa de dividir as normas em duas classes é vã e inútil;
2) as normas jurídicas podem ser divididas em regras e princípios, mas esta divisão é só de grau de amplitude da norma;
3) as normas jurídicas podem ser divididas em regras e princípios e entre estas não existe somente distinção de grau, mas também de qualidade da norma.

O autor adota esta última posição, vejamos:

> El punto decisivo para la distinción entre reglas y principios es que los principios son normas que ordenam que algo sea realizado en la mayor medida posible, dentro de las posibilidades jurídicas y reales existentes. Por lo tanto, los principios son mandatos de optimización, que están caracterizados por el hecho de que pueden ser cumplidos en diferente grado y que la medida debida de su cumplimiento no solo depende de las posibilidades reales sino también de las jurídicas. El ámbito de las posibilidades jurídicas es determinado por los principios y reglas opuestos.
>
> Em cambio, las reglas son normas que sólo pueden ser cumplidas o no. Si una regla es válida, entonces de hacerse exactamente lo que ella exige, ni más ni menos. Por lo tanto, las reglas contienen determinaciones en él á ámbito de lo fáctica y jurídicamente posible. Esto significa que la diferencia entre reglas y principios es cualitativa y no de grado. Toda norma es o bien una regla o un principio.[14] (grifei)

Alexy ressalta que os princípios se distinguem das regras pelo fato de poderem ser cumpridos em graus distintos, de acordo com as possibilidades fáticas e jurídicas existentes, sendo o âmbito destas possibilidades definido pelos princípios ou regras que aos primeiros se opõem. Tal fato se torna claro quando pensamos no princípio da publicidade, com as limitações existentes, ora, há verdadeira restrição ao âmbito ou grau de aplicação do princípio por regra expressa.

As regras já não apresentam esse mesmo comportamento dos princípios dentro do sistema jurídico, pois ou são aplicadas na integralidade (regras válidas) ou não (regras inválidas), não há possibilidade de restrição ou aplicação diversificada no que

---

14 Op. cit., p. 86-87.

se refere ao grau, mesmo porque as regras são de maior objetividade do que os princípios, estes são "juízos menores", ao nosso ver.

Alexy reconhece a existência de diversidade de grau de amplitude, consoante a transcrição anterior, sendo os princípios normas jurídicas de maior amplitude do que as regras, contudo, afirma que também há diversidade na maneira como estas duas espécies se comportam dentro do sistema normativo, sendo espécies diversas também pela sua própria natureza ou qualidade da norma jurídica.

Adotando esse conceito, os princípios são qualitativamente mais importantes do que as regras, e mesmo não existindo hierarquia formal entre ambas as modalidades no sistema constitucional, há hierarquia material.

Marcelo Lima Guerra comenta o caráter distintivo quanto ao modo de aplicação das regras e princípios:

> Por aí já se percebe que as regras distinguem-se dos princípios, sobretudo, quanto ao modo de aplicação. Realmente, as regras, por consistirem em mandados definitivos ("definitive Gebote"), nas quais, dentro do quadro do fática e juridicamente possível, uma determinada conduta é prescrita como obrigatória, proibida ou permitida, aplicam-se por subsunção, na base do "*all-or-nothing*". Já os princípios, por consistirem em mandados de otimização ("*Optimierungsgebote*"), aplicam-se não com base na subsunção – o que é virtualmente impossível de ser realizado, dado o caráter aberto de tais normas –, mas sim por meio da ponderação. É que tais normas, em sendo aplicadas diretamente, exigem do operador jurídico uma intensa atividade valorativa, no sentido de escolher um entre vários caminhos que se revelam igualmente possíveis, à luz da respectiva norma.[15]

Os princípios podem ser aplicados por meio de regras que os densifiquem ou intrumentalizem, ou ainda de forma direta,[16] por meio da ponderação e tendo como critério de aplicação o princípio da proporcionalidade, que será abordado neste livro por outro autor.

---

[15] Guerra, 2003, p. 85.
[16] Rothenburg, 1999, p.17.

María Del Carmen Barranco Avilés chega a dizer que:

> Constituye un lugar común en la teoría y en la dogmática nacionales y extranjeras – aunque com distintas denominaciones – considerar que la descripción del Derecho como un "modelo puro de reglas" es insuficiente para dar cuenta de la realidad del fenómeno jurídico.[17]

Os princípios são tão fundamentais ao sistema jurídico que, sem estes, haveria carência de instrumental tanto na teoria do Direito como na dogmática jurídica.

Walter Claudius Rothenburg afirma:

> Se os princípios têm suas propriedades, diferenciando-se por sua natureza (qualitativamente) dos demais preceitos jurídicos, a distinção está em que constituem eles expressão primeira dos valores fundamentais expressos pelo ordenamento jurídico, informando materialmente as demais normas (fornecendo-lhes a inspiração para o recheio).[18]

Dada a complexidade em fazer a distinção entre princípios e regras, cada autor traz critérios próprios, buscando desincubir-se da tarefa. Optamos por citar os critérios elencados por Canotilho,[19] vez que abarcam a maioria das classificações contemporâneas:

– *grau de abstração*: os princípios têm grau de abstração relativamente elevado, ao passo que as regras possuem uma abstração reduzida;
– *grau de determinabilidade na aplicação do caso concreto*: ambas as modalidades são diretamente aplicáveis ao caso concreto, todavia os princípios carecem de "mediações concretizadoras" (ex. juiz, legislador);[20]

---

[17] Avilés, 2000, p. 139.
[18] Rothenburg, 1999, p.16.
[19] Canotilho, 1995, p.166-167.
[20] "Com todo respeito a Canotilho, entendemos que este critério não é sempre distintivo entre regras e princípios, pois muitas vezes as regras também necessitarão de 'mediações concretizadoras' para serem aplicadas e em outros momentos os princípios poderão ser aplicados ou observados diretamente, sem as citadas mediações concretizadoras."

- *caráter de fundamentalidade no sistema*: os princípios informam todo o sistema; tem caráter fundante;
- *proximidade da idéia de Direito*: os princípios são materialmente vinculantes de todo o sistema jurídico, enquanto as regras podem ser normas vinculativas de conteúdo meramente funcional;
- *natureza normogenética*: os princípios são fundamento de todo o sistema, inclusive das regras, ou seja, são as razões das regras, estão presentes desde o nascimento destas.

Estes são, em resumo, os principais critérios para distinção entre regras e princípios, mas o assunto é profundo e este trabalho não tem a pretensão de esgotá-lo.

3.2. Função dos princípios no sistema constitucional contemporâneo

São inúmeras as funções dos princípios no sistema constitucional aberto. Podemos sintetizar o assunto lembrando como principais funções as que se seguem e foram elencadas por Walter Claudius Rothenburg:[21]

1) *função regulativa*: como todas as normas jurídicas, os princípios servem para regular o caso *in concreto*;
2) *função hermenêutica*: os princípios servem para informar a hermenêutica constitucional, tendo um limite protetivo contra a arbitrariedade do intérprete no momento da concretização do Direito;
3) *função integradora*: os princípios são instrumentos técnicos para preencher as lacunas do ordenamento jurídico;
4) *função interpretativa*: os princípios auxiliam o intérprete a orientar-se pela interpretação correta; demonstram a ideologia da Constituição;
5) *função delimitadora*: os princípios caracterizam limites mínimos às bruscas oscilações das regras, ou seja, não

---

[21] Op. cit,. p. 43-49.

é possível permanecerem dentro do ordenamento jurídico regras que os contrariem;

6) *função fundante*: os princípios constituem um valor que fundamenta todo o ordenamento jurídico;

7) *função simplificadora*: os princípios condensam valores básicos que inspiram o Direito, prestando-se à construção e à compreensão de um determinado sistema jurídico.

O item 5 deste estudo, que aborda a teoria dialógica do Direito, lembra que os princípios são os responsáveis por darem a tônica do sistema constitucional e infraconstitucional.

No caso desta obra, que trata dos princípios processuais civis na Constituição, são os princípios elencados nos capítulos seguintes que darão o fundamento do processo civil brasileiro, limitando todas as normas infraconstitucionais e representando elementos essenciais na aplicação das regras processuais, pois agora tem o processo civil brasileiro novo fundamento de validade após a Constituição de 1988, que realizou verdadeira constitucionalização do processo.

4. SISTEMA CONSTITUCIONAL ABERTO

Não nos deteremos na evolução histórica do constitucionalismo, contudo, é imprescindível lembrar que o constitucionalismo encontra-se vinculado à idéia de que o Estado nasce mediante um "pacto social", no qual a sociedade dispõe da possibilidade de solução dos conflitos por si só em troca de uma suposta "paz social".

O constitucionalismo clássico nasce em face da evolução do Estado e a concepção de Estado Liberal, que se justifica no Estado de Direito, o que dá à Constituição o caráter jurídico e a função de organizar as estruturas do Estado de Direito, incorporando os direitos fundamentais.

Apesar de Lassalle ter afirmado que a Constituição jurídica não passa "de um pedaço de papel", Konrad Hesse[22] conseguiu

---

[22] Hesse, 1991, p. 9

com brilhantismo demonstrar a força normativa da constituição jurídica, chamada por outros de formal, conciliando-a com a existência da Constituição real ou material, demonstrando a existência não só da "vontade de poder (Wille zur Macht)", mas ainda da "vontade de Constituição (Wille zur Verfassung)".[23]

Hesse cita ainda que:

> [...] "Constituição real" e "Constituição jurídica" estão em uma relação de coordenação. Elas condicionam-se mutuamente, mas não dependem, pura e simplesmente, uma da outra. Ainda que não de forma absoluta, a constituição jurídica tem significado próprio.[24]

Após a Revolução Industrial e o aumento das desigualdades sociais, o Estado Liberal que deixava ao mercado a regulação das inter-relações entre seus cidadãos mostrou-se insuficiente para promover o bem-estar. Esta insuficiência não pode mais ser ignorada após as agruras resultantes da Primeira Grande Guerra, o que fortaleceu o constitucionalismo, originando a Constituição mexicana de 1917 e a Constituição alemã de 1919, expoentes de constituições preocupadas com o bem-estar social, dado o rol de direitos fundamentais que traziam em seu texto.

Assim nasce uma nova concepção de Estado, ora chamado de Estado Social de Direito,[25] Estado do Bem-Estar Social[26] ou ainda Estado Democrático Constitucional.[27]

Com o fim da ditadura militar no Brasil, nova ordem democrática surge por meio da Constituição da República Federativa do Brasil de 1988 e valores referentes à nova ideologia são transportados para a Carta Magna, consubstanciando-se, principalmente, na modalidade normativa de princípios constitucionais.

A função do intérprete e aplicador no Direito se reveste de importância fundamental, pois os princípios constitucionais trazem um caráter aberto, devendo o intérprete preenchê-los, defi-

---

[23] Op.cit., p.19.
[24] Op.cit., p.15.
[25] Silva, 2003, p.115.
[26] Araujo, 2003, p. 71.
[27] Canotilho, 1995. p. 84.

nindo o conteúdo jurídico de acordo com o caso concreto, e em abstrato, atribuindo valor às expressões constantes da Constituição.

Há muito já não se diz que interpretar é extrair o sentido da norma; hodiernamente se entende que interpretar é atribuir sentido ou significado ao texto.[28]

Celso Ribeiro Bastos afirma:

> A atividade interpretativa trilha o caminho inverso do realizado pelo legislador, é dizer, do abstrato procura chegar a preceituações mais concretas, o que só é possível procurando atribuir o exato significado à norma.[29]

Para se chegar a esta interpretação há necessidade da análise da ideologia que a Constituição buscou efetivar por meio de seu texto, preenchendo os "*topói*" (lugares comuns) que o texto expresso traz, lembrando também que há verdadeira evolução do próprio conteúdo material do texto. Vejamos por exemplo o inciso LIV do art. 5º da Constituição que diz "ninguém será privado da liberdade ou de seus bens sem o devido processo legal", permanece a pergunta "O que é o devido processo legal?"

O sentido que o intérprete atribuirá aos princípios não poderá ser algo arbitrário, não deverá tal sentido depender somente de seu juízo pessoal de valor em relação ao caso concreto, pois consoante vimos no "item 1" deste estudo, este juízo, para espelhar um princípio, deve se caracterizar por ser uma "redução certificadora", que não possa mais ser reduzido a outro ou novo juízo. Logo, deverá o sentido atribuído ao princípio ser oriundo de um grande número de juízos já expostos –, não se fala de um "uníssono de juízos", pois é sabido que em Direito o uníssono é raríssimo.

Ora, caso a Constituição de 1988 permaneça em vigor por décadas a fio, a expressão "devido processo legal" ao ser interpretada buscando dar sentido ao texto, além de se julgar a ideologia democrática que inspirou o texto, deve também ser considerada a própria evolução do processo enquanto instrumento de reali-

---

[28] Bastos, 2002, p. 37.
[29] *Op. cit.*, p. 38.

zação do acesso à Justiça, ou seja, o aspecto histórico não poderá nunca ser desprezado, o que leva a crer que aquilo que compõe o conteúdo jurídico da expressão "devido processo legal" daqui há cinqüenta anos será diverso do que hoje corresponde ao conteúdo jurídico desta mesma expressão.

Este caráter aberto da Constituição é que garante a longevidade da mesma, pois possibilita que ela se adapte à evolução da sociedade, contudo, sempre com o limite de não se poder alterar a essência do instituto; em nosso exemplo, a finalidade do princípio expresso na expressão "devido processo legal" é o respeito ao cidadão, enquanto titular de direitos e garantias individuais, neste caso, de forma singela, a não ser alvo de arbitrariedades cometidas por meio do processo.

4.1. Postulados interpretativos no sistema constitucional aberto brasileiro

Quando se pensa especificamente nos princípios constitucionais referentes ao processo verifica-se que, via de regra, os mesmos espelham direitos fundamentais de primeira dimensão, logo, há que se observar sempre o *princípio da prevalência dos direitos fundamentais*, o que vale dizer que, no caso concreto, quando estes entrarem em colisão com outros direitos, deverá ser dado maior peso aos direitos fundamentais resguardados pelos princípios, como, por exemplo, o princípio do contraditório, ou também o princípio do acesso à Justiça, dentre outros.

Outros postulados[30] interpretativos a serem observados no momento da aplicação dos princípios constitucionais referentes ao processo são: supremacia da Constituição, unidade da Constituição, maior efetividade possível e harmonização.

Ora, a *supremacia da Constituição*, enquanto postulado interpretativo, significa que, ao se interpretar as normas infraconstitucionais referentes ao processo, esta interpretação não deverá ser feita dando conteúdo à Constituição a partir das leis,

---

30 "Postulado é um comando, uma ordem mesma, dirigida a todo aquele que pretende exercer a atividade interpretativa." In: Bastos, *op. cit.*, p. 165.

mas ao contrário, deve se dar conteúdo à regra processual e mesmo aos princípios processuais infraconstitucionais a partir da Constituição.[31]

Neste sentido, o fundamento de validade do sistema processual mudou com a vigência da Constituição da República Federativa do Brasil de 1988, assim, mesmo sendo o Código de Processo Civil anterior a esta data, agora as regras existentes neste diploma poderão ser interpretadas no caso concreto de uma nova maneira, desde que respeitando a Constituição e não contrariando expressamente o Código de Processo Civil.

O postulado da *unidade da Constituição* alerta que não há possibilidade de contradição no âmbito constitucional, o que nos leva, como decorrência, ao postulado da *harmonização*, pois deve o intérprete observar que um princípio não poderá excluir outro do sistema; há verdadeira interdependência entre estes por se tratar de verdadeiro sistema a ser observado em seu todo.[32]

O postulado da *maior efetividade possível* não é sinônimo de interpretação ampliativa, o significado do princípio é afastar a idéia de que existem expressões vazias na Constituição, ou seja, há necessidade da preservação da carga material que o princípio possui.[33]

5. TEORIA DIALÓGICA

Cabe ao Direito a conciliação ou integração de todos os sistemas que compõem a realidade social, caracterizando verdadeiro diálogo, na função de mediador social.

---

[31] Bastos, op. cit., p.172.

[32] "Ressalta aqui mais uma particularidade da interpretação constitucional relativamente à interpretação que se faça dos demais ramos do Direito. É que o denominado método 'lógico-sistêmico' costuma ser considerado como um dentre os vários métodos passíveis de serem adotados pelo intérprete, na interpretação em geral. Mas na interpretação especificamente constitucional, a consideração sistêmica do texto é imperativo decorrente da supremacia constitucional na hierarquia da pirâmide jurídica." In: Bastos, op. cit., p. 173.

[33] Bastos, op. cit., 176.

Paulo Bonavides aclara a idéia de Rolf-Peter Calliess sobre a teoria dialógica:

> É teorização dependente sobretudo da forma como a ciência e a técnica de último têm imposto diferentes processos sociais de apropriação e dominação da natureza, dos quais deriva uma distinta e correspondente estrutura jurídica dos sistemas sociais, dinamizada e "revolucionada" de forma fundamental, a par de uma "dialogação" igualmente essencial das estruturas sistêmicas. O sistema, mediante a *actio*, a *reactio* e o *status*, representa, no dizer daquele jurista, um processo de produção do Direito (*Rechtsgewinnung*), em que o Direito não é "encontrado" (*gefunden*) conforme pretendiam os jusnaturalistas, em sua busca das máximas "eternas" da natureza e da razão, nem tampouco objetivamente "descoberto" (*entdeckt*), à maneira das leis da natureza, consoante aspiravam os positivistas, mas primeiro há de ser firmemente comprovado como "resultado do diálogo" (*Gespraechergebnis*) e estabelecido por via decisória.[34]

Se o Direito será "resultado de um diálogo", os princípios constitucionais serão os componentes que darão a "tônica" deste diálogo, pois é o Direito Constitucional hoje reconhecidamente a matriz de todos os outros ramos do Direito.

Canotilho dá sua visão sobre a dialógica ao explicar porque o sistema português é um sistema normativo aberto:

> [...] é um sistema aberto porque tem uma estrutura dialógica (Caliess) traduzida na disponibilidade e "capacidade de aprendizagem" das normas constitucionais para captarem a mudança da realidade e estarem abertas às concepções cambiantes da "verdade" e da "justiça"; [...][35]

O sistema constitucional brasileiro também assim o é, traduzindo sua Constituição extensa e repleta de *topói*, na capacidade de adaptação e mudança consoante o desenvolvimento dos valores sociais.

É por meio da evolução do conteúdo valorativo que compõe os princípios constitucionais e se expressa no momento da

---

34 Calliess, "Rechtstheorie als Systemtheorie", in: *Rechtsheorie, Beitrage zur Grundlagendiskussion*, apud Bonavides, op. cit., p. 126-127.

35 Op. cit., p. 165.

concretização, em que o intérprete atribui valor à norma positivada, que a estrutura dialógica se apresenta e dá mutabilidade suficiente para que a Constituição possa continuar existindo, com a observância de sua máxima efetividade e sem afetar a segurança jurídica.

6. CONCLUSÕES

A reflexão acerca do tema desenvolvido neste estudo nos permite enunciar, de maneira sintética, as seguintes conclusões:

1. O Direito, como ciência que é, utiliza-se de paradigmas comuns a todas as ciências, a exemplo de lei, juízo e princípio.
2. Contudo, distinções existem por se tratar de ciência específica, podendo-se destacar no mínimo duas para o conceito de lei na ciência do Direito:
    - Lei é uma espécie de norma jurídica.
    - Existe sanção em face do descumprimento ou inobservância da lei, o que só ocorre na seara da ciência do Direito.
3. A norma jurídica é um comando prescritivo que visa à concretização da conduta e interfere no plano do dever-ser. Possui duas espécies: as regras, também chamadas de leis, e os princípios.
4. As duas modalidades de normas jurídicas quando descumpridas acarretam a imposição de sanção.
5. "Sanção é toda conseqüência que se agrega, intencionalmente, a uma norma, visando ao seu cumprimento obrigatório."[36]
6. Sanção é uma decorrência do diálogo existente entre as diversas normas jurídicas que compõem o sistema, e se materializa quando o fato concreto caracteriza inobservância ou afronta a uma norma jurídica determinada. Contudo, tal sanção pode estar no "corpo" da

---

[36] Reale, *op. cit.*, p. 207.

mesma norma descumprida (aspecto monológico) ou ainda, estar contida em outra norma jurídica do sistema (aspecto dialógico).

7. Para Miguel Reale, lei, no âmbito da ciência natural, é um juízo enunciativo da realidade; e lei, para a ciência do Direito, é um "juízo normativo de conduta", sendo imprescindível a sanção na estrutura da lei.[37]

8. Quando se desenvolve o raciocínio por meio de juízos, é possível alcançar um juízo impassível de ser reduzido a outros, verdadeira "redução certificadora", que dá origem ao princípio. "Princípios são, pois, verdades ou juízos fundamentais, que servem de alicerce ou de garantia de certeza a um conjunto de juízos, ordenador em um sistema de conceitos relativos a dada porção da realidade."[38]

9. Não existe hierarquia formal entre princípios e regras, mas substancialmente os princípios têm maior importância do que as regras dentro do sistema, logo, seu descumprimento acarretará conseqüências mais profundas do que o descumprimento das regras. O descumprimento de um princípio poderá acarretar a invalidez de uma regra.

10. Princípio e valor não se confundem. O valor decorre de um juízo sobre algo, um juízo adjetivador que reconhece uma qualidade a algo. O princípio, enquanto espécie de norma jurídica que é, espelha um valor, mas ultrapassa o campo de análise do valor, pois além de espelhar uma determinada opção do sistema por aquele valor também determina condutas futuras.

11. O caráter ideológico do discurso normativo é reconhecido por seu conteúdo valorativo, logo a ciência do Direito abarca não só o campo deontológico, mas também axiológico. A modalidade de norma jurídica reconhecida como princípio expressa um fenômeno para análise

---

[37] *Op. cit.*, p. 45.
[38] Reale, *op.cit.*, p.46.

em ambas as esferas, deontológica e axiológica. O princípio é maior do que o valor, não guarda identidade a ele, trata-se de categoria distinta, mas ainda que distintas guardam alguma semelhança.
12. Robert Alexy define princípio como "mandado de otimização do sistema", caracterizado pelo fato de ser cumprido em diferente grau, quando comparado com o cumprimento das regras.[39]
13. Os princípios podem ser aplicados por meio de regras que os densifiquem ou intrumentalizem, ou ainda de forma direta, por meio da ponderação e tendo como critério de aplicação o princípio da proporcionalidade.
14. Vários são os critérios utilizados para distinção entre princípios e regras, a exemplo: grau de abstração; grau de determinabilidade na aplicação no caso concreto; caráter de fundamentalidade no sistema; proximidade da idéia de Direito; natureza normogenética.
15. Inesgotáveis são as funções dos princípios no sistema constitucional aberto, sendo possível a síntese das mesmas no elenco a seguir: 1) função regulativa; 2) função hermenêutica; 3) função integradora; 4) função interpretativa; 5) função delimitadora; 6) função fundante; e 7) função simplificadora.[40]
16. A função do intérprete e aplicador no Direito se reveste de importância fundamental, pois os princípios constitucionais trazem um caráter aberto, devendo o intérprete preenchê-los, definindo o conteúdo jurídico de acordo com o caso concreto, e em abstrato, atribuindo valor às expressões constantes da Constituição.
17. Os princípios constitucionais referentes ao processo civil correspondem a direitos fundamentais, motivo pelo qual o intérprete ao concretizá-los deverá observar o princípio da prevalência dos direitos fundamentais.

---

39 *Op. cit.*, p. 86.
40 Rothenburg, *op. cit,*. p. 43-49.

18. O intérprete deverá também observar durante o processo de concretização dos princípios os seguintes postulados interpretativos: supremacia da Constituição; unidade da Constituição; harmonização e maior efetividade possível.
19. A teoria dialógica do Direito informa que se o Direito é o "resultado de um diálogo" das fontes, os princípios constitucionais serão os componentes que darão a "tônica" deste diálogo.
20. O sistema constitucional brasileiro é um sistema aberto de regras e princípios por estarem as normas constitucionais abertas a concepções cambiantes, que possibilitam a atualização e desenvolvimento de seus conteúdos, desde que respeitada a impossibilidade de retrocesso dos direitos fundamentais e o preenchimento dos *topói* (lugares-comuns) existentes por meio de critérios de ponderação, e não simplesmente ao arbítrio desmedido e sem razoabilidade de quem interpreta. É necessário o preenchimento do conteúdo jurídico e valorativo no momento da interpretação dos princípios constitucionais, o que só é possível no caso concreto, contudo, tal atividade não é irrestrita ou ao acaso.

7. BIBLIOGRAFIA

Alexy, Robert. *Teoría de Los Derechos Fundamentales* (trad. de Ernesto Garzón Valdés). Madrid: Centro de Estudios Constitucionales, 1993.

_____. *Teoría del Discurso y Derechos Humanos* (trad. de Luis Villar Borda). Bogotá: Universidad Externado de Colombia, 1995.

Araujo, Luiz Alberto David e Nunes Júnior, Vidal Serrano. *Curso de Direito Constitucional.* 7ª ed. rev. e atual. São Paulo: Saraiva, 2003.

Avilés, María Del Carmen Barranco. *La Teoría Jurídica de Los Derechos Fundamentales.* Madrid: Universidade Carlos III de Madrid e Editorial Dykinson, 2000.

Barcellos, Ana Paula de. *A eficácia jurídica dos princípios constitucionais: O princípio da dignidade da pessoa humana.* Rio de Janeiro: Renovar, 2002.

Bastos, Celso Ribeiro. *Hermenêutica e interpretação constitucional.* 3ª ed. rev. e ampl. São Paulo: Celso Bastos Editor, 2002.

Bobbio, Norberto. *O positivismo jurídico: Lições de filosofia do Direito* (trad. de Márcio Pugliesi, Edson Bini e Carlos E. Rodrigues). São Paulo: Ícone, 1995.

_____. *Teoria do ordenamento jurídico* (trad. de Maria Celeste C.J. Santos). 10ª ed. Brasília: Editora Universidade de Brasília, 1999.

Bonavides, Paulo. *Curso de Direito Constitucional*. 13ª ed. São Paulo: Malheiros Editores, 2003.

Canotilho, J.J. Gomes. *Direito Constitucional*. 6ª ed. rev. Coimbra: Almedina, 1995.

Castro, Roberto Siqueira Castro. *A Constituição Aberta e os direitos fundamentais*. Rio de Janeiro: Forense, 2003.

Ferraz Jr., Tércio Sampaio. *Teoria da norma jurídica: Ensaio de pragmática da comunicação normativa*. Rio de Janeiro: Forense, 1986.

Guerra, Marcelo Lima. *Direitos fundamentais e a proteção do credor na execução civil*. São Paulo: Revista dos Tribunais, 2003.

Hesse, Konrad. *A força normativa da Constituição* (trad. de Gilmar Ferreira Mendes). Porto Alegre: Sergio Antonio Fabris Editor, 1991.

Kelsen, Hans. *Teoria pura do Direito* (trad. de João Baptista Machado). 6ª ed. São Paulo: Martins Fontes, 1998.

Reale, Miguel. *Introdução à filosofia*. 3ª ed. atual. São Paulo: Saraiva, 1994.

_____. *Teoria tridimensional do Direito*. 4ª ed. rev. e aum. São Paulo: Saraiva, 1986.

Rothenburg, Walter Claudius. *Princípios constitucionais*. Porto Alegre: Sergio Antonio Fabris Editor, 1999.

Silva, José Afonso. *Curso de Direito Constitucional Positivo*. 22ª ed. rev. e atual. São Paulo: Malheiros, 2003.

PRINCÍPIO DO DEVIDO PROCESSO LEGAL

*Jefferson Aparecido Dias**

> **Sumário**: 1. Origem e evolução. 2. Destinatários e abrangência. 3. Devido Processo Legal Formal (Procedural due process). 4. Devido Processo Legal Substantivo (Substantive due process). 5. Conclusão. 6. Bibliografia.

1. ORIGEM E EVOLUÇÃO

Em 15 de junho de 1215, o rei João da Inglaterra, conhecido como João Sem-Terra, foi obrigado pelos barões feudais a assinar a Magna Carta[1] Libertatum (ou *Concordiam inter regem Johannem et Barones pro concessione libertatum ecclesiae et regni Angliae* – Concórdia entre o rei João e os barões para a outorga das liberdades da Igreja e do reino inglês), uma declaração na qual limitava os seus próprios poderes e reconhecia vários direitos da nobreza perante a Coroa. Como o objetivo era garantir os direitos da nobreza e não de todo o povo, a Magna Carta foi redigida em latim bárbaro[2] (espécie de latim usado apenas em documentos e por isso também chamado de latim dos tabeliães).

Dentre os vários direitos reconhecidos pela Magna Carta, está o princípio do devido processo legal ou *due process of law* que, po-

---

*Procurador da República, Doutorando pela Universidad Pablo de Olavide – Sevilha/Espanha, Mestre em Teoria do Direito e do Estado e Professor em Cursos de Pós-Graduação.

1 "O vocábulo, oriundo da língua grega, era grafado no latim clássico com ch, mas foi usado, durante toda a Idade Média, sem h". Comparato, 2004, p. 69.

2 Comparato, 2004, p. 69.

rém, nesse primeiro momento, era chamado de *law of the land*, de acordo com o texto do art. 39 da Magna Carta.³

O texto original previa:⁴

> 39: *Nullus liber homo capiatur vel imprisonetur aut diseiciatur aut utlagetur aut exuletur, aut aliquo modo destruatur, nec super eum ibimus nec super eum mittemus, nisi per legale iudicium parium suorum vel per legem terrae.*

Nas versões em inglês e português consta:

> *(39) No free man shall be seized or imprisoned, or stripped of his rights or possessions, or outlawed or exiled, or deprived of his standing in any other way, nor will we proceed with force against him, or send others to do so, except by the lawful judgement of his equals or by the law of the land.*⁵

> 39. Nenhum homem livre será detido ou sujeito à prisão, ou privado dos seus bens, ou colocado fora da lei, ou exilado, ou de qualquer modo molestado, e nós não procederemos nem mandaremos proceder contra ele senão mediante um julgamento regular pelos seus pares ou de harmonia com a lei do país.⁶

O termo *due process of law* somente foi adotado a partir de 1354, com a edição, pelo Parlamento inglês, do *Statute of Westminster of the Liberties of London*, durante o reinado de Eduardo III, por meio de um legislador desconhecido (*some unknown draftsman*).⁷

Da Inglaterra, o mencionado princípio foi levado pelos colonizadores para os Estados Unidos, onde, de início, foi incluído em Constituições estaduais norte-americanas:

> Com efeito, a "Declaração dos Direitos" da Virgínia, de 16/08/1776, tratava na secção 8ª do princípio aqui mencionado, dizendo na parte final desse dispositivo que "*that no man be deprived of his liberty, except by the law of the land or the judgement of his peers*". Dias mais tarde, em 02/09/1776, surgia a "Declaração de Delaware", que ampliava e explicitava melhor a cláusula em sua secção 12: '*That every*

---

3 Para Augusto do Amaral Dergint a origem remota do princípio do devido processo legal é o édito de Conrado II, da Germânia (o "Sálico"), que foi coroado rei em 1024 e sacro imperador romano em 26/03/1027. Dergint, 1994, p. 249-255.
4 Memorabilia: Magna Charta.
5 Treasures in full: Magna Carta.
6 Magna Carta.
7 Nery Junior, 1996, p. 29.

freeman for every injury done him in his goods, lands or person, by any other person, ought to have justice and right for the injury done to him freely without sale, fully without any denial, and speedily without delay, according to the law of the land".

Mas foi a "Declaração dos Direitos" de Maryland, de 03/11/1776, que fez, pela primeira vez, expressa referência ao trinômio hoje insculpido na Constituição Federal norte-americana, vida-liberdade-propriedade, dizendo em seu inciso XXI que "*that no freeman ought to be taken, or imprisoned, or disseized of his freehold, liberties, or privileges, or outlawed, or exiled, or in any manner destroyed, or deprived of his life, liberty or property, but by the judgement of his peers, or by the law of the land*". Depois dela, veio a "Declaração dos Direitos" da Carolina do Norte, em 14/12/1776, fazendo também referência à vida-liberdade-propriedade como os valores fundamentais protegidos pela lei da terra: "*That no freeman ought to be taken, imprisioned, or disseized of his freehold, liberties, or privileges, or outlawed, or exiled, or in any manner destroyed, or deprived of his life, liberty or property, but by the law of the land*". Posteriormente, as constituições das colônias de Vermont (por declaração que se incorporou à Constituição de 08/07/1777), de Massachusetts (25/10/1780) e de New Hampshire (02/06/1784), transformadas depois em estados federados, adotaram o mesmo princípio do devido processo legal em seus territórios.[8]

Posteriormente, o princípio do *due process of law* foi incluído na Constituição dos Estados Unidos por meio da Emenda V:

Amendment V

No person shall be held to answer for a capital, or otherwise infamous crime, unless on a presentment or indictment of a Grand Jury, except in cases arising in the land or naval forces, or in the Militia, when in actual service in time of War or public danger; nor shall any person be subject for the same offence to be twice put in jeopardy of life or limb; nor shall be compelled in any criminal case to be a witness against himself, nor be deprived of life, liberty, or property, without due process

---

[8] Nery Junior, 1996, p. 30-31.

of law; nor shall private property be taken for public use, without just compensation.[9]

(Ninguém será detido para responder por crime capital, ou outro crime infamante, salvo por denúncia ou acusação perante um Grande Júri, exceto em se tratando de casos que, em tempo de guerra ou de perigo público, ocorram nas forças terrestres ou navais, ou na milícia, durante serviço ativo; ninguém poderá ser duas vezes ameaçado em sua vida ou saúde pelo mesmo crime; nem ser obrigado em qualquer processo criminal a servir de testemunha contra si mesmo; nem ser privado da vida, liberdade, ou bens, sem o devido processo legal; nem a propriedade privada poderá ser expropriada para uso público, sem justa indenização.)[10]

Importante destacar que na América Latina tal princípio foi implicitamente contemplado no art. 18 da Constituição Argentina de 1853 (*"es inviolable la defensa em juicio en la persona y en los derechos"*) e no art. 14 da Constituição Mexicana de 1857 (*"... nadie puede ser juzgado ni sentenciado sino por leyes dadas con anterioridad al hecho y exactamente aplicadas a él, por el tribunal que previamente haya establecido la ley"*).[11]

Até aqui, o princípio do devido processo legal possuía um conteúdo meramente formal, conhecido como *procedural due process*, e tinha a sua aplicação restrita à matéria criminal.

Em 1857, porém, ocorreu um fato que mudou a história do mencionado princípio.

Naquele ano, o escravo Dred Scott, após fugir, pretendia que a Suprema Corte Americana reconhecesse a sua liberdade pelo fato de residir no estado do Missouri, onde a escravidão era proibida em razão da seção 8ª da Missouri Compromise Act, de 1850.

A Suprema Corte considerou inconstitucional tal preceito por entender que ele resultava na perda da propriedade, no caso a do dono do escravo, sem que tivesse ocorrido o devido processo legal e, em razão disso, concluiu pela ilegitimidade do autor da ação que não poderia ser considerado cidadão.

Essa decisão gerou bastante polêmica e insatisfação na população, levando o Congresso a promulgar a Emenda XIV, que prevê:

---

9 Bill of rights.
10 Tradução livre.
11 Theodoro Júnior, p. 11-22, 1991, p. 12.

AMENDMENT XIV

Passed by Congress June 13, 1866. Ratified July 9, 1868.

Note: Article I, section 2, of the Constitution was modified by section 2 of the 14th amendment.

Section 1.

All persons born or naturalized in the United States, and subject to the jurisdiction thereof, are citizens of the United States and of the State wherein they reside. No State shall make or enforce any law which shall abridge the privileges or immunities of citizens of the United States; nor shall any State deprive any person of life, liberty, or property, without due process of law; nor deny to any person within its jurisdiction the equal protection of the laws." [12]

(Seção 1 – Todas as pessoas nascidas ou naturalizadas nos Estados Unidos e sujeitas a sua jurisdição são cidadãos dos Estados Unidos e do Estado onde resida. Nenhum Estado poderá fazer ou executar leis restringindo os privilégios ou as imunidades dos cidadãos dos Estados Unidos; nem poderá privar qualquer pessoa de sua vida, liberdade ou bens sem o devido processo legal, ou negar a qualquer pessoa sob sua jurisdição a igual proteção das leis).[13]

Num primeiro momento, a Suprema Corte americana relutou em admitir a aplicação do princípio do devido processo legal substantivo, o chamado *substantive due process*, tanto que, no primeiro processo baseado na Emenda XIV, no qual se alegava a inconstitucionalidade de uma lei estadual que impunha restrições às atividades dos açougueiros na cidade de New Orleans, a maioria dos juízes entendeu "não se poder considerar a restrição oposta pelo Legislativo estadual ao negócio em causa 'privação de propriedade sem *due process*'".[14]

Entretanto, a partir de 1890, a Suprema Corte americana mudou seu entendimento, passando a aplicar o princípio do devido processo legal de forma substantiva. Um caso paradigmático desse novo período foi o julgamento do processo Lochner *v.* Nova York, no qual a Suprema Corte, ao analisar uma lei do estado de Nova York, que fixara a jornada máxima de trabalho dos padeiros em 10 horas diárias e 60 horas semanais, considerou-a

---

[12] Constituiton of the United States.
[13] Tradução livre.
[14] Rodrigues, 1958, p. 94.

inconstitucional por representar uma indevida interferência na liberdade de contrato, garantida pelo devido processo legal substantivo.[15]

Após esse período, em que a Suprema Corte aplicou de forma bastante ampla o princípio do devido processo legal principalmente para reconhecer a inconstitucionalidade de leis estaduais que representavam indevida ingerência no patrimônio das pessoas, seguiu-se uma fase em que tal princípio passou a ser aplicado também em matérias não-econômicas, principalmente em casos em que se tenciona resguardar direitos e garantias individuais, como a liberdade de expressão.

Nessa terceira fase:[16]

> O "devido processo legal" passa a servir, então, como instrumento de controle das invasões estatais nas faculdades essenciais ao exercício da personalidade humana e da cidadania: liberdade de pensamento e de opinião, direito à informação, liberdade de imprensa, de religião, direito das minorias, liberdade de participação política, direito de votar e ser votado, direito de representar e fiscalizar os atos do Poder Público etc.

Essas três fases da interpretação do princípio do devido processo legal pela Suprema Corte americana foram bem resumidas por Gisele Santos Fernandes Góes:[17]

> O princípio do devido processo legal possuiu três fases nos Estados Unidos da América:
>
> 1ª) de caráter procedimental (*procedural due process*), de 1835 a 1890, com destaque para as garantias processuais de formação do contraditório e da ampla defesa, igualdade de tratamento processual entre as partes quanto a prazos, manifestações, recursos etc.;
>
> 2ª) de caráter substantivo – contrapondo-se à de cunho adjetivo, de 1890 a 1937 –, em que a preocupação é deslocada para os direitos econômicos, abandonando-se a visão exclusivamente procedimental do devido processo legal, em razão da pró-

---

[15] Castro, 2000.
[16] Dergint, 1994, p. 251.
[17] Góes, 2004, p. 57-58.

pria feição do Estado Liberal, que para se sustentar assume esse caráter protecionista; e

3ª) também de caráter substantivo, a partir de 1937, não mais atinente apenas à preocupação econômica, gravitando em torno dos direitos individuais, pois o Estado – agora dito Social – tenciona possibilitar a maximização dos direitos e garantias fundamentais do indivíduo, elevando-se a autonomia individual.

Apesar das mudanças ocorridas no entendimento da Suprema Corte americana, é certo que, com suas decisões, ela alterou profundamente a forma pela qual o princípio do devido processo legal passou a ser adotado, atribuindo-lhe maior importância.

Tanto que vários países europeus, dentre os quais podemos citar Itália (1947), Alemanha (1949), Portugal (1976) e Espanha (1978), incluíram no texto de suas Constituições o princípio do devido processo legal,[18] apesar de não lhe atribuir a amplitude que ele experimentou no Direito norte-americano.

Até mesmo a Declaração Universal dos Direitos Humanos (1948) acabou por consagrar o princípio do devido processo legal, adotando, contudo, a sua concepção formal e não utilizando a expressão *due process of law*:[19]

Artigo 11

I) Todo homem acusado de um ato delituoso tem o direito de ser presumido inocente até que a sua culpabilidade tenha sido provada de acordo com a lei, em julgamento público no qual lhe tenham sido asseguradas todas as garantias necessárias a sua defesa.

II) Ninguém poderá ser culpado por qualquer ação ou omissão que, no momento, não constituíam delito perante o Direito nacional ou internacional. Também não será imposta pena mais forte do que aquela que, no momento da prática, era aplicável ao ato delituoso.

No caso do Brasil, após permanecer ausente das Constituições anteriores, o princípio do devido processo legal foi incluído

---

[18] Para o estudo dos textos que incluíram o princípio do devido processo legal nas Constituições de vários países, sugerimos a leitura do artigo: Wambier, 1989, p. 33-40.
[19] Rocha, 2004, p. 33.

no art. 5º, inciso LIV, da Constituição de 1988: "ninguém será privado da liberdade ou de seus bens sem o devido processo legal."

Após termos visto a origem e a evolução do princípio do devido processo legal, da Magna Carta até a Constituição brasileira de 1988, vejamos quais são os destinatários e a abrangência de tal princípio.

2. DESTINATÁRIOS E ABRANGÊNCIA

Quando surgiu na Magna Carta, o princípio do devido processo legal, na época consagrado na expressão *law of the land*, tinha como objetivo limitar os atos do rei, exclusivamente em matéria criminal. O objetivo era obrigar o rei a submeter sua vontade à apreciação do Parlamento todas as vezes em que fosse praticar um ato ou editar uma lei em matéria criminal que, de alguma forma, atingisse os direitos garantidos à nobreza.

Assim, inicialmente, o destinatário do princípio era o rei, e a sua aplicação se limitava à matéria criminal.

Num segundo momento, apesar de se manter no âmbito criminal, tal princípio também passou a restringir a atuação do Legislativo, impedindo-o de sancionar leis que seriam consideradas inconstitucionais:[20]

> Originariamente, a garantia do *due process of law* destinava-se a agir exclusivamente no processo penal. Em termos gerais, entendia-se violada a garantia sempre que as formas de procedimento impedissem o direito de defesa. Segundo as regras tradicionalmente respeitadas, ninguém poderia testemunhar contra si mesmo; o acusado tinha o direito de ouvir as testemunhas de acusação; ninguém poderia ser condenado duas vezes pelo mesmo crime; a instrução criminal seria processada perante o Júri; o Poder Legislativo não poderia sancionar *bills of attainder* nem leis retroativas. Entre as garantias mais significativas do processo penal, insere-se o direito ao defensor (*right to counsel*) e o direito a não se auto-acusar (*privilege against self-incrimination*). E, sobretudo, a lei violaria a Constituição quando privasse o indivíduo do direito denominado *notice and hearing*.

---

[20] Grinover, 1973, p. 39.

A edição da Emenda XIV da Constituição americana representou uma ampliação do princípio do devido processo legal, que passou a ser aplicado, inclusive, em matéria não-criminal.

Quanto ao tema, merece destaque a decisão do juiz Matthews no processo Hurtado v. Califórnia:[21]

> ... o juiz Matthews, em nome da Corte, proclamou não ser lei o poder arbitrário que dá força aos seus éditos ignorando a pessoa e a propriedade de seus súditos, quer manifestado pelo decreto de um monarca pessoal, quer pelo de uma multidão impessoal. A força atribuída a essas limitações pelo processo judicial é o meio de que dispõem as comunidades autogovernantes para proteger os direitos dos indivíduos e das minorias, tanto contra o poder dos mais numerosos, como contra a violência dos agentes públicos que transcendem os limites de sua autoridade legal, ainda quando agem em nome e com a autoridade do Governo.

No Brasil, até a inclusão do preceito contido no inciso LIV do art. 5º da Constituição, prevalecia a aplicação do princípio do devido processo legal apenas em matéria criminal, embora já se reconhecesse a possibilidade de sua aplicação em matéria civil. Além disso, já se defendia a sua aplicação em face dos três Poderes: Legislativo, Executivo e Judiciário.

Com a promulgação do mencionado texto constitucional, praticamente tornou-se unânime que o princípio do devido processo legal condiciona a atuação dos três Poderes, tanto em matérias criminal e civil como administrativa.

Nesse sentido:[22]

> O princípio do devido processo legal vale para qualquer processo judicial (seja criminal ou civil), e mesmo para os processos administrativos, inclusive os disciplinares e os militares, bem como nos processos administrativos previstos no ECA.

O que se discute, ainda, é qual a interpretação que deve ser dada ao princípio do devido processo legal, ou seja, se ele foi adotado apenas em sua concepção formal (instrumental ou *procedural*

---

[21] Trecho de decisão proferida no processo Hurtado v. Califórnia, 110 U.S. 516 (1884), citado por Rodrigues, 1958, p. 95.

[22] Tavares, 2006, p. 639.

due process) ou se também deve ser observado como um princípio de caráter material (substantivo ou *substantive due process*), da mesma forma que foi adotado no Direito norte-americano, o que veremos a seguir.

3. DEVIDO PROCESSO LEGAL FORMAL (*PROCEDURAL DUE PROCESS*)

Ao surgir no texto da Magna Carta, o princípio do devido processo legal tinha uma concepção formal aplicável à matéria criminal que permanece até hoje, tendo sido ampliada a sua abrangência para as áreas civil e administrativa, como vimos no item anterior.

Por essa concepção formal, mencionado princípio representa uma garantia de acesso à justiça e, também, de que, ao ser parte em um processo, seja ele criminal, civil ou administrativo, a pessoa não sofrerá qualquer restrição em sua vida, liberdade ou patrimônio sem que seja observado um procedimento previamente estabelecido na lei, no qual se respeite a igualdade das partes e se permita a mais ampla defesa de seus interesses.

Para Rui Portanova:[23]

> O devido processo legal é uma garantia do cidadão. Garantia constitucionalmente prevista que assegura tanto o exercício do direito de acesso ao Poder Judiciário como o desenvolvimento processual de acordo com normas previamente estabelecidas.

Realmente, a primeira garantia que decorre do princípio do devido processo legal é o acesso à Justiça, pois é necessário que o cidadão, toda vez que se sinta ameaçado em seu direito, tenha a possibilidade de buscar no Poder Judiciário a resposta para as suas pendências, sejam elas em matéria criminal, civil ou administrativa.

Porém, não basta ser garantido o acesso à Justiça, é necessário que, iniciado o processo, durante o seu curso, sejam garantidos às partes outros direitos que permitam a plena defesa e mantenham o equilíbrio entre elas. Assim, após o acesso à Justi-

---

[23] Portanova, 2003, p. 145.

ça, devem ser garantidos às partes o contraditório e a ampla defesa, marcados pela possibilidade de deduzir em Juízo as suas provas e até mesmo de se fazer ouvir pelo juiz.

Nesse sentido:[24]

> ... impõe-se assegurar a todos os membros da coletividade o livre acesso ao juiz natural, com o direito de participar em contraditório e com igualdade de condições, institucionalizando-se os mecanismos de controle e exatidão do desfecho do processo.

Ainda sob o aspecto formal, o princípio do devido processo legal garante às partes que sejam julgadas por um juiz imparcial, eqüidistante delas, que possa, com tranqüilidade e serenidade, prestar a tutela jurisdicional.

Em apertada síntese, Nelson Nery Junior[25] afirma:

> Resumindo o que foi dito sobre esse importante princípio, verifica-se que a cláusula *procedural due process of law* nada mais é do que a possibilidade efetiva de a parte ter acesso à justiça, deduzindo pretensão e defendendo-se do modo mais amplo possível, isto é, de ter *his day in Court*, na denominação genérica da Suprema Corte dos Estados Unidos.

Além disso, essa tutela jurisdicional deverá ser prestada em tempo razoável, pois o processo não poderá se protelar no tempo. Não é admissível que os processos se perpetuem, uma vez que a decisão judicial tardia se equivale a uma não-decisão.

Esse tempo razoável impõe uma rápida tutela jurisdicional não só em primeira instância, mas também nos tribunais, para os quais vão a maioria dos processos, diante do princípio do duplo grau de jurisdição, que também é uma conseqüência do princípio do devido processo legal.

Dessa forma, além da paridade de atuação, no acesso e no desenvolvimento do processo, e do respeito a uma seqüência de atos previstos na lei, as partes têm o direito de ver resolvida, em tempo razoável, a causa que submeteram ao Poder Judiciário, impedindo que as ações judiciais se perpetuem.

---

24 Tucci, 1989, p. 18.
25 Nery Junior, 1996, p. 40.

Além desses aspectos gerais, que se aplicam em todas as matérias, seja criminal, civil ou administrativa, necessário destacar que, em alguns casos, o princípio do devido processo legal apresenta algumas particularidades.

Em matéria criminal, em razão de tal princípio, é imprescindível que o acusado tenha a garantia de que nenhuma pena lhe será aplicada a não ser pelo juiz competente que, necessariamente, deverá preexistir à ocorrência dos fatos pelos quais está sendo processado, em face do princípio do juiz natural, que impede a existência de julgadores estabelecidos após a ocorrência dos fatos, ou seja, os juízos de exceção.

Já nas questões administrativas, o princípio do devido processo legal representa uma dupla garantia: a Administração não poderá aplicar sanções ou mesmo restrições ao administrado sem que seja observado o devido processo legal, e, encerrada a fase administrativa, o administrado poderá buscar, por meio do Judiciário, a anulação dos atos da Administração todas as vezes em que a atuação estiver marcada por alguma ilegalidade.

Na verdade, essas multifaces do princípio do devido processo legal levaram alguns autores a adotá-lo como um superprincípio, do qual decorrem todos os demais que devem nortear a prestação jurisdicional, que, na realidade, seriam seus subprincípios.

Nesse sentido é a lição de Rogério Lauria Tucci e José Rogério Cruz e Tucci:[26]

> Em síntese, a garantia constitucional do devido processo legal deve ser uma realidade em todas as etapas do processo judicial, de sorte que ninguém seja privado de seus direitos, a não ser que no procedimento em que este se materializa se constatem todas as formalidades e exigências em lei previstas.

Desdobram-se estas nas garantias: a) de acesso à Justiça; b) do juiz natural ou preconstituído; c) de tratamento paritário dos sujeitos parciais do processo; d) da plenitude de defesa, com todos os meios e recursos a ela inerentes; e) da publicidade dos atos processuais e da motivação das decisões jurisdicionais; e

---

[26] Tucci, 1993, p. 107.

f) da prestação jurisdicional dentro de um lapso temporal razoável.

Em outras palavras, quanto ao princípio do devido processo legal: "poderíamos cognominá-lo de 'o princípio', uma vez que dele derivam os demais princípios constitucionais. É o alicerce de todos os demais princípios que dele decorrem...".[27]

Ainda é importante destacar que, além da garantia de que os atos ocorram de acordo com o previsto na lei, o princípio do devido processo legal impõe que a elaboração das leis também respeitem uma seqüência previamente estabelecida na Constituição, sob pena de estas serem consideradas inconstitucionais.

Isso ocorre porque o princípio do devido processo legal também limita a atuação do Poder Legislativo, que deverá atuar nos estritos termos fixados na Constituição, sob pena de ter reconhecida a inconstitucionalidade formal de seus atos.

Por fim, além das leis terem que ser elaboradas de acordo com o procedimento previamente estabelecido na Constituição, também deverão respeitar, com o seu conteúdo, o devido processo legal, sendo vedada a edição de leis que, de qualquer forma, eliminem ou restrinjam quaisquer das garantias decorrentes do princípio do devido processo legal.

Nesse sentido:[28]

> O processo devido ou o justo processo tem de se mostrar idôneo a uma adequada atuação da garantia constitucional de justiça, de sorte que, nesse aspecto, é inconstitucional a lei, substancial ou processual, cujo efeito prático seja criar uma situação, que mesmo não impedindo o exercício do direito de ação (direito de acesso ao tribunal), cria tal desequilíbrio jurídico entre as partes que *in concreto* "preconstitui, ainda que de fato, o êxito do processo, subordinando-o praticamente à atividade processual de uma só das partes".

A título de exemplo: se uma lei for elaborada sem a observância do procedimento legislativo previsto na Constituição Federal, ela será inconstitucional em razão de um vício de forma.

---

27 Queiroz, p. 47-63, 1998, p. 49.
28 Theodoro Júnior, p. 11-22, 1991, p. 12.

Do mesmo modo, se outra lei estabelecer preceitos que eliminem o direito de defesa ou mesmo restrinjam o contraditório nos processos judiciais ou administrativos, ela também será considerada inconstitucional, mas desta vez em razão de um vício material, ou seja, a indevida supressão de um direito fundamental.

Entretanto, essa concepção formal do devido processo legal não é a única, sendo de extrema importância o estudo de sua concepção substantiva, o que veremos a seguir.

4. DEVIDO PROCESSO LEGAL SUBSTANTIVO (*SUBSTANTIVE DUE PROCESS*)

É incontroverso que, em sua origem, o princípio do devido processo legal tinha uma concepção meramente instrumental ou formal com o objetivo de impor regras para a atuação do rei. Mesmo após a sua evolução, prevalecia o entendimento de que a sua vocação era garantir a observância de uma seqüência de atos previstos na lei, que permitissem ao cidadão se defender das ingerências estatais que viesse a sofrer em sua vida, liberdade ou patrimônio.

Porém, ao ser aplicado pela Suprema Corte americana, foi reconhecido um novo atributo ao princípio do devido processo legal, que passou a ser adotado, também, como garantia de que a atuação estatal deveria ser razoável.

Deixou de se dar ao referido princípio um conteúdo meramente formal ou instrumental, atribuindo-lhe uma nova força que permitia questionar o mérito da atuação estatal. O Judiciário não mais se limitava a verificar se o ato do Poder Público estava de acordo com a forma previamente estabelecida na lei, chegando a analisar o conteúdo do próprio ato, anulando-o nos casos em que ele se revelava irrazoável ou declarando a inconstitucionalidade de leis não-razoáveis.

Foi estabelecida a *rule of reason* (regra da razão) ou o padrão da *reasonableness* (razoabilidade), que permite ao Poder Judiciário analisar, caso a caso, os atos do Poder Executivo e do Poder Legislativo, verificando se a atuação estatal é "não arbitrária" e se ela parece "sensata, digna de aplauso e compreensível aos intérpretes".²⁹

Assim, o devido processo legal substantivo foi adotado como sinônimo do princípio da razoabilidade.

É interessante que, apesar da importância que é atribuída ao princípio da razoabilidade, poucos se atrevem a conceituá-lo.
Maria Sylvia Zanella Di Pietro expõe esta situação:

> É curioso que o princípio da razoabilidade, embora considerado como limite à discricionariedade, quer do legislador quer do administrador público, encerra, ele mesmo, um conceito indeterminado, uma vez que não há critérios objetivos que permitam diferenciar uma lei ou ato administrativo razoável de uma lei ou ato administrativo irrazoável.³⁰

O que ocorre, na maioria das vezes, é a tentativa de se estabelecer critérios para diferenciar um ato razoável daquele tido como irrazoável. Alexandre de Moraes defende que: "o que se exige do Poder Público, portanto, é uma coerência lógica nas decisões e medidas administrativas e legislativas, bem como na aplicação de medidas restritivas e sancionadoras".³¹

Apesar da dificuldade em se conceituar o princípio da razoabilidade, podemos adotá-lo como um mandato de otimização³² que impõe ao Poder Público atuar de forma coerente entre as causas, os meios e os fins que se pretende atingir com um ato ou uma lei, sempre tendo em vista o caso concreto e as possibilidades existentes.

A partir desse conceito, o princípio da razoabilidade exige uma adequação *qualitativa* entre causas, meios e fins e não se confunde com o princípio da proporcionalidade, que seria justamente a exigência de adequação *quantitativa* entre causas, meios e fins.

Além disso, existe diferença de origem histórica entre os dois princípios, uma vez que o princípio da razoabilidade decorre da

---

29 Rodrigues, 1958, p. 140.
30 Di Pietro, 1991, p. 126.
31 Moraes, 2002, p. 114.
32 Terminologia usada por Alexy, 1993.

aplicação da Suprema Corte americana do princípio do devido processo legal a partir de uma concepção substantiva, e o princípio da proporcionalidade teve sua origem no Direito Alemão e se disseminou após a Segunda Guerra Mundial. Nesse sentido: "a raiz histórica da razoabilidade é o princípio do devido processo legal, enquanto a da proporcionalidade foram os anseios do Estado de Direito pós-Segunda Guerra Mundial".[33]

Odete Medauar menciona estas diferenças entre os princípios:

> Alguns autores pátrios separam proporcionalidade e razoabilidade. A esta atribuem o sentido de coerência lógica nas decisões e medidas administrativas, o sentido de adequação entre meios e fins. À proporcionalidade associam um sentido de amplitude ou intensidade nas medidas adotadas, sobretudo nas restritivas e sancionadoras. No Direito estrangeiro, o ordenamento norte-americano e o argentino, por exemplo, operam com a razoabilidade. Os ordenamentos europeus, sobretudo alemão e francês, utilizam o princípio da proporcionalidade.[34]

A referida autora, contudo, defende que o princípio da proporcionalidade engloba a razoabilidade:[35]

> Parece melhor englobar no princípio da proporcionalidade o sentido de razoabilidade. O princípio da proporcionalidade consiste, principalmente, no dever de não serem impostas, aos indivíduos em geral, obrigações, restrições ou sanções em medida superior àquela estritamente necessária ao atendimento do interesse público, segundo critério de razoável adequação dos meios aos fins.

Já Alexandre de Moraes defende justamente o oposto, ou seja, que o princípio da razoabilidade se manifesta pela proporcionalidade:[36]

> O princípio da razoabilidade pode ser definido como aquele que exige proporcionalidade, justiça e adequação entre os meios utilizados pelo Poder Público, no exercício de suas atividades – admi-

---

[33] Góes, 2004, p. 59.
[34] Medauar, 2000, p. 153-4.
[35] *Op. Cit.*, 2000, p. 154.
[36] Moraes, 2002, p. 114.

nistrativas ou legislativas ", e os fins por ela almejados, levando-se em conta critérios racionais e coerentes.

Também existem os que defendem que os termos são sinônimos, dentre os quais se destaca a posição do ministro Gilmar Ferreira Mendes, para o qual o princípio da razoabilidade ou proporcionalidade impõe a observância pelo Poder Público da adequação, necessidade e razoabilidade de um ato ou lei.[37]

De toda forma, resta claro que para os autores mencionados e muitos outros o princípio da razoabilidade nada mais é do que a manifestação do princípio do devido processo legal em sua concepção substantiva.

Outros autores, porém, defendem que o princípio do devido processo legal substantivo, na realidade, representa a adoção de uma norma de "igualdade na lei". É o caso de Lúcia Valle Figueiredo:[38]

> Na Emenda XIV, há grande transformação, isso porque já não mais se fala, apenas, do devido processo legal, mas na igual proteção da lei: *equal protection of law*. Então, depois da Emenda XIV, sobretudo com a aplicação que a Suprema Corte Americana faz da cláusula, dá-se abrangência muito maior. O devido processo legal passa a significar a "igualdade na lei", e não só "perante a lei".

Por essa outra concepção, o princípio do devido processo legal representa um mandato de otimização que impõe ao Poder Público, ao praticar um ato ou elaborar uma lei, tratar com igualdade os cidadãos.

A importância do princípio da igualdade é reconhecida por Ronald Dworkin:

> Podemos dar as costas à igualdade? Nenhum governo é legítimo a menos que demonstre igual consideração pelo destino de todos os cidadãos sobre os quais afirme seu domínio e aos quais reivindique fidelidade.[39]

É evidente que agora podemos falar de várias espécies de igualdade: igualdade de bem-estar, igualdade de recursos, igual-

---

37 Mendes, 1999, p. 42.
38 Figueiredo, 2002.
39 Dworkin, 2005, p. IX.

dade de oportunidades etc., as quais, contudo, não são objeto deste artigo. Aqui, trataremos da igualdade na lei, que é chamada de isonomia, e, nas palavras de Celso Antonio Bandeira de Mello, impõe uma série de restrições à atuação do Poder Público:[40]

> Há ofensa ao preceito constitucional da isonomia quando:
>
> I – A norma singulariza atual e definitivamente um destinatário determinado, ao invés de abranger uma categoria de pessoas, ou uma pessoa futura e indeterminada.
>
> II – A norma adota como critério discriminador, para fins de diferenciação de regimes, elemento não residente nos fatos, situações ou pessoas por tal modo desequiparadas. É o que ocorre quando pretende tomar o fator "tempo" – que não descansa no objeto – como critério diferencial.
>
> III – A norma atribui tratamentos jurídicos diferentes em atenção a fator de discrímen adotado que, entretanto, não guarda relação de pertinência lógica com a disparidade de regimes outorgados.
>
> IV – A norma supõe relação de pertinência lógica existente em abstrato, mas o discrímen estabelecido conduz a efeitos contrapostos ou de qualquer modo dissonantes dos interesses prestigiados constitucionalmente.
>
> V – A interpretação da norma extrai dela distinções, discrimens, desequiparações que não foram professadamente assumidos por ela de modo claro, ainda que por via implícita.

Nesse ponto, o princípio do devido processo legal ganha uma amplitude ainda maior, pois, ao ser adotado como fundamento para o princípio da isonomia, permite um questionamento ainda mais profundo dos atos e leis do Poder Público.

Num primeiro momento, pode-se imaginar que as duas posições são antagônicas, porém nos pareces que, na realidade, o princípio do devido processo legal substantivo, tal como ocorre com sua concepção formal, se materializa por meio de outros subprincípios, dentre os quais podemos incluir os princípios da razoabilidade e da isonomia que, ao contrário de se excluírem, na verdade se completam.

---

40 Mello, 1999, p. 47-8.

Uma vez apresentadas as concepções do devido processo legal, veremos, no próximo tópico, as conclusões a que chegamos.

5. CONCLUSÃO

O princípio do devido processo legal tem uma história bastante interessante que remonta mais de 790 anos e, nesse período, experimentou grandes mudanças que, por um lado, enriqueceram a sua concepção mas, por outro, aumentaram a sua complexidade.

Nessa evolução, foram fundamentais as decisões da Suprema Corte americana que atribuíram ao princípio em comento uma amplitude que lhe garantiu uma aplicação de extrema importância na tutela dos direitos fundamentais.

Na verdade, a grande vocação desse princípio desde o seu surgimento é servir como uma importante arma na defesa dos direitos fundamentais.

Essa defesa, no início, era apenas formal, como vimos no tópico em que tratamos do devido processo legal formal. Sem abandonar essa concepção, que permanece com grande importância até hoje, precisamos reconhecer no princípio do devido processo legal um caráter substantivo, que se manifesta pela imposição ao Poder Público de atuar com razoabilidade, reconhecendo a igualdade de todos na lei.

Infelizmente, o aspecto substantivo do devido processo legal não tem obtido no Brasil a importância que lhe foi atribuída no Direito norte-americano, prevalecendo em nosso país a aplicação do mencionado princípio apenas em seu aspecto formal. Assim, tem-se prestigiado a forma em detrimento do conteúdo, e o devido processo legal tem sido aplicado como uma garantia meramente procedimental.

É certo que algumas decisões já adotam o devido processo legal de forma substantiva, exigindo que a atuação do Poder Público seja marcada pela razoabilidade e, também, pela garantia da isonomia dos cidadãos. Porém, na maioria desses casos, o princípio do devido processo legal nem sequer é citado, prevalecendo a utilização de um ou outro dos seus subprincípios.

Defendemos que seria importante que a doutrina e a jurisprudência brasileiras resgatassem o princípio do devido processo legal e, de forma expressa, passassem a aplicá-lo em seu aspecto substantivo, como uma forma de gerar decisões e lições que permitam lhe dar maior concretude e garantir a sua aplicação em mais casos nos quais ele poderá se apresentar como a solução para inibir atos e leis arbitrárias originários do Poder Público.

Dessa forma, entendemos que deve prevalecer o *substantive due process*, mesmo nos casos em que ele colidir com o *procedural due process*, uma vez que, além da forma, o conteúdo de um ato ou uma lei é o mais importante. Claro que não se está defendendo o abandono das formalidades, até porque, muitas vezes, a essencialidade da forma é a maior garantia de que o conteúdo de um ato ou lei não será arbitrário, mas é importante reconhecer que o "processo", seja ele qual for, tem caráter instrumental e não representa um fim em si mesmo, sendo o caminho para a obtenção de um resultado ético.

Nas palavras de Rui Portanova, o princípio do devido processo impõe "o desenvolvimento de um processo vinculado a uma visão integral e, pelo menos, tridimensional do Direito, para, enfim, alcançar não só seu escopo jurídico, mas também seu escopo social, político, ético e econômico".

Em resumo, o princípio do devido processo legal impõe a busca, pelo Poder Público, da obtenção de um processo e um resultado justos, tanto na elaboração das leis quanto em sua aplicação.

6. BIBLIOGRAFIA

Alexy, Robert. *Teoria dos derechos fundamentales*. Madrid: Centro de Estudios Constitucionales, 1993.

Bill of rights. Disponível em: www.archives.gov/national-archives-experience/charters/bill_of_rights_transcript.html. Acesso em: 16 jul. 2007.

Castro, Carlos Roberto Siqueira. *O devido processo legal e a razoabilidade das leis na nova Constituição do Brasil*. 2ª ed. Rio de Janeiro: Forense, 1989, p. 65, citado por Roger Costa Donati, na monografia "Aspecto material do devido processo legal". Marília, 2000.

Comparato, Fábio Konder. A *afirmação histórica dos direitos humanos*. 3ª ed. São Paulo: Saraiva, 2004.

Constitution of the United States. Disponível em: www.archives.gov/national-archives-experience/charters/constitution_amendments_11-27.html. Acesso em: 16 jul. 2007.

Dergint, Augusto do Amaral. "Aspecto material do devido processo legal". In: *Revista dos Tribunais* nº 709, p. 249-255. São Paulo: Revista dos Tribunais, 1994.

Di Pietro, Maria Sylvia Zanella. *Discricionariedade administrativa na Constituição de 1988*. São Paulo: Atlas, 1991.

Donati, Roger Costa. *Aspecto material do devido processo legal*. Trabalho de conclusão de curso apresentado na Faculdade de Direito da Fundação "Eurípedes Soares da Rocha". Marília/SP: 2000.

Dworkin, Ronald. A *virtude soberana – a teoria e a prática da igualdade*. São Paulo: Martins Fontes, 2005.

Figueiredo, Lúcia Valle. "Estado de direito e devido processo legal". In: *Revista Diálogo Jurídico*, Salvador, CAJ – Centro de Atualização Jurídica, nº 11, fev. 2002. Disponível em: www.direitopublico.com.br. Acesso em: 31 jul. 2007.

Góes, Gisele Santos Fernandes. *Princípio da proporcionalidade no processo civil*. São Paulo: Saraiva, 2004.

Grinover, Ada Pellegrini. *As garantias constitucionais do direito de ação*. São Paulo: Revista dos Tribunais, 1973.

Magna Carta. Disponível em: www.direitoshumanos.usp.br/counter/Doc_Histo/texto/Magna_Carta.html. Acesso em: 17 jul. 2007.

Medauar, Odete. *Direito administrativo moderno*. 4ª ed. São Paulo: Revista dos Tribunais, 2000.

Mello, Celso Antônio Bandeira de. *Conteúdo jurídico do princípio da igualdade*. 3ª ed. São Paulo: Malheiros, 1999.

Memorabilia: Magna Charta. Disponível em: www.radiobremen.de/nachrichten/latein/index.php3?sendedatum=2004-06-01. Acesso em: 17 jul. 2007.

Mendes, Gilmar Ferreira. *Direitos fundamentais e controle de constitucionalidade*. 2ª ed. São Paulo: Celso Bastos Editor: Instituto Brasileiro de Direito Constitucional, 1999.

Moraes, Alexandre de. *Direito constitucional administrativo*. São Paulo: Atlas, 2002.

Nery Junior, Nelson. *Princípios do processo civil na Constituição Federal*. 3ª ed. São Paulo: Revista dos Tribunais, 1996.

Portanova, Rui. *Princípios do processo civil*. 5ª ed. Porto Alegre: Livraria do Advogado, 2003.

Queiroz, Odete Novais Carneiro. "O devido processo legal." In: *Revista dos Tribunais* nº 748, p. 47-63. São Paulo: Revista dos Tribunais, 1998.

Rocha, Cármen Lúcia Antunes. *Direito de/para todos*. Belo Horizonte: Fórum, 2004.

Rodrigues, Leda Boechat. *A Corte Suprema e o Direito Constitucional americano*. Rio de Janeiro: Forense, 1958.

Tavares, André Ramos. *Curso de Direito Constitucional*. 4ª ed. São Paulo: Saraiva, 2006.

Theodoro Júnior, Humberto. "A garantia fundamental do devido processo legal e o exercício do poder de cautela no Direito Processual Civil." In: *Revista dos Tribunais* nº 665, p. 11-22. São Paulo: Revista dos Tribunais, 1991.

Treasures in full: Magna Carta. Disponível em: www.bl.uk/treasures/magnacarta/translation.html. Acesso em: 16 jul. 2007.

Tucci, Rogério Lauria e Tucci, José Rogério Cruz e. *Devido processo legal e tutela jurisdicional*. São Paulo: Revista dos Tribunais, 1993.

_____. *Constituição de 1988 e processo – regramentos e garantias constitucionais do processo*. São Paulo: Saraiva, 1989.

Wambier, Luiz Rodrigues. "Anotações sobre o princípio do devido processo legal." In: *Revista dos Tribunais* nº 646, p. 33-40. São Paulo: Revista dos Tribunais,1989.

PRINCÍPIO DA INAFASTABILIDADE DO CONTROLE JURISDICIONAL

*Leonardo Ferres da Silva Ribeiro**

> **Sumário**: 1. Uma premissa necessária: o modelo constitucional do processo civil. 2. Breve histórico do princípio da inafastabilidade do controle jurisdicional. 3. O conteúdo atual do princípio da inafastabilidade. 4. O princípio da inafastabilidade e a tutela jurisdicional. 5. Análise casuística: algumas hipóteses polêmicas. 5.1. Arbitragem. 5.2. Proibição de liminares contra o Poder Público. 5.3. A Súmula vinculante. 5.4. A repercussão geral. 5.5. O parágrafo único do art. 527 do Código de Processo Civil. 5.6. Os parágrafos únicos dos arts. 249 e 251 do Código Civil. 6. Bibliografia.

1. UMA PREMISSA NECESSÁRIA: O MODELO CONSTITUCIONAL DO PROCESSO CIVIL

Cada país tem seu modelo processual-constitucional, construído em conformidade com as opções ideológicas dominantes que estão insculpidas nos princípios fundamentais do seu ordenamento constitucional. Não há nenhuma novidade nessa afirmativa, mas o que interessa notar é que, em tempos atuais, há um forte movimento, na doutrina, pela conformação da lei à Constituição ou, noutras palavras, por uma interpretação da lei *conforme* os mandamentos constitucionais. Pode-se

---

* Mestre e Doutorando em Direito Processual Civil pela PUC/SP. Pós-graduado, com título de especialista, em Direito dos Contratos e Direito Processual Civil. Professor Assistente e Palestrante do curso de pós-graduação *lato sensu* em processo civil do Cogeae – PUC/SP. Professor da Escola Superior de Advocacia da OAB/SP. Membro do Instituto Brasileiro de Direito Processual – IBDP. Advogado em São Paulo.

dizer, nesse sentido, que a lei perdeu o seu posto de supremacia e está subordinada à Constituição.

Houve, portanto, uma clara inversão de papéis, de forma que, hodiernamente, a legislação deve ser compreendida a partir dos princípios constitucionais de justiça e dos direitos fundamentais. É nesse panorama que se insere a chamada "constitucionalização do processo".

Embora o assunto em questão esteja merecendo atenção detida de inúmeros processualistas, não se trata, propriamente, de um fenômeno recente.

Com efeito, colhe-se da doutrina de Joan Picó I Junoy a notícia de que a partir da primeira metade do século XX, em países da Europa que tiveram regimes totalitários, houve a preocupação em constitucionalizar, sob um sistema "reforçado" de reforma, garantias mínimas do processo para impedir violações por parte de legisladores futuros.[1] É fato, porém, que presentemente o tema voltou a ser objeto de intenso estudo e tem ocupado muito espaço na doutrina nacional e estrangeira.[2]

Mas, afinal, o que é o modelo constitucional do processo? Pode-se dizer, de forma simplista (mas não menos correta) que se trata de uma leitura das normas do processo civil de acordo com direitos fundamentais garantidos pela Constituição. Não é de hoje que, numa visão neoprocessualista, a lei perdeu o seu posto de supremacia e está subordinada à Constituição.

Nos dizeres de João Batista Lopes trata-se de um método de estudo que

> tem como ponto de partida e de chegada a própria Constituição Federal, mas não se pode ignorar, à evidência, os princípios e regras do Direito Processual Civil. Não se trata, pois, de esvaziar o Direito Processual Civil, mas de estuda-lo à luz da Constituição para fazer atuar concretamente os valores da ordem jurídica.[3]

---

[1] Junoy, 1997, p. 17.
[2] No Brasil, ver, dentre outros tantos, Maria Elizabeth de Castro Lopes e Eduardo de Melo de Mesquita; na Itália, Luigi Paolo Comoglio e Luigi Montesano; e, na Espanha, Joan Picó I Junoy.
[3] Lopes, p. 30.

Não se pode deixar de dar ouvidos à prudente advertência do mesmo professor, João Batista Lopes, que, apoiado em Dworkin, Alexy, Canaris e Tércio Sampaio Ferraz Júnior, nos informa quanto aos riscos de supervalorização dos princípios constitucionais do processo, lembrando que os princípios, posto que sejam normas fundantes, não são absolutos, devendo ser avaliados à luz do princípio da proporcionalidade.[4]

Com base nessa "leitura" do ordenamento constitucional-processual, tem havido uma revisitação dos princípios e institutos do processo civil. Sem a pretensão de estender-se nesse tema, pode ser dito, num breve resumo e a título de exemplo, entre outros, que a ação, antes estudada como um Direito Subjetivo, foi alçada à condição de garantia constitucional, exprimindo a necessidade de um acesso efetivo à ordem jurídica justa e não simplesmente um acesso formal ao Poder Judiciário; o princípio do contraditório ganhou maior amplitude, compondo o trinômio "informação, reação e diálogo"; a tutela jurisdicional passou a ser vista como sinônimo de efetiva proteção e satisfação do Direito, indo muito além de um simples instrumento estatal de solução de conflitos.

José Roberto dos Santos Bedaque, com evidente acerto e propriedade, afirma que "o correto entendimento do complexo de normas constitucionais, direcionadas para a garantia do sistema processual, constitui o primeiro passo para conferir maior efetividade possível à tutela que emerge do processo".[5]

Fica patente, portanto, que a releitura imposta pelo fenômeno da constitucionalização do processo civil tem enorme importância na abordagem que deve ser dada ao princípio objeto deste ensaio: o da inafastabilidade do controle jurisdicional.

2. BREVE HISTÓRICO DO PRINCÍPIO DA INAFASTABILIDADE DO CONTROLE JURISDICIONAL

Nas fases primitivas da civilização, inexistia um Estado com soberania e autoridade para impor o Direito acima da vontade

---

[4] Idem, ibidem, p. 31-32.
[5] Bedaque, 2003, p. 63.

dos particulares. Além da inexistência de um Estado forte, em tais fases não havia sequer as leis. Assim, quem pretendesse alguma coisa de outrem, tratava de obtê-la com sua própria força e na medida dela. A esse regime dá-se o nome de *autotutela*. Coexistindo com a autotutela, havia a autocomposição, pela qual uma das partes em conflito, ou ambas, abriam mão do seu interesse ou de parte dele para chegar a uma composição.[6]

Pouco a pouco, as soluções parciais impostas por ato das próprias partes (a autotutela), foram cedendo espaço para um sistema de soluções imparciais dos conflitos. Buscava-se a solução por meio de decisões de terceiros. Nesse contexto, surgiram os árbitros, que normalmente eram *sacerdotes*, que supostamente agiam de acordo com a vontade dos deuses, ou *anciãos* que conheciam os costumes do grupo social integrado pelos interessados. Curiosamente, surge o juiz antes do legislador![7]

Mais tarde, noutro passo da evolução, na medida em que o Estado vai se afirmando e consegue impor-se aos particulares, gradativamente vai absorvendo o poder de ditar as soluções para os conflitos, passando-se da justiça privada para a justiça pública. Nasce assim a *jurisdição* que se consolidou, com o tempo, como um monopólio estatal, garantindo aos juízes estatais – e somente a eles – a função de resolver e dirimir os conflitos, substituindo a vontade das partes.[8]

O princípio da inafastabilidade do controle jurisdicional (ou o direito de ação, como também é conhecido) foi assim se afirmando em todos os Estados modernos. No Brasil, somente foi reconhecido explicitamente na Constituição de 1946 (art. 141, § 4º) com uma redação próxima da atual: "A lei não poderá excluir da apreciação do Poder Judiciário qualquer lesão de direito individual."[9]

---

[6] Cintra, Grinover, e Dinamarco, 1998, p. 21.
[7] Idem, ibidem, p.22.
[8] Grinover, acesso em 30 jul. 2007.
[9] O termo *individual*, hoje suprimido do dispositivo constitucional, gerava a equivocada impressão de que somente as pessoas, individualmente, poderiam socorrer-se da jurisdição estatal. A melhor interpretação, contudo, sempre se valeu do conteúdo genérico

Em que pese ter sido escrito, pela primeira vez, na Constituição brasileira de 1946, afirma Celso Ribeiro Bastos, apoiado pela lição de Pontes de Miranda, que o princípio da inafastabilidade da jurisdição já poderia ser tido como presente na Constituição de 1891, porquanto implícito na sistemática constitucional então adotada.[10]

Com efeito, a partir de 1891, o Brasil aderiu à teoria da tripartição de Poderes, inspirando-se na Constituição americana. Assim, no sistema constitucional brasileiro consolidado a partir de então se firmaram duas idéias que se completam, a saber: a primeira, de que toda lesão de direito, toda controvérsia, poderia ser levada ao Judiciário e este teria de conhecê-la; e a segunda, de que não haveria jurisdição fora do Poder Judiciário, não se podendo falar em jurisdição nem no Poder Legislativo.[11]

De qualquer forma, a partir 1946 sempre houve tratamento expresso do princípio da inafastabilidade do controle jurisdicional. A Constituição de 1967 e, bem assim, a Emenda Constitucional nº 1/69,[12] repetiram *ipsis litteris* o texto da CF de 1946, que só veio a ser modificado pelo art. 5º, inciso XXXV, da Constituição de 1988, *verbis*: "A lei não excluirá da apreciação do Poder Judiciário lesão ou ameaça a direito."

Sem adentrar propriamente ao conteúdo do princípio da inafastabilidade do controle jurisdicional e, bem assim, ficando limitado a uma leitura formal do texto constitucional, é fácil observar, cotejando-se os preceitos, que com a Constituição de 1988 houve uma ampliação do princípio, incluindo-se, além da lesão, também a "ameaça a direito", dando vazão a uma tutela eminentemente preventiva que, ao menos na literalidade, não se via albergada pelo texto.

---

dessa expressão, reconhecendo que o direito de ação é garantido a todos, indistintamente, compreendendo as pessoas físicas, as jurídicas e os entes despersonalizados. A esse respeito, ver, por todos, Geraige Neto, 2006, p. 39-41.

10 Bastos, 1992, p. 197.

11 *Idem, ibidem*, p. 198.

12 Arts. 150, § 4º, e 153, § 4º, respectivamente.

Segundo consenso da doutrina, o texto constitucional ao aludir à "ameaça de direito" consagrou o direito à tutela jurisdicional também para as situações de urgência, seja cautelar ou antecipatória.

Pode-se dizer, assim, que vigora entre nós, implicitamente desde a Constituição de 1891 e explicitamente a partir da Constituição de 1946, com contornos muito próximos aos atuais (CF de 1988), o princípio da inafastabilidade da jurisdição, em que pese ter havido momentos históricos em que, lamentavelmente, o acesso à Justiça, embora insculpido na ordem constitucional, foi limitado ou mesmo impedido por um Estado totalitário.[13]

Ao que parece – e assim esperamos – tais odiosas vulnerações ao princípio da inafastabilidade do controle jurisdicional motivadas por intenções de cunho político e/ou motivadas por preconceito, não devem se repetir. A Constituição de 1988, bastante influenciada pelo fenômeno da *constitucionalização do processo* – já tratado no tópico anterior – que, entre outras características, trouxe a preocupação de assegurar no corpo da própria Constituição as garantias mínimas do processo e, mais do que isso, o cuidado de estabelecer um sistema reforçado para que se possa reformá-las, deverá impedir, senão dificultar, tais violações por parte de legisladores e/ou governantes futuros.

Alie-se a isso a atual leitura – bastante abrangente, por assim dizer – que se faz desse princípio, o que será objeto de nossa análise a seguir.

3. O CONTEÚDO ATUAL DO PRINCÍPIO DA INAFASTABILIDADE

Todos têm direito à tutela jurisdicional! Dessa afirmativa, aparentemente simples, é que deve partir o estudo do princípio da inafastabilidade do controle jurisdicional e, bem assim, do relacionamento entre processo e Constituição.

Por meio do princípio da inafastabilidade, a Constituição Federal estatui a garantia de acesso pleno e irrestrito de todos ao

---
[13] A esse respeito, v. Nery Junior, 2004, p.131-132.

Poder Judiciário, de modo que nenhuma lesão ou ameaça a direito seja subtraída da sua apreciação e solução. Assim, a Carta Magna, ao dispor no art. 5º, XXXV, que "a lei não excluirá da apreciação do Poder Judiciário lesão ou ameaça a direito", garante, de forma ampla e genérica, o acesso à Justiça, isto é, não só o direito de movimentar a máquina judiciária por meio do processo (noutras palavras, a prestação jurisdicional), mas também o de obter a tutela jurisdicional.

O que se quer dizer é que, numa leitura atual, o mandamento disposto no art. 5º, XXXV, da Constituição Federal não só garante acesso a uma prestação jurisdicional, como também e, principalmente, a uma tutela jurisdicional.

Nesse passo, é imprescindível estabelecer a distinção entre tutela jurisdicional e prestação jurisdicional. A primeira implica essencialmente a efetiva proteção e satisfação do direito, enquanto a segunda consiste mais propriamente no serviço judiciário que se instrumentaliza por meio do processo para a solução da lide.

É o que se extrai da lição de Humberto Theodoro Júnior:

> urge não confundir tutela com prestação jurisdicional; uma vez que se tem como abstrato o direito de ação, a garantia de acesso do litigante à justiça lhe assegura um provimento jurisdicional, capaz de proporcionar a definitiva solução para o litígio, mesmo quando o autor não detenha de fato o direito que afirma violado ou ameaçado pelo réu. Na satisfação do direito à composição do litígio (definição ou atuação da vontade concreta da lei diante do conflito instalado entre as partes) consiste a prestação jurisdicional. Mas, além dessa pacificação do litígio, a defesa do Direito Subjetivo ameaçado ou a reparação da lesão já consumada sobre o direito da parte também incumbe à função jurisdicional realizar, porque a justiça privada não é mais tolerada (salvo excepcionalíssimas exceções) pelo sistema de Direito Objetivo moderno. Assim, quando o provimento judicial reconhece e resguarda *in concreto* o Direito Subjetivo da parte, vai além da simples prestação jurisdicional e, pois, realiza a tutela jurisdicional. Todo litigante que ingressa em juízo, observando os pressupostos processuais e as condições da ação, tem direito à prestação

jurisdicional (sentença de mérito ou prática de certo ato executivo); mas nem todo litigante faz jus à tutela jurisdicional.[14]

Bem se vê, portanto, que a Constituição Federal garante muito mais do que a mera formulação de pedido ao Poder Judiciário, mas um acesso efetivo à ordem jurídica justa, que se substancia, em última analise, na possibilidade de obtenção de uma tutela jurisdicional efetiva, tempestiva e adequada, apta a tutelar eficaz, pronta e integralmente todos os direitos e interesses reconhecidos no plano material.

Destarte, não basta afirmar que é garantido a todos o direito de acesso ao Judiciário, sem que seja dado o real contorno e o conteúdo a essa afirmação. A garantia de acesso à Justiça deve representar, como bem esclarece José Roberto dos Santos Bedaque, "o direito de obter do Estado mecanismo eficiente de solução de controvérsias, apto a proporcionar a satisfação efetiva ao titular de um direito, bem como impedir a injusta invasão da esfera jurídica de quem não se acha obrigado a suportá-la".[15]

E o mesmo autor ainda faz a necessária advertência de que

> não se trata, evidentemente, de direito ao resultado favorável, mas também não apenas direito de acesso ao Poder Judiciário. É direito à efetividade da tutela, o que não significa assegurar o acolhimento da pretensão formulada, mas os meios adequados para que tal ocorra.[16]

Nos dias atuais, o processo deve ser visto não como mero instrumento técnico, mas como um meio de fazer atuar plenamente a ordem jurídica.[17] Para contextualizar tal afirmativa, repetimos as palavras de Cândido Rangel Dinamarco:

> suplantado o período *sincrético* pelo *autonomista*, foi preciso quase um século para que os estudiosos se apercebessem de que o sistema processual não é algo destituído de conotações éticas e objetivos a serem cumpridos no plano social, no econômico e no político. Preponderou por todo esse tempo a crença de que ele fosse mero

---

[14] Theodoro Júnior, 2001, p. 2.
[15] Bedaque, cit., p.74.
[16] *Idem, ibidem.*
[17] Cf. Lopes, 2001, p. 24.

instrumento do direito material apenas, sem consciência de seus escopos metajurídicos. Esse modo de encarar o processo por um prisma puramente jurídico foi superado a partir de quando estudiosos, notadamente italianos (destaque a Mauro Cappelletti e Vittorio Denti), lançaram as bases de um método que privilegia a importância dos *resultados* da experiência processual na vida dos *consumidores* do serviço jurisdicional, o que abriu caminho para o realce hoje dado aos *escopos sociais e políticos* da ordem processual, ao valor do *acesso à justiça* e, numa palavra, à *instrumentalidade do processo*.[18]

Esse é o significado ao termo "acesso à ordem jurídica justa", como se vê, umbilicalmente ligado ao conceito de *efetividade* da tutela jurisdicional.

A seguir, um necessário parêntese sobre efetividade.

Parece evidente, senão intuitivo, que quando se emprega o termo *efetividade* no processo, quer se traduzir uma preocupação com a eficácia da lei processual, com sua aptidão para gerar os efeitos que dela é normal esperar.[19] Mas o conceito vai além dessa característica.

O conceito de efetividade, como bem esclareceu José Carlos Barbosa Moreira, é uma noção abrangente que comporta dose inevitável de fluidez.[20] É da lavra do próprio Barbosa Moreira um "programa básico" em prol da efetividade:

> (a) o processo deve dispor de instrumentos de tutela adequados, na medida do possível, a todos os direitos (e outras posições jurídicas de vantagem) contemplados no ordenamento, quer resultem de expressa previsão normativa, quer possam se inferir do sistema; (b) esses instrumentos devem ser praticamente utilizáveis, ao menos em princípio, sejam quais forem os supostos titulares dos direitos de cuja preservação ou reintegração se cogita, inclusive quando indeterminado ou indeterminável o círculo dos eventuais sujeitos; (c) impende assegurar condições propícias à exata e completa reconstituição dos fatos relevantes, a fim de que o convencimento do julgador corresponda, tanto quanto puder, à realidade; (d) em toda a extensão da possibilidade prática, o resul-

---

18 Dinamarco, 1996, p. 27.
19 Moniz de Aragão, 1995, p.137.
20 Barbosa Moreira, nº 329, p 97.

tado do processo há de ser tal que assegure à parte vitoriosa o gozo pleno da específica utilidade a que faz jus segundo o ordenamento; (e) cumpre que se possa atingir semelhante resultado com o mínimo dispêndio de tempo e energias.[21]

Também é dele a advertência para alguns riscos a que está sujeito o pensamento ordenado à efetividade:

> (a) que não se pode cair na tentação de arvorar a efetividade como um valor absoluto, o que poderia abicar na falsa perspectiva de que nada importaria mais senão tornar mais efetivo o processo, e nenhum preço seria excessivo para garantir o acesso a tal meta; (b) que não se pode romper o equilíbrio do sistema, hipertrofiando uma peça em detrimento das restantes; (c) que não se pode desvalorizar o passado próximo, renegando a técnica e o trabalho que nos trouxe até os valores atuais.[22]

Como se vê, conceituar *efetividade* do processo não é tarefa fácil. Sem a pretensão de fazê-lo, afirmamos que a efetividade relaciona-se, precipuamente, com o resultado que se pretende alcançar com processo. Disso decorre que ser *efetivo*, o processo terá que alcançar o resultado almejado. Mas não é só: o processo deve estar apto a efetivar todos os direitos assegurados, mas também e principalmente a fazê-lo de uma forma mais ágil, célere e eficaz, com o menor dispêndio de tempo e de recursos que seja possível, traduzindo uma preocupação social.

Com enorme poder de síntese, sentencia José Roberto dos Santos Bedaque que *processo efetivo* "é aquele que, observado o equilíbrio entre os valores *segurança* e *celeridade*, proporciona às partes o resultado desejado pelo Direito Material".[23]

Voltando, mais propriamente, ao princípio da inafastabilidade do controle jurisdicional, é de se observar que embora o destinatário *principal* da norma contida no art. 5º, XXXV, seja o legislador, o comando constitucional atinge a todos, indiscriminadamente.[24] Dessa forma, é vedada ao legislador a edição de leis

---

21 Idem, ibidem.
22 Idem, ibidem.
23 Bedaque, 2006, p. 49.
24. Nery Junior, *op. cit.*, p. 130.

que excluam, embaracem ou restrinjam da apreciação do Judiciário, lesão ou ameaça a direito. Mas não só ao legislador aplica-se a restrição, também o juiz, por exemplo, é alcançado pela proibição, já que pela dicção do art. 126 do CPC não lhe é permitido deixar de julgar.[25]

Esclareça-se, por oportuno, que o princípio em questão – como, de resto, todos os princípios – não tem caráter absoluto, porquanto deve coexistir com outros princípios do sistema jurídico,[26] daí por que não é de se estranhar que a garantia do acesso ao Judiciário esteja condicionada ao preenchimento de certos requisitos formais e substanciais, como os pressupostos processuais e as condições da ação.[27]

De qualquer forma, dúvida não há de que, embora o acesso ao Poder Judiciário seja franqueado a todos – mesmo àqueles que exercem pretensões infundadas –, a garantia de ação está precipuamente direcionada para os que efetivamente merecem a tutela jurisdicional.

A nosso ver, o princípio da inafastabilidade da jurisdição deve ser visto, ao mesmo tempo, como a porta de entrada e a de saída da própria jurisdição. Isso porque não basta existir um mecanismo adequado para a solução das controvérsias, se as pessoas não tiverem acesso a ele; e, de igual forma, tampouco resolve assegurar contraditório, ampla defesa, isonomia, duplo grau de jurisdição, publicidade etc., se o processo não tiver tutelas efetivas a ponto de proteger, tempestiva e eficazmente, o jurisdicionado de qualquer ameaça ou lesão já consumada aos seus direitos.

---

25 Lopes, 2005, p. 39-40.
26 Segundo nos ensina Robert Alexy, havendo colisão de princípios, aquele de maior *peso* no caso concreto prepondera sobre o de menor *peso*. Ao contrário do conflito de normas, que, nos dizeres de Alexy, é solucionado pela introdução de uma norma de exceção que remova o conflito ou pela declaração de nulidade de uma das normas, é justamente na dimensão do "valor" e não da "validade" que se soluciona a colisão dos princípios.
27 Nesse sentido, ver Nery Junior, *op. cit.*, p. 96-97.

Interessante, ainda, a observação de Zaiden Geraige Neto – com a qual concordamos integralmente – ao afirmar, com espeque nas lições de Canotilho, que o princípio da inafastabilidade do controle jurisdicional é uma garantia que antecede todos os outros princípios, garantindo-lhes segurança e efetividade e, acima de tudo, um processo justo e apto a alcançar, se for o caso, o resultado almejado.[28]

Na tentativa de sumular tudo o quanto foi dito acerca do princípio ora em estudo, valemo-nos das palavras de Kazuo Watanabe:

> o princípio da inafastabilidade do controle jurisdicional, inscrito no inciso XXXV do art. 5º da Constituição Federal, não assegura apenas o acesso formal aos órgãos judiciários, mas sim o acesso à Justiça que propicie a efetiva e tempestiva proteção contra qualquer forma de denegação da justiça e também o acesso à ordem jurídica justa. Cuida-se de um ideal que, certamente, está ainda muito distante de ser concretizado, e, pela falibilidade do ser humano, seguramente jamais o atingiremos na sua inteireza. Mas a permanente manutenção desse ideal na mente e no coração dos operadores do direito é uma necessidade para que o ordenamento jurídico esteja em contínua evolução.[29]

4. O PRINCÍPIO DA INAFASTABILIDADE E A TUTELA JURISDICIONAL

O Estado, ao proibir a autotutela e assumir o monopólio da jurisdição, assumiu também o dever de tutelar de forma efetiva todos os direitos. Assim, na medida em que se impõe à jurisdição a necessidade de assegurar à parte a espécie de tutela mais adequada à efetiva e real proteção do direito invocado, fica mais evidente a conexão entre processo e Direito Material.

Dessa forma, pode-se dizer que é corolário do princípio da inafastabilidade garantir ao jurisdicionado a tutela mais adequada ao Direito Material sob vulneração ou ameaça. E tal adequação só é possível se o processo (e a tutela nele disponibilizada)

---

28 Geraige Neto, *op. cit.*, p.43.
29 Watanabe, 1996, p. 20.

voltar-se para o Direito Material, visando a dar-lhe uma resposta útil, eficaz, adequada e tempestiva.

O processo civil clássico sempre encontrou lastro num sistema de tutela de direitos fundado, exclusivamente, na preocupação com a restauração em pecúnia dos direitos violados. Tal panorama não satisfaz a sociedade moderna, daí porque o processo civil moderno tem que resguardar adequadamente todas as formas de Direito e, para tanto, deve permitir várias formas de tutela, tantas quantos sejam os direitos a serem protegidos, v.g., tutela preventiva, ressarcitória, inibitória etc. É a clássica afirmação de Chiovenda de que o processo deve dar a quem tem um direito tudo aquilo e exatamente aquilo que tem o direito de obter.

Mas não é só. Mais do que a previsão de tutelas tendentes a garantir tudo aquilo a que tem direito o cidadão, faz-se necessário que existam instrumentos aptos a garantir a prestação da tutela no exato momento em que ela precisa ser prestada, evitando-se com isso a inutilidade de uma tutela jurisdicional tardia.

É justamente nesse contexto – de uma tutela que espelhe tudo o quanto está garantido no Direito Material e, bem assim, que seja prestada no momento em que ela necessita ser prestada – que a chamada tutela jurisdicional *diferenciada* ganha importância e relevo.

Pode-se dizer, resumidamente, que a tutela comum é aquela que não apresenta especificidades e justamente por isso é a adotada para a generalidade dos casos. Por sua vez, a tutela *diferenciada*, como bem sintetiza João Batista Lopes, significa o conjunto de técnicas e modelos para fazer o processo atuar pronta e eficazmente, garantindo a adequada proteção dos direitos segundo as necessidades de cada caso, obedecidos os princípios, as regras e os valores da ordem jurídica.[30]

A tutela jurisdicional diferenciada está intimamente ligada à efetividade do processo, na medida em que deve ser assegu-

---

30 Lopes, *op. cit.*, p. 22.

rada à parte a espécie de tutela mais adequada à efetiva e real proteção do direito invocado.

Como bem ensina Donaldo Armelin

> dois posicionamentos, pelo menos, podem ser adotados a respeito da conceituação de "tutela diferenciada"; um, adotando como referencial da tutela jurisdicional diferenciada a própria tutela, em si mesma, ou seja, o provimento jurisdicional que atende à pretensão da parte, segundo o tipo da necessidade de tutela nele veiculado. Outro, qualificando a tutela jurisdicional diferenciada pelo prisma de sua cronologia *no iter procedimental* em que se insere, bem assim como a antecipação de seus efeitos, de sorte a escapar das técnicas tradicionalmente adotadas nesse particular.[31]

Idêntica é a lição de José Roberto dos Santos Bedaque, baseada no escólio de Andréa Proto Pisani, a quem se deve a primazia da expressão tutela diferenciada:

> *tutela jurisdicional diferenciada* pode ser entendida de duas maneiras diversas: a existência de procedimentos específicos, de cognição plena e exauriente, cada qual elaborado em função de especificidades da relação material; ou a regulamentação de tutelas sumárias típicas, precedidas de cognição não exauriente, visando a evitar que o tempo possa comprometer o resultado do processo.[32]

Destarte, pode-se dizer que a tutela diferenciada deve ser entendida, em sentido amplo, como uma gama de modelos processuais para permitir que o processo possa atuar pronta e eficazmente para todos os tipos de direito, respeitando-se, por óbvio, os princípios e garantias constitucionais.[33] Nela se incluem, portanto, ao lado da clássica tutela ressarcitória, a tutela de urgência (*v.g.*, antecipação de tutela e cautelar), a tutela específica (*v.g.*, as tutelas de obrigação de fazer, não fazer e entrega de coisa), a tutela inibitória, a tutela de evidência etc.

Bem se vê que a partir do entendimento atual do princípio da inafastabilidade do controle jurisdicional – ou seja, como uma garantia constitucional de amplo acesso, dotada de meios ade-

---

31 Armelin, p. 46.
32 Bedaque, *op. cit.*, p. 26.
33 Lopes, nº 8, p. 69.

quados e visando ao resultado efetivo – não se pode deixar de enxergar a necessidade de dotar o sistema processual de mecanismos aptos a preencher os vazios existentes, dando-se voz a todos os reclamos do Direito Material e na sua exata medida.

Advertimos, porém, para os evidentes riscos de se buscar, a todo custo, uma tutela adequada, tempestiva e efetiva. Não se pode cair na tentação de buscar a almejada tutela "ideal", visando somente ao resultado do processo, violando-se os princípios e garantias constitucionais da outra parte. O processo deve atuar, *na medida do possível*, de forma célere, adequada e efetiva, observando sempre os demais princípios e garantias constitucionais, salvo quando, por aplicação do princípio da proporcionalidade, seja o caso de afastá-los para se garantir um "valor" com maior peso.

Exemplificamos: em tempos hodiernos, em razão da morosidade do processo – que, segundo pensamos, decorre, em grande parte, da falta de adequada estrutura do Poder Judiciário para atender à crescente demanda e não da lei processual em si mesma considerada – a praxe forense tem caminhado para uma perigosa banalização da tutela de urgência, como se atender prontamente o reclamo da parte, muitas vezes *inaudita altera parte,* fosse a solução de todos os males do processo.

A tutela de urgência, como vimos, está garantida constitucionalmente, mas deve ser utilizada em caráter excepcional, somente quando não houver outra forma de tutelar o direito da parte. A garantia do acesso à Justiça não significa tutelar a qualquer preço, com a amputação de outras garantias constitucionais, como o contraditório, a ampla defesa e o devido processo legal. A tutela de urgência, tomada em cognição sumária, deve ser, na medida do possível, provisória e, bem assim, utilizada somente em situações excepcionais, quando representar a única maneira de assegurar efetividade para a tutela jurisdicional. E, mesmo assim, desde que, ponderando-se os bens (e os direitos) em jogo, seja essa a solução mais indicada e a menos gravosa.

De qualquer maneira, tendo em conta que a tutela de urgência é uma garantia constitucional, o legislador infraconstitucional não pode proibi-la nem tampouco embaraçá-la, restando-lhe tão-somente traçar a sua disciplina, estabelecendo seus requisitos específicos.[34] E essa mesma advertência vale para a tutela específica, a inibitória etc.; enfim, todas as tutelas necessárias para amparar, de forma efetiva, o direito da parte. Trata-se de corolário do princípio da inafastabilidade do controle jurisdicional.

5. ANÁLISE CASUÍSTICA: ALGUMAS HIPÓTESES POLÊMICAS

Definido e situado o princípio da inafastabilidade do controle jurisdicional, analisaremos brevemente, a seguir, algumas hipóteses polêmicas – sem a pretensão de esgotá-las – nas quais pode haver debate acerca da sua vulneração ou não.

5.1. Arbitragem

Ao contrário do que pode parecer numa análise descuidada da questão, a arbitragem, a nosso ver, não ofende ao princípio da inafastabilidade do controle jurisdicional.

Numa primeira abordagem, vale a lembrança de que o art. 31 da Lei nº 9.307/1996 prevê que a decisão final dos árbitros produzirá os mesmos efeitos da sentença estatal, constituindo-se, pois, em título executivo judicial. O legislador optou, assim, por adotar a tese da *jurisdicionalidade da arbitragem*.[35]

Embora a arbitragem possa ser encarada, em certa medida, como um braço da atividade jurisdicional, não se descuidou o legislador em disciplinar as hipóteses em que a sentença arbitral pode ser atacada por meio de ação judicial visando à declaração de sua nulidade (arts. 32 e 33 da Lei nº 9.307/1996); a nulidade poderá, ainda, ser deduzida em sede de embargos à execução (art. 33, § 3º), sendo certo que a partir da Lei nº 11.232/2005 tal dispositivo

---

34 Idem, ibidem, p. 70-71.
35 Cf. Carmona, 2004, p. 45.

deve ser lido com o necessário reparo de que, nas execuções de títulos judiciais, os embargos foram substituídos pelo incidente de impugnação.

Como se vê, não se fecharam as portas à jurisdição estatal. Lembre-se, ainda, que não pode o árbitro impor coativamente suas decisões, o que ficou reservado ao Poder Judiciário. O mesmo se diga das tutelas de urgência, as quais, se decididas pelos árbitros e havendo resistência da parte, serão cumpridas pelo Poder Judiciário ou mesmo por ele consideradas decididas na hipótese de o árbitro não fazê-lo.

Ademais, não se pode olvidar que a arbitragem só pode versar sobre direitos patrimoniais disponíveis e tem objeto delimitado àquilo que a parte, livremente (vige, aqui, o princípio da autonomia da vontade) avençou submeter à arbitragem. Não se trata, pois, de uma vedação genérica à tutela jurisdicional estatal, o que conduziria à inconstitucionalidade.

A arbitragem, como se percebe, não escapa ao controle do Poder Judiciário, não havendo ofensa ao princípio da inafastabilidade do controle jurisdicional.

E, para encerrar a problemática, uma observação: não é de hoje que já se percebeu que o Estado é incapaz de dirimir, satisfatoriamente, toda a massa de lides levadas aos Tribunais, daí a importância de excogitar de formas alternativas – jurisdicionais ou não – para a solução dos conflitos, reservando-se ao Poder Judiciário o que for inevitável.

5.2. Proibição de liminares contra o Poder Público

O tratamento diferenciado dispensado às tutelas de urgência envolvendo o Poder Público tem sido terreno fértil para discussões envolvendo o princípio da inafastabilidade do controle jurisdicional. Deveras, pois o legislador tem produzido normas obstativas da concessão de liminares contra o Poder Público.

A Lei nº 9.494/1997, que disciplinou a aplicação da tutela antecipada contra a Fazenda Pública após sucessão de inúmeras medidas provisórias, consolidou o seguinte:

> Art. 1º. Aplica-se à tutela antecipada prevista nos arts. 273 e 461 do Código de Processo Civil o disposto nos arts. 5º e seu parágrafo único e 7º da Lei nº 4.348, de 26 de junho de 1964, no art. 1º e seu § 4º da Lei nº 5.021, de 9 de junho de 1966, e nos arts. 1º, 3º e 4º da Lei nº 8.437, de 30 de junho de 1992.
>
> (...)
>
> Art. 2º-B. A sentença que tenha por objeto a liberação de recurso, inclusão em folha de pagamento, reclassificação, equiparação, concessão de aumento ou extensão de vantagens a servidores da União, dos Estados, do Distrito Federal e dos Municípios, inclusive de suas autarquias e fundações, somente poderá ser executada após seu trânsito em julgado.

A conjugação de todos os diplomas mencionados no art. 1º erigiu um microssistema legal restritivo para as liminares em face do Poder Público, vedando a concessão das decisões liminares cautelares e antecipatórias contra a Fazenda Pública no que respeita às matérias ali constantes.[36] Não satisfeito, o legislador, no art. 2º-B, de estender a vedação também às sentenças (decisões finais) antes de seu trânsito em julgado, para as hipóteses amplíssimas relacionadas do dispositivo.

E não foi só. A Emenda Constitucional nº 30, de 13/09/2000, modificando a redação dos parágrafos do art. 100 da Constituição Federal, recheou o texto da Carta Magna com a expressão "trânsito em julgado".

Assim, o que se pretendeu introduzir, de forma tímida e pelo método questionável da edição de Medida Provisória,[37] ganhou realce constitucional por meio da Emenda Constitucional nº 30/2000, fixando-se, em âmbito constitucional que a execução con-

---

[36] Ver, por todos, Fux, 2004, p.13-32.

[37] Os pressupostos constitucionais da relevância e urgência, contidos no art. 62 da CF/1988, existem como forma de justificar a antecipação da eficácia e da aplicabilidade de uma norma que há de ser convertida em lei, posteriormente. É verdade que não há delimitação legal do significado de tais pressupostos, mas não se pode permitir que o Poder Executivo, mesmo dentro da discricionariedade que lhe é atribuída, amplie os referidos conceitos de forma a usurpar a função legiferante que só excepcionalmente poderá exercer.

tra a Fazenda Pública depende do trânsito em julgado da decisão exeqüenda, extraindo-se a possibilidade de efetivação de qualquer tipo de tutela condenatória – seja ela de natureza antecipatória ou final – antes do trânsito em julgado.

É, lamentavelmente, o que se extrai do panorama legislativo.

O Supremo Tribunal Federal, na ADIn 233-6/DF rejeitou a inconstitucionalidade em tese da limitação à concessão das liminares contra o Poder Público, deixando, porém, uma "válvula de escape", ao observar que "não prejudica o exame judicial em cada caso concreto de constitucionalidade, incluída a razoabilidade da aplicação da norma proibitiva da liminar".[38]

Como bem observa Eduardo de Melo Mesquita, o controle difuso de constitucionalidade não está vedado por força da decisão da ADIn 233-6, cabendo ao magistrado ponderar os bens em jogo e à luz do princípio da proporcionalidade, decidir pela concessão da liminar ou não.[39]

De qualquer forma, a vedação, em tese, das liminares (e do adiantamento de qualquer provimento executivo) contra a Fazenda Pública, afigura-se-nos uma odiosa desigualdade e uma ofensa ao princípio da inafastabilidade do controle jurisdicional.

5.3. A Súmula vinculante

Outro tema que tem despertado discussões acaloradas é o da Súmula vinculante, introduzido em nível constitucional por força da EC nº 45/2004 e recentemente regulamentada pela Lei nº 11.417/2006.

Após a EC nº 45/2004, as súmulas editadas pelo STF, por decisão de 2/3 de seus membros, desde que tratem de matéria constitucional e tenha sido reiteradamente decidida pelo Supremo, terão efeito vinculante perante os demais órgãos do Judiciário e a Administração Pública, direta e indireta, municipal, estadual e municipal.

---

[38] RTJ 132/572 – STF – Pleno – ADIn 233-6/DF – Rel. Min. Sepúlveda Pertence – j. em 05/04/1990.
[39] Mesquita, op. cit., p. 212.

Embora o tema seja apaixonante e suscitado inúmeros debates na doutrina, centraremos nossa análise na resposta da seguinte indagação: a adoção da súmula vinculante viola, em certa medida, o princípio da inafastabilidade do controle jurisdicional?

Entendemos que não. A adoção, em tese, da súmula vinculante, bem ao contrário, reforça o princípio do acesso à justiça. E por que "em tese"? Porque é imperioso que as súmulas que carreguem o chamado efeito "vinculante" versem sobre questões capazes de se repetir ao longo do tempo de forma absolutamente idêntica,[40] como por exemplo, uma interpretação a respeito da incidência, ou não, de um tributo numa determinada atividade ou mesmo devoluções de empréstimo compulsório. Ao revés, em situações que envolvam valores passíveis de sofrer alterações ou mesmo nos quais as peculiaridades do caso concreto são determinantes, *v.g.*, nos chamados conceitos *vagos* ou *indeterminados*,[41] a utilização da súmula vinculante seria de todo condenável, engessando a interpretação necessária e conveniente para a melhor aplicação da lei ao fato correto.

Assim, se utilizada corretamente, quer nos parecer que a súmula vinculante é um instituto vocacionado para uma melhor prestação jurisdicional e, em última análise, para um acesso à ordem jurídica *justa*, o que está, como vimos, umbilicalmente ligado ao conceito atual do princípio da inafastabilidade do controle jurisdicional.

A idéia de sumular o entendimento em questões repetitivas, nas quais a lide jurídica é sempre a mesma, é salutar e necessária para uma melhor prestação jurisdicional. Não é razoável que tais processos – que dizem respeito a matérias já exaustivamente discutidas e há muito pacificadas pela jurisprudência – continuem congestionando o Judiciário, numa frenética repetição de petições iniciais, decisões, recursos etc.

---

[40] Medina, Wambier e Wambier, 2005, p. 384.
[41] Quanto aos conceitos vagos ou indeterminados, ver, por todos, Barbosa Moreira, 1988, p. 64.

Ademais, imaginar que a mesma lide possa ser julgada de determinado modo para um e de modo diverso para outro, não é salutar ao sistema jurídico, abicando, em última análise, numa ofensa ao princípio da isonomia. Porque alguém pode, por exemplo, ter direito à restituição de empréstimo compulsório e seu vizinho, na mesmíssima situação jurídica, não tê-lo?

Na atual conjuntura, com o Poder Judiciário muito próximo do limite de saturação, só se pode excogitar de um acesso à Justiça adequado, tempestivo e efetivo, se tiver condições para tanto. Nesse panorama, a súmula vinculante auxilia enormemente, porquanto libera a máquina judiciária para se preocupar com questões jurídicas mais relevantes do que aquelas já sedimentadas de forma perene.

Dentro desse contexto, considerando-se, sobretudo, a realidade do perfil judiciário brasileiro, a súmula vinculante vai ao encontro do princípio da inafastabilidade do controle jurisdicional e não o contrário.

Por derradeiro, insistimos na advertência de que o instituto da súmula vinculante deve ser utilizado corretamente, com parcimônia e cuidado. Nesse sentido, encerramos com as palavras de José Miguel Garcia Medina, Luiz Rodrigues Wambier e Teresa Arruda Alvim Wambier:

> Cada vez mais e mais transparentes devem ser os critérios de escolha dos Ministros dos Tribunais Superiores, se a eles caberá editar súmulas, que só se podem prestar a gerar mais segurança e previsibilidade, nunca a "engessar" ou "congelar" o direito. Para isto, como vimos antes, é necessário que se atente para a *matéria* que se estará sumulando e para o *modo* como se estarão redigindo estas súmulas.
>
> Se as súmulas atenderem a "interesses", quaisquer que sejam as suas naturezas, e não se limitarem, fundamentalmente, a extrair do texto do direito positivo real significado – e nessa medida as súmulas devem ser vistas como resultado de atividade interpretativa –, aí, certamente, o sistema de súmulas vinculantes terá naufragado. Seguramente, as conseqüências negativas que se produzirão seriam muito mais nefastas para a Nação do que aquelas

que seriam produzidas por uma singela decisão, cujos efeitos estariam adstritos às partes. [42]

5.4. A repercussão geral

A repercussão geral, ao lado da súmula vinculante, também foi introduzida pela EC nº 45/2004 com a intenção clara de viabilizar acesso à ordem jurídica justa, dotado de uma tutela jurisdicional efetiva. Mais recentemente, veio a lume a Lei nº 11.418/2006, regulamentando a matéria, na qual se incluíram dois novos artigos no Código de Processo Civil (arts. 543-A e 543-B).

Resumidamente, pode-se dizer que a repercussão geral é um novo requisito para a admissibilidade do recurso extraordinário. Mas o que é repercussão geral? Trata-se, evidentemente, de um conceito jurídico vago ou indeterminado, que deve ser preenchido, pela conjugação dos critérios *relevância* e *transcendência* da matéria debatida.[43]

Entendemos ser correta a introdução desse requisito. Em certa medida, esse sistema de *filtro* para os recursos extraordinários não é novidade, porquanto vigorava, entre nós, até antes da Constituição Federal de 1988, a argüição de relevância, que tinha uma feição, por assim dizer, menos democrática.[44] Aduza-se, ainda, que esse sistema encontra similares na Alemanha, Estados Unidos, Argentina e Japão.[45]

Sem a pretensão de analisar as particularidades da repercussão geral – o que fugiria do propósito deste ensaio – limitar-nos-emos, tal como fizemos com a súmula vinculante no tópico

---

42 Medina, Wambier e Wambier, *op. cit.*, p. 386-387.

43 É o que se extrai da dicção do art. 543-A, § 1º, do CPC: "Para efeito de repercussão geral, será considerada a existência, ou não, de questões relevantes do ponto de vista econômico, político, social ou jurídico, que ultrapassem os interesses subjetivos da causa."

44 A argüição de relevância era apreciada em sessão secreta, dispensando fundamentação; ao contrário, diante da atual sistemática constitucional, a análise da repercussão geral deve ser feita em sessão pública e seu julgamento motivado.

45 Ver, por todos, Arruda Alvim, 2005, p. 68-69.

anterior, a avaliá-lo em cotejo com o princípio da inafastabilidade do controle jurisdicional.

Também aqui deve ser levado em consideração o panorama presente do Poder Judiciário brasileiro. E, nesse contexto, não se pode fugir da constatação de que o Supremo Tribunal Federal, em razão do enorme acúmulo de processos que lhe são apresentados, tem se afastado mais e mais de sua função precípua, estampada, aliás, na letra do art. 102, *caput*, da Constituição Federal: a "guarda" da própria Constituição.

Inimaginável, por assim dizer, que um sistema jurídico que pretenda garantir adequadamente o acesso à Justiça – assim compreendido como o direito não só ao acesso, em si, ao Judiciário, mas também que dele haja a possibilidade de se extrair uma tutela adequada, tempestiva e efetiva – tenha um órgão de cúpula, com o mister de zelar pela Constituição, atolado em todo o tipo de questão, não raras vezes de somenos importância.

Deve caber à Corte Suprema ditar as regras visando a uma interpretação uníssona dos mandamentos constitucionais e, bem assim, constituir-se num escudo contra as tentativas de malferi-los. Mesmo papel está destinado ao Superior Tribunal de Justiça, transportando-se o mister para a lei federal, daí lamentar-se que não se tenha adotado providência equivalente à da repercussão geral também neste Tribunal.

Feitas essas ponderações, resta-nos concluir que, o instituto da repercussão geral não viola o princípio da inafastabilidade do controle jurisdicional. Ao contrário, auxilia na busca de um acesso à justiça que se consubstancie numa tutela jurisdicional verdadeiramente efetiva.

Fazemos nossas as palavras de Luiz Guilherme Marinoni e Daniel Mitidiero:

> Tendo presentes essas coordenadas, a adoção de um mecanismo de filtragem recursal como a repercussão geral encontra-se em absoluta sintonia com o direito fundamental à tutela jurisdicional efetiva e, em especial, com o direito fundamental a um processo com duração razoável. Guardam-se as delongas inerentes à tramitação do recurso extraordinário apenas quando o seu conhe-

cimento oferecer-se como um imperativo para a ótima realização da unidade do Direito no estado Constitucional brasileiro. Resguarda-se, dessarte, a um só tempo, dois interesses: o interesse das partes na realização de processos jurisdicionais em tempo justo e o interesse da Justiça no exame de casos pelo Supremo Tribunal Federal apenas quando essa apreciação mostrar-se imprescindível para realização dos fins a que se dedica a alcançar a sociedade brasileira.[46]

5.5. O parágrafo único do art. 527 do Código de Processo Civil

A Lei nº 11.187/2005, deu nova redação ao parágrafo único do art. 527, que passou a prever que: "a decisão liminar, proferida nos casos dos incisos II e III do *caput* deste artigo, somente é passível de reforma no momento do julgamento do agravo, salvo se o próprio relator a reconsiderar".

Embora o texto não o diga expressamente, resta evidente que as decisões liminares do relator, nos casos previstos nos incisos II e III do mesmo art. 527,[47] tornaram-se irrecorríveis. Noutras palavras, o agravo interno (ou, para alguns, "regimental") passou a não ser mais cabível da decisão do relator que *converte o agravo de instrumento em retido* e, bem assim, naquela em que o relator *concede efeito suspensivo* ao agravo ou *antecipa total ou parcialmente a tutela recursal* (também chamado de "efeito ativo"). E, numa tentativa inútil, por assim dizer, de compensar a falta de recurso, previu o legislador um criticável (e inútil) juízo de reconsideração.

---

[46] Marinoni e Mitidiero, 2007, p. 17-18.

[47] "Art. 527. Recebido o agravo de instrumento no tribunal, e distribuído incontinenti, o relator:

(...)

II – converterá o agravo de instrumento em agravo retido, salvo quando se tratar de decisão suscetível de causar à parte lesão grave e de difícil reparação, bem como nos casos de inadmissão da apelação e nos relativos aos efeitos em que a apelação é recebida, mandando remeter os autos ao juiz da causa;

III – poderá atribuir efeito suspensivo ao recurso (art. 558), ou deferir, em antecipação de tutela, total ou parcialmente, a pretensão recursal, comunicando ao juiz sua decisão."

Ao comentar esse dispositivo legal noticia Athos Gusmão Carneiro a real intenção da reforma:

> nos debates precedentes à remessa do projeto de lei ao Congresso, consideraram alguns que o uso da palavra "irrecorrível" ensejaria a acusação de ser o dispositivo "antidemocrático", ofensivo ao princípio constitucional da ampla defesa, e assim por diante. Optou-se, então, por dizer o mesmo por vias travessas, com a afirmação de que a decisão somente seria "passível de reforma no momento do julgamento do agravo", redação esta bastante criticável.

Já tivemos a oportunidade de tratar mais detidamente sobre esse assunto,[48] e embora nossa vontade seja a de criticar enfaticamente a novel construção legislativa em muitos aspectos, enfrentaremos tão-somente a questão envolvendo o princípio da inafastabilidade do controle jurisdicional.

Posicionamo-nos, desde já, com uma afirmativa: a nosso ver, o parágrafo único do art. 527 do CPC, na redação dada pela Lei nº 11.187/2005, viola o princípio do acesso à Justiça. Vejamos as razões:

Como já ficou demonstrado ao longo desse texto, a tutela de urgência tem amparo constitucional; trata-se de corolário do princípio da inafastabilidade do controle jurisdicional. Com efeito, para garantir um acesso à ordem jurídica justa, estruturou-se um tratamento para as situações urgentes que implicassem risco à efetividade da jurisdição. É nesse panorama que se insere a tutela de urgência, que foi disponibilizada, num primeiro momento, pela técnica da tutela cautelar e, num momento ulterior, pela antecipação de tutela. No plano recursal, mais precisamente no agravo de instrumento, a concessão do efeito suspensivo (para aquelas decisões de cunho positivo) e da antecipação da tutela

---

[48] O parágrafo único do art. 527 do CPC foi alvo de nossa preocupação em artigo de nossa autoria intitulado "Breves considerações sobre a irrecorribilidade das decisões liminares do relator e o 'juízo de reconsideração' (parágrafo único do art. 527 do CPC). In: Hoffman e Ribeiro, 2006, p. 236. Passados quase dois anos da vigência da Lei nº 11.187/2005 e da confecção daquele artigo, nossas opiniões estão ainda mais reforçadas, daí por que algumas delas são, em certa medida, aqui reproduzidas.

recursal (para aquelas decisões de cunho negativo) nada mais é do que uma das formas de manifestação da tutela de urgência.

Nesse contexto, qualquer obstáculo à obtenção da tutela de urgência representa uma vulneração ao próprio princípio da inafastabilidade do controle jurisdicional. E mesmo que não se trate, propriamente, de uma tutela de urgência, qualquer outra tutela, desde que a adequada a amparar o direito, tem igual *status* constitucional.

Fixada essa premissa, vejamos, a seguir, as hipóteses nas quais o parágrafo único do art. 527 do CPC vedou a possibilidade de recurso.

Pela dicção do inciso II, a parte somente poderá lançar mão do agravo de instrumento em três hipóteses: (i) se a decisão agravada for suscetível de causar-lhe lesão grave e de difícil reparação (*periculum in mora*); (ii) nos casos de inadmissão da apelação; e (iii) nos casos em que se discutem os efeitos em que a apelação é recebida.

Na primeira hipótese o recurso visa à obtenção de uma legítima tutela de urgência, de forma a evitar e/ou estancar a grave lesão que decorre da decisão agravada, daí por que o agravante deverá formular o pedido de efeito suspensivo ou de antecipação da tutela recursal, conforme o caso. Deixar o agravante sem a necessária tutela de urgência, convertendo o agravo para a forma retida é, como já adiantamos, flagrantemente inconstitucional. Nas duas outras hipóteses (inadmissão da apelação ou os efeitos em que ela é recebida), não se trata propriamente de tutela de urgência, mas sim de evidente falta de interesse processual para o agravo retido, de forma que o processamento do recurso na forma retida é de todo inútil ao agravante.

Em nenhuma das hipóteses anteriormente mencionadas, o agravante poderá se conformar com a conversão de seu agravo de instrumento em agravo retido, na medida em que ou ficará sem a necessária tutela de urgência (hipótese da lesão grave e de difícil reparação) ou seu recurso, na modalidade retida, será de todo inútil (hipóteses da inadmissão da apelação ou dos efeitos em que é recebida). Ambas as hipóteses implicam, em última análise, falta de adequada e tempestiva tutela jurisdicional e, noutras palavras, na vulneração do princípio do acesso à Justiça.

E quanto ao inciso III do art. 527 do CPC? Sob a rubrica do mencionado dispositivo legal, podem-se imaginar claramente duas hipóteses: uma, o agravante requer o efeito suspensivo e/ou a antecipação da tutela recursal e tem seu pedido negado; na outra, o agravante obtém o efeito pretendido. Na primeira, o agravante fica sem possibilidade de discutir a questão por meio de recurso hábil para o órgão colegiado e, na segunda, quem fica sem o recurso é o agravado. De igual forma, haverá, nas duas hipóteses, falta de tutela jurisdicional.

Como se vê, a Lei nº 11.187/2005, na tentativa de desafogar os tribunais, optou pela via da exclusão do acesso à Justiça. Lamentável! Nesse diapasão, não poderiam ser mais precisas as palavras de Teresa Arruda Alvim Wambier, com as quais encerramos esse tópico:

> Em fins de 2005, a Lei nº 11.187, trouxe novas alterações à sistemática do agravo. A nós fica a impressão, como acima afirmamos, de que após essas sucessivas alterações (de 1995, de 2001 e de 2005), estamos diante de experiência de "ensaio e erro", na busca de um modelo de agravo que seja capaz de dar conta, ao mesmo tempo, da demanda recursal crescente, fruto, dentre tantos motivos, de alterações outras (conforme vimos no item antecedente), e da falta de investimento público no Poder Judiciário, que não está aparelhado, tanto do ponto de vista físico (instalações, tecnologia etc.) quanto sob o aspecto humano... Falta, enfim, resposta eficiente do Poder Público ao veemente clamor da sociedade brasileira por acesso à justiça.[49]

5.6. Os parágrafos únicos dos arts. 249 e 251 do Código Civil[50]

Reservamos este último item para, a pretexto de aclarar uma situação particular prevista no regramento do Código Civil a res-

---

[49] Wambier, in: Hoffman; e Ribeiro, 2006, p. 340.

[50] Pareceu-nos interessante abordar essa temática, após leitura de enxuto e preciso texto da lavra da professora Ada Pellegrini Grinover, disponível no site Última Instância. Acesso em: 30 jul. 2007

peito das obrigações de fazer e não fazer uma importante e breve consideração a respeito da *autotutela*.

É fato que existem casos em que a própria lei permite a autotutela, cujo exemplo clássico está no desforço imediato (art. 1.210, § 1º, do Código Civil).[51] Deveras, o Estado nem sempre pode estar presente quando um direito está sendo violado ou na iminência de sê-lo. Ademais, diante da sobrecarga dos tribunais, outras formas de pacificação social diferentes da jurisdição estatal têm que ser pensadas. É justamente nesse panorama que se inserem a arbitragem, a mediação, a autotutela etc.

Nesse sentido, o novo Código Civil (2002) trouxe interessante disciplina acerca das obrigações de fazer e não fazer. Com efeito, para melhor compreensão da matéria faz-se necessário citar os dispositivos legais que serão objeto de análise:

> Tratando da obrigação de fazer, disciplina o art. 249 que: "Se o fato puder ser executado por terceiro, será livre ao credor mandá-lo executar à custa do devedor, havendo recusa ou mora deste, sem prejuízo da indenização cabível." E seu parágrafo único assim completa: "Em caso de urgência, pode o credor, independentemente de autorização judicial, executar ou mandar executar o fato, sendo depois ressarcido."

Regra idêntica se dá em relação às obrigações de não fazer, *verbis*:

> Art. 251. Praticado pelo devedor o ato, a cuja abstenção se obrigara, o credor pode exigir dele que o desfaça, sob pena de se desfazer à sua custa, ressarcindo o culpado perdas e danos.
>
> Parágrafo único. Em caso de urgência, poderá o credor desfazer ou mandar desfazer, independentemente de autorização judicial, sem prejuízo do ressarcimento devido."

O que se percebe pelos dispositivos legais citados – que devem ser interpretados em conjunto com a sistemática prevista

---

[51] "Art. 1.210. O possuidor tem direito a ser mantido na posse em caso de turbação, restituído no de esbulho, e segurado de violência iminente, se tiver justo receio de ser molestado. § 1º *O possuidor turbado, ou esbulhado, poderá manter-se ou restituir-se por sua própria força, contanto que o faça logo; os atos de defesa, ou de desforço, não podem ir além do indispensável à manutenção, ou restituição da posse.*" (grifamos)

no Código de Processo Civil (arts. 461, 632/645) – é que no parágrafo único de ambos previu-se uma espécie de autotutela, permitindo ao jurisdicionado, em hipóteses excepcionais (urgência), valer-se do fazimento ou desfazimento da coisa por terceiro, sem autorização judicial prévia.

É prudente a observação de que a previsão dessa autotutela não fechou o seu controle pela via judicial, porquanto havendo ação, intentada por qualquer das partes, será avaliado pelo juiz se aquele que se valeu da autotutela o fez dentro dos requisitos e limites permitidos, agindo com boa-fé e para amparar uma situação verdadeiramente urgente, ou se o fez em abuso de direito.

Para responder à indagação que tem norteado nossa preocupação ao longo desse trabalho, vale dizer, se essa modalidade de autotutela fere, ou não, o princípio da inafastabilidade do controle jurisdicional, repetimos as palavras de Ada Pellegrini Grinover, com as quais concordamos *in totum*:

> ...os parágrafos únicos dos arts. 249 e 251 do CC não afrontam o princípio da inafastabilidade do controle jurisdicional. Como visto, sobra espaço para a autotutela, expressamente prevista em lei, nos sistemas jurídicos modernos. E, de qualquer modo, a via judicial fica aberta ao devedor que não se conforme com o exercício ou a forma da autotutela no caso concreto, garantido, assim, o acesso ao Judiciário assegurado pelo art. 5º, XXXV da CF.[52]

6. BIBLIOGRAFIA

Aragão, E. D. Moniz de. "Efetividade do processo de execução." In: *O processo de execução – Estudos em homenagem ao Prof. Alcides de Mendonça Lima*. Porto Alegre: Sérgio Fabris, 1995, p. 137.

Armelin, Donaldo. "Tutela jurisdicional diferenciada." In: *Revista de Processo* nº 65, p. 46.

Arruda Alvim, José Manoel de. "A EC nº 45 e o instituto da percussão geral." In: *Reforma do Judiciário: primeiras reflexões sobre a Emenda Constitucional nº. 45/2004*, Wambier, Teresa Arruda Alvim et al. (coord.). São Paulo: Revista dos Tribunais, 2005, p. 63.

Barbosa Moreira, José Carlos. "Efetividade do processo e técnica processual." In: *Revista Forense* nº 329, p. 97.

---

[52] *Idem, ibidem*.

_____. "Regras de experiência e conceitos juridicamente indeterminados." In: *Temas de Direito Processual*. 2ª série. São Paulo: Saraiva, 1988, p. 64.

Bastos, Celso Ribeiro. *Curso de Direito Constitucional*. 14ª ed. São Paulo: Saraiva, 1992.

Bedaque, José Roberto dos Santos. *Tutela Cautelar e tutela antecipada: tutelas sumárias e de urgência (tentativa de sistematização)*. 3ª ed. São Paulo: Malheiros, 2003.

_____. *Efetividade do processo e técnica processual*. São Paulo: Malheiros, 2006.

Carmona, Carlos. Alberto. *Arbitragem e Processo: um comentário à Lei nº 9.307/1996*. 2ª ed. São Paulo: Atlas, 2004.

Comoglio, Luigi Paolo. "Garanzie Costituzionali e 'Giusto Processo' (Modelli a Confronto)." In: *Revista de Processo* nº 90, p. 95-150.

_____. Ferri, Corrado e Taruffo, Michele. *Lezione sul processo civile, vol. I – Il processo ordinario di cognizione*. Bolonha: Il Mulino, 1995.

Cintra, Antonio Carlos de Araújo; Grinover, Ada Pellegrini e Dinamarco, Cândido R. *Teoria geral do processo*. 14ª ed. São Paulo: Malheiros, 1998.

Dinamarco, Cândido Rangel. "O futuro do Direito Processual Civil." In: *Revista Forense*, vol. 92, 1996, p. 27-45.

Fux, Luiz. "O novo microssistema legislativo das liminares contra o poder público." In: *Revista de direito Renovar*, nº 29. Rio de Janeiro: Renovar, mai/ago. 2004, p. 13-32.

Geraige Neto, Zaidem. *O princípio da inafastabilidade do controle jurisdiciona*. São Paulo: Revista dos Tribunais, 2006.

Grinover, Ada Pellegrini. "A inafastabilidade do controle jurisdicional e uma nova modalidade de autotutela." Texto extraído da internet no site Última Instância, em 30/07/2007. Em: http://ultimainstancia.uol.com.br/ensaios/ler_noticia.php?idNoticia=22108

Junoy, Joan Picó I. *Las Garantias Constitucionales del Proceso*, JMBosch Editor, 1997.

Lopes, João Batista. "Efetividade da tutela jurisdicional à luz da constitucionalização do processo civil." In: *Revista de Processo* nº 116, p. 29-39.

_____. *Tutela antecipada no processo civil brasileiro*. São Paulo: Saraiva, 2001;

_____. *Curso de Direito Processual Civil*, vol. I – Parte Geral. São Paulo: Atlas, 2005.

_____. "Fundamento Constitucional da Tutela de Urgência." In: *Revista Dialética de Direito Processual* nº 8, p. 69.

Lopes, Maria Elizabeth Castro. *O juiz e o princípio dispositivo*. SãoPaulo: Revista dos Tribunais, 2006.

Marinoni, Luiz Guilherme e Mitidiero, Daniel. *Repercussão geral no recurso extraordinário*. São Paulo: Revista dos Tribunais, 2007.

Mesquita, Eduardo Melo de. *As tutelas cautelar e antecipada*. São Paulo: Revista dos Tribunais, 2002.

_____. *O princípio da proporcionalidade e as tutelas de urgência*, Curitiba: Juruá, 2006.

Medina, José Miguel Garcia; Wambier, Luiz Rodrigues e Wambier, Teresa Arruda Alvim. "Repercussão geral e súmula vinculante: relevantes novidades trazidas pela EC nº 45/2004." In: *Reforma do Judiciário: primeiras reflexões sobre a Emenda Constitucional n. 45/2004*, Wambier, Teresa Arruda Alvim et al. (coord.). São Paulo: Revista dos Tribunais, 2005, p. 372.

Montesano, Luigi. "La garanzia costituzionale del contraditório e i giudizi civili di 'terza via'." In: *Rivista di diritto processuale*, nº 4, 2000, p. 929-947.

Nery Junior, Nelson *Princípios do processo civil na Constituição Federal*. 8ª ed. São Paulo: Revista dos Tribunais, 2004.

Ribeiro, Leonardo Ferres da Silva. "Breves considerações sobre a irrecorribilidade das decisões liminares do relator e o 'juízo de reconsideração' (parágrafo único do art. 527 do CPC)." In: Hoffman, Paulo e Ribeiro, Leonardo Ferres da Silva (coords.). *O novo regime do agravo de instrumento e do agravo retido: modificações da Lei nº 11.187/2005*. São Paulo: Quartier Latim, 2006, p. 236.

Theodoro Júnior, Humberto. *Tutela jurisdicional de urgência – Medidas cautelares e antecipatórias*. 2ª ed. Rio de Janeiro: América Jurídica, 2001.

Wambier, Teresa Arruda Alvim. "O novo recurso de agravo, na perspectiva do amplo acesso à justiça, garantido pela Constituição Federal." In: Hoffman, Paulo e Ribeiro, Leonardo Ferres da Silva (coords.). *O novo regime do agravo de instrumento e do agravo retido: modificações da Lei nº 11.187/2005*. São Paulo: Quartier Latim, 2006, p. 333.

Watanabe, Kazuo. "Tutela antecipatória e tutela específica das obrigações de fazer e não fazer." In: Teixeira, min. Sálvio de Figueiredo (coord.). *Reforma do Código de Processo Civil*. São Paulo: Saraiva, 1996, p. 19.

PRINCÍPIO DO ACESSO À JUSTIÇA

Flávio Luís de Oliveira[*]

> **Sumário**: Introdução. 1. Considerações gerais. 2. Os direitos fundamentais sociais. 2.1 A insuficiência dos direitos fundamentais individuais. 2.2. A necessidade dos direitos fundamentais sociais. 2.3. Evolução normativa dos direitos fundamentais sociais. 3. A concretização das políticas públicas por meio do poder judiciário. 3.1. A desneutralização do Poder Judiciário. 3.2. Os caminhos e os obstáculos para a desneutralização do Poder Judiciário. 4. Conclusão. 5. Bibliografia.

INTRODUÇÃO

O princípio do Acesso à Justiça, previsto no art. 5º, inciso XXXV, da Constituição Federal, não pode ser visto como um direito meramente formal e abstrato, ou seja, como um simples direito de propor a ação em juízo.

De fato, a questão do Acesso à Justiça exige o enfrentamento dos obstáculos econômicos e sociais à concretização de direitos.

Assim sendo, o Acesso à Justiça requer um processo justo, à luz de uma Justiça imparcial, que permita não apenas a participação igualitária das partes, independentemente das diferentes posições sociais, mas, sobretudo, a efetiva realização de direitos.

---

[*] Mestre e Doutor em Direito pela Universidade Federal do Paraná – UFPR. Docente dos cursos de Mestrado e Doutorado em Direito da Instituição Toledo de Ensino. Membro do Instituto Ibero-americano de Direito Processual. Membro do Instituto Brasileiro de Direito Processual. Advogado.

Nesse contexto, no que concerne aos objetivos fundamentais da República, insta salientar que o Acesso à Justiça contribui, sobremaneira, para a inclusão social e, portanto, para a redução de desigualdades sócio-econômicas.

Portanto, o acesso à ordem jurídica justa é, antes de tudo, uma questão de cidadania. Por esta razão, a Justiça deve ser pensada sob o ponto de vista dos consumidores da prestação jurisdicional.

Ademais, de acordo com o art. 5º, inciso LXXVIII, da Constituição Federal, o jurisdicionado não tem apenas o direito ao Acesso à Justiça, mas o direito à duração razoável do processo que, certamente, sob pena de vilipêndio à aludida garantia constitucional, deverá concretizar o direito da parte que tem razão.

Entretanto, os obstáculos à universalidade da jurisdição e à igualdade processual exigem uma mudança de concepção dos operadores do Direito.

Por isso é necessário focar o tema do Acesso à Justiça sob a ótica ideológica desmistificadora da neutralidade imposta pela dogmática, sob pena do discurso ficar limitado à visão individualista, patrimonializante, inerente aos ideais burgueses.

Daí a perspectiva do presente artigo.

1. CONSIDERAÇÕES GERAIS

A crise do Estado Liberal, provocada pela insuficiência de seus próprios fundamentos, fez emergir a questão da justiça social. Um novo conceito de igualdade passa a dar à liberdade um outro valor. Assim, entende-se que o mínimo de condições materiais é pressuposto para a liberdade real, passando o Estado a objetivar a realização dos chamados direitos sociais.

Nesse contexto, revela-se inolvidável que o administrador está vinculado ao cumprimento das normas de ordem social, o que resulta na obrigação à implementação das políticas públicas necessárias ao efetivo exercício dos direitos sociais. Logo, não há discricionariedade a respeito da oportunidade ou conveniência da sua realização, mas somente no que diz respeito à escolha da melhor forma de cumprimento da finalidade constitucional.

Entretanto, o Estado Social de Direito, além de não ter permitido a participação efetiva do povo no processo político, não conseguiu realizar justiça social. Desta feita, o fracasso na realização de políticas públicas que viabilizem a efetiva participação e inclusão social, essenciais à dignidade humana, materializa total desrespeito aos direitos sociais devendo o Poder Judiciário assumir o papel que lhe compete na estrutura estatal.

Contudo, a concretização dos direitos fundamentais sociais exige alterações nas funções clássicas dos juízes que se tornaram co-responsáveis pelas políticas dos outros Poderes estatais, tendo que orientar sua atuação para possibilitar a realização de projetos de mudança social, o que conduz à ruptura do modelo jurídico subjacente ao positivismo jurídico.

Com efeito, dentre outros aspectos, a ausência de uma concepção crítica reflexiva ante a norma contribuiu para impedir que o juiz colocasse em prática alternativas que permitissem uma interpretação democrática dos enunciados normativos.

Logo, a argumentação jurídica está fundada, via de regra, em aspectos lógico-formais da interpretação jurídica, o que impede a influência de pontos de vista valorativos, ligados à Justiça material. De fato, o positivismo jurídico formalista sempre exigiu a neutralização política do Judiciário, com juízes racionais, imparciais e neutros que aplicariam o Direito legislado de maneira lógico-dedutiva.[1]

A análise desse aspecto deve levar em consideração a importância dos deveres do Estado, pois a vinculação de todos os Poderes aos Direitos Fundamentais contém não só uma obrigatoriedade negativa do Estado de não fazer intervenções em áreas protegidas, mas também uma obrigação positiva de fazer tudo para a sua concretização.

Nesse sentido, os atos emanados pelos Poderes estatais devem estar respaldados por um contexto jurídico-social, caracterizado pela nota da efetividade, no sentido plenamente material,

---

[1] Streck, 2004, p. 185.

portanto, substancial, para que, realmente, caracterize-se como um Estado Democrático de Direito.

Assim sendo, urge intensificar as diversas formas de participação do ser humano no processo de decisão. Destarte, a Constituição brasileira fundou o Estado Democrático de Direito que deve concretizar a democracia de modo a efetivar um processo de convivência social numa sociedade livre, justa e solidária; envolvendo a participação crescente do povo no poder; e pluralista, porque respeita a pluralidade de idéias, culturas e etnias.

Logo, a democratização da administração da justiça é uma dimensão fundamental da democratização da vida social, econômica e política. Esta democratização, portanto, não se deve limitar à constituição interna do processo e do procedimento, pois, apesar de amplas, têm limites óbvios. Com efeito, o Poder Judiciário deve estar apto a eliminar os obstáculos econômicos, sociais e culturais inerentes às diferentes classes ou estratos sociais, de modo a ensejar a concretização dos direitos sociais.[2]

2. OS DIREITOS FUNDAMENTAIS SOCIAIS

Considerados direitos fundamentais de segunda dimensão, os direitos sociais são aqueles que garantem ao cidadão o poder de exigir prestações positivas por parte do Estado, sendo que o reconhecimento deles "foi o principal benefício que a humanidade recolheu do movimento socialista, iniciado na primeira metade do século XIX".[3]

Apesar do seu notável caráter histórico, típico dos direitos humanos, registre-se aqui a existência de uma divergência teórica acerca da natureza jurídica dos direitos sociais. No passado, havia a discussão no sentido de serem ou não pertencentes à categoria dos direitos fundamentais, sendo que, atualmente, o próprio ordenamento constitucional os consagra. Além do mais, não se pode perder de vista o estreito relacionamento dos direitos sociais com a dignidade humana, fundamento da República.

---

2 Santos, 1997, p. 177.
3 Comparato, 2003, p. 53.

Como afirma José Afonso da Silva:

> a Constituição assumiu essa posição, de sorte que, na sua concepção, os direitos sociais constituem direitos fundamentais da pessoa humana, considerados valores supremos de uma sociedade fraterna, pluralista e sem preconceitos.[4]

Nesse sentido, importa destacar que, no ordenamento jurídico brasileiro, o art. 6º, da Constituição Federal de 1988, vislumbra um grande leque destes direitos ao estabelecer que "são direitos sociais a educação, a saúde, o trabalho, a moradia, o lazer, a segurança, a previdência social, a proteção à maternidade e à infância, a assistência aos desamparados, na forma desta Constituição".

Entretanto, ressalte-se que tais direitos não foram admitidos de modo pacífico nos ordenamentos mundiais, pois, no Estado Liberal do início do século XX, dava-se muita ênfase à liberdade do cidadão perante o aparelho estatal, esquecendo-se de que não se pode admitir a liberdade sem a igualdade material. Daí que, como conseqüência da evolução dos direitos fundamentais, constata-se que os direitos individuais não podem ser considerados os únicos direitos necessários para dar proteção efetiva ao princípio máximo da dignidade humana.

2.1 A insuficiência dos direitos fundamentais individuais

A primeira dimensão de direitos tinha como característica básica a exigência de abstenção por parte do Estado, com o fim de afastar os efeitos nefastos do absolutismo imperialista, protegendo, assim, o cidadão em face do poder estatal.

Já está sedimentado que "com a experiência absolutista viva na memória, os poderes públicos e, em primeiro lugar, a Administração, eram os inimigos potenciais das recém-conquistadas liberdades, daí surgindo a idéia de autolimitação do Estado".[5]

Daí surgem os chamados direitos civis e políticos que têm a finalidade precípua de resguardar o valor liberdade, invocando

---

[4] Silva, p. 301-314, 2003, p. 304.
[5] Vale, 2004, p. 36.

a não intervenção estatal na vida privada. São geradas as denominadas Constituições Liberais Defensivas, "orientadas para a defesa da liberdade social e para a rígida separação entre Estado e sociedade civil".[6]

Neste aspecto, são direitos com "marcado cunho individualista, surgindo e afirmando-se como direitos do indivíduo perante o Estado, mais especificamente como direitos de defesa, demarcando uma zona de não-intervenção do Estado e uma esfera de autonomia individual".[7]

Frutos de um Estado Liberal, estes direitos, também designados como civis e políticos, apontavam para uma mínima interferência do Estado liberal-burguês nas atividades econômicas e sociais, de modo que vigia a supremacia dos objetivos do capitalismo, a plena liberdade contratual, a propriedade como direito absoluto, a ocupação de cargos e funções públicas apenas por homens, entre outras.[8]

De fato, esta sociedade liberal pregava o oferecimento ao homem da garantia de igualdade de todos perante a lei. Entretanto, por se tratar de uma isonomia meramente formal, ela "revelou-se uma pomposa inutilidade para a legião crescente de trabalhadores, compelidos a se empregarem nas empresas capitalistas".[9]

Assim, tem-se que, "na concepção liberal clássica, os direitos fundamentais estão caracterizados como normas públicas, positivadas na Constituição, de defesa da esfera privada contra ações do Estado".[10]

Em razão deste sistema liberal, conduziu-se o ser humano "a um capitalismo desumano e escravizador",[11] tendo em vista que patrões e empregados eram iguais perante a lei, podendo contratar da forma que melhor lhes aprouvesse, "com inteira

---

[6] Piovesan, 2003, p. 31.
[7] Sarlet, 2001, p. 50.
[8] Dallari, 1999, p. 35.
[9] Comparato, *op. cit.*, p. 52.
[10] Vale, *op. cit.*, p. 40.
[11] Magalhães, 2000, p. 27.

liberdade para estipular o salário e as demais condições de trabalho".[12]

Diante de tal situação e almejando a estruturação de uma igualdade material, levando em consideração as evidentes diferenças existentes entre cada ser humano, surgem os direitos de segunda dimensão no sentido de que as pessoas devem ser tratadas de maneira igual, mas sempre levando em conta as desigualdades que as envolvem, ou seja, "devendo tratar-se por igual o que é igual e desigualmente o que é desigual".[13]

2.2. A necessidade dos direitos fundamentais sociais

Por conta da extrema liberdade contratual assegurada pelo Estado Liberal, o ser humano teve excluído o seu direito à dignidade. Note-se que "as condições de trabalho nas fábricas, minas e outros empreendimentos eram extremamente ruins, tanto para o corpo como para o espírito. Nada impedia o trabalho de mulheres e crianças em condições insalubres",[14] visto que, o que importava, era a busca pelo capital.

Em razão da flagrante crise do modelo liberal estatal, surge a necessidade dos direitos fundamentais sociais, que vieram ao mundo com o fito de proteger o grupo social e não apenas o cidadão, de modo que outorgam a este o direito de exigir do Estado a implementação de determinadas políticas públicas com o fim de se alcançar a igualdade substancial entre as pessoas, já que a igualdade formal, garantida pela primeira dimensão de direitos, mostrou-se insuficiente.

Dessa forma, se antes o Estado tinha como proeminente o Poder Legislativo, que produzia dispositivos legais que tinham o condão de proteger o cidadão contra as arbitrariedades estatais, no Estado Social é o Poder Executivo que sobressai, pois tem que concretizar as políticas responsáveis por alcançar a igualdade material entre os cidadãos.

---

[12] Comparato, *op. cit.*, p. 52.
[13] Canotilho, 1998, p. 390.
[14] Ferreira Filho, 1998, p. 43.

Assim, "com pressões advindas da sociedade, principalmente dos novos movimentos sociais (operários em sua maioria), o Estado se viu na necessidade de assumir uma nova feição".[15]

No entanto, esta nova feição estatal não faz com que os direitos de igualdade se contraponham aos direitos de liberdade, visto que ambas as categorias se complementam. Esta complementação compreende tudo, "inclusive os valores materiais e espirituais, que cada homem julgue necessário para a expansão de sua personalidade".[16] Daí que, para se promover esta garantia primordial, é que se destacam os direitos fundamentais, tanto individuais como sociais, sem se falar nos difusos e coletivos, extremamente necessários, pois estes possuem como "núcleo essencial intangível"[17] a dignidade da pessoa humana.

Em razão disto, no final do século XIX e, principalmente, no século XX, surgem nos ordenamentos jurídicos normas tendentes à proteção da pessoa mediante uma ação estatal.

2.3. Evolução normativa dos direitos fundamentais sociais

Apesar da existência de preocupações sociais presentes nas primeiras declarações de direitos e até mesmo na Constituição brasileira de 1824, que garantiam os "socorros públicos" e a "instrução",[18] o marco histórico legislativo de proteção dos direitos sociais foi o ano de 1848, com dois grandes textos jurídicos que, apesar da vida efêmera, "marcaram a história dos direitos com a incorporação de demandas socializantes",[19] importa dizer, a Constituição francesa, revogada, com o golpe de Bonaparte, em 1851 e a de Frankfurt, revogada em 1849.

---

15 Honesco, p. 5-10, mar. 2004, p. 5.
16 Dallari, 1995, p. 20.
17 A denominação "núcleo essencial intangível" dos direitos fundamentais é consagrada pela doutrina constitucional alemã ao tomar por base o art. 19, II, da Lei Fundamental alemã (Cf. Guerra Filho, 2005, p. 62).
18 Cf. Ferreira Filho, *op. cit.*, p. 45.
19 Sampaio, 2004, p. 213.

A despeito disto, doutrinariamente, tem-se que a proteção normativa direta se iniciou com a Constituição francesa de 1848, fruto da revolta de Paris com vistas à derrubada do rei e que acabou por instituir os "deveres sociais do Estado para com a classe trabalhadora e os necessitados em geral",[20] o que, mais tarde, viria a ser o denominado Estado do Bem-Estar Social.

Entretanto, sua efetiva consagração se deu na Constituição mexicana, de 1917, e na alemã, de 1919, além, ainda, em nível internacional, no Tratado de Versalhes, que estabeleceu a Constituição da OIT – Organização Internacional do Trabalho.

A Carta mexicana, de 1917, "foi a primeira a atribuir aos direitos trabalhistas a qualidade de direitos fundamentais, juntamente com as liberdades individuais e os direitos políticos",[21] o que na Europa só veio a acontecer ao final da Primeira Guerra Mundial (1914-1918), com a Constituição de Weimar, instituidora da primeira república alemã.

O exame do texto mexicano e weimarista mostra uma visão aproximada sobre o sistema de direitos, tanto ao reafirmarem os direitos clássicos de liberdade, quanto ao mostrarem sensibilidade com a igualdade substantiva pela ênfase que destacam às demandas das classes trabalhadoras, à funcionalização da propriedade e ao caráter prestacional do Estado, sobretudo em matéria de educação.[22]

Registre-se que, entre estas duas cartas constitucionais, ocorreu a Revolução Russa, que proclamou a Declaração dos Direitos do Povo Trabalhador e Explorado que, "na verdade, não enuncia direitos, mas sim princípios, como o da abolição da propriedade privada da terra, o confisco dos bancos, a colocação das empresas sob o controle dos trabalhadores (isto é, do partido) etc."[23]

Na seqüência, vários textos legislativos e constitucionais, em função do clamor social, foram proclamados com a previsão

---

[20] Comparato, *op. cit.*, p. 166.
[21] *Idem, ibidem*, p. 174.
[22] Sampaio, *op. cit.*, p. 219.
[23] Ferreira Filho, *op. cit.*, p. 47.

de normas de conteúdo social, como incremento aos direitos individuais dos cidadãos.

Neste ínterim, evidencia-se o fato de que o Estado passou a exercer uma função ativa, participando do bem-estar social, pois não poderia mais se omitir diante dos problemas socioeconômicos. "Não se cuida mais, portanto, de liberdade do e perante o Estado, e sim de liberdade por intermédio do Estado".[24]

Para isto, necessários se mostraram direitos que garantissem ao Estado um comportamento ativo, para a efetiva realização do valor igualdade. Assim, aqui estão inseridos direitos relativos a prestações sociais estatais, "como o direito ao trabalho, à saúde, à educação".[25]

É neste contexto que "os poderes públicos assumem novas responsabilidades, comprometendo-se a intervir ativamente na ordenação das relações sociais, de modo a que se ajustem, na medida do possível, aos valores consagrados na Constituição".[26]

Constroem-se as Constituições Constitutivas Sociais ou, como prefere o constitucionalista português José Joaquim Gomes Canotilho,[27] as Constituições Dirigentes, em que "a igualdade procurada é a igualdade material, não mais perante a lei, mas por meio da lei".[28]

A *força dirigente e determinante* dos direitos a prestações (econômicos, sociais e culturais) inverte, desde logo, o objecto (sic) clássico da pretensão jurídica fundada num Direito Subjectivo (sic): de uma *pretensão de omissão* dos poderes públicos (direito a exigir que o Estado se abstenha de interferir nos direitos, liberdades e garantias) transita-se para uma *proibição de omissão* (direito a exigir que o Estado intervenha activamente (sic) no sentido de assegurar prestações aos cidadãos).[29]

---

[24] Sarlet, *op. cit.*, p. 51.
[25] Lafer, 1988, p. 127.
[26] Vale, *op. cit.*, p. 44.
[27] Canotilho, 1994. p. 365.
[28] Piovesan, *op. cit.*, p. 31.
[29] Canotilho, *op. cit.*, p. 365.

Desse modo, os direitos sociais passam a fazer parte da realidade constitucional dos Estados, estando presentes com a finalidade de possibilitar melhores condições de vida aos hipossuficientes, visando ensejar a necessária igualdade material que, por sua vez, é apta a garantir uma adequada justiça social.

3. A CONCRETIZAÇÃO DAS POLÍTICAS PÚBLICAS POR MEIO DO PODER JUDICIÁRIO

Apesar da presença dos direitos sociais nos textos constitucionais modernos, frutos do segundo pós-guerra, assim como também em vários pactos internacionais,[30] revela-se manifesto o fato que muitos deles são mais utopia que realidade, visto que a instituição dos serviços públicos tendentes a concretizá-los no plano social requer investimentos por parte do Estado.

Como diz André Rufino do Vale,

> do Estado são exigidas medidas de planejamento econômico e social e uma intervenção direta e dirigente na economia, ensejando-se um sistema completo de prestações nas várias áreas da vida social.[31]

A proteção da dignidade humana, núcleo intangível dos direitos fundamentais, exige ação por parte do Poder Público, pois "a problemática dos direitos fundamentais não se sintetiza somente na fórmula, 'a lei apenas no âmbito dos direitos fundamentais'; exige um complemento, 'a lei como exigência de realização concreta dos direitos fundamentais'".[32,33]

Entretanto, muitas vezes, os direitos e garantias permanecem nas normas, sem a devida realização no plano concreto social, de modo que cabe ao Poder Judiciário, com a sua função de

---

[30] Sarlet, op. cit., p. 51.
[31] Vale, op. cit., p. 44.
[32] Canotilho, op. cit., p. 363-364.
[33] Cumpre ressaltar que, como observa Andréas J. Krell, Canotilho modificou seu entendimento, declarando-se agora adepto de um "constitucionalismo moralmente reflexivo", o que se deu "em virtude do 'descrédito de utopias' e da 'falência dos códigos dirigentes', que causariam a preferência de 'modelos regulativos típicos da subsidiariedade', de 'autodireção social estatalmente garantida'". (Krell, 2002, p. 68).

aplicador da Lei, exigir do Poder Executivo o cumprimento das disposições normativas com a finalidade de se concretizar os direitos de cidadania. Cidadania não mais compreendida simplesmente no exercício dos direitos políticos, mas todo e qualquer direito relacionado "à dignidade do cidadão como sujeito de prestações estatais e à participação ativa na vida social, política e econômica do Estado".[34]

Desse modo, no atual Estado Democrático de Direito consagrado na Carta Magna de 1988, a expressão cidadania deve ser considerada sinônimo de ser titular de direitos.

A concretização da democracia ocorre pela cidadania, ou seja, pela participação política nos destinos da nação. A cidadania plena surge com os direitos sociais. Não existe direito de liberdade de expressão sem o direito à educação.[35]

Para tanto, é imprescindível que o Poder Público tome uma posição ativa no que se refere à efetivação das políticas públicas, não somente legislando programaticamente, mas se mostrando como um agente social efetivo na implementação da igualdade substancial. E, como o Poder Executivo não se mostra apto para tal tarefa, cumpre ao Poder Judiciário, como guardião da Constituição, fazer com que todas as normas constitucionais tenham plena eficácia.

3.1. A desneutralização do Poder Judiciário

Tendo em vista a forma como os direitos sociais foram dispostos na Constituição de 1988, ou seja, no título destinado aos direitos e garantias fundamentais, tem-se que tais direitos "devem ser compreendidos por uma dogmática constitucional singular, emancipatória, marcada pelo compromisso com a dignidade da pessoa humana e, pois, com a plena efetividade dos comandos constitucionais".[36]

---

34 Lima, 2002, p. 97.
35 Siqueira Junior, p. 723-735, set. 2005, p. 727.
36 Clève, p. 28-39, jan.-mar. 2006, p. 30.

Assim, quando se fala em efetividade destes comandos, deve-se ter em mente a necessidade dos direitos sociais serem plenamente observados pelo Poder Público, com a materialização das políticas públicas necessárias para tanto, com o objetivo de fazer cumprir todo o disposto no texto constitucional de 1988.

Logo, quando isto não acontece de forma natural, seja por omissão do Poder Legislativo, que não exerce sua função quando deveria fazê-lo, seja quando o Poder Executivo não se desincumbe de suas obrigações, nasce para o Judiciário o dever de fazê-lo, exercendo exatamente a sua própria função, de fazer cumprir as normas.

Em face disto, os juízes devem ser criativos, pois a "criatividade poderá contribuir para o alargamento do controle judicial e o avanço da concretização da Constituição",[37] podendo, então, suprir as omissões dos outros Poderes.

Desse modo, o que se reclama do Poder Judiciário "é uma atuação política que, orientada pelo texto constitucional, se legitima fundamentalmente pela concretização de objetivos e metas previamente traçadas",[38] não precisa se lhe atribuir "o poder de criar políticas públicas, mas tão-só de impor a execução daquelas já estabelecidas nas leis constitucional ou ordinárias".[39]

Não há que se falar aqui em limitação de tal atuação em face da Teoria da Tripartição dos Poderes, tendo em vista que a vinculação dos poderes públicos aos direitos fundamentais "é suficiente para exigir deles a adoção de políticas voltadas para o seu cumprimento (num horizonte de tempo, evidentemente). Tais políticas podem ser, inclusive, exigidas judicialmente".[40]

Neste aspecto, a Constituição de um Estado Democrático de Direito leva em conta a sua finalidade de efetivar valores, ao passo que "o Poder Judiciário não pode assumir uma postura passiva diante da sociedade",[41] visto dever ele "transcender as funções de

---

[37] Krell, *op. cit.*, p. 83.
[38] Tojall, p. 185-194, 2003, p. 304.
[39] Krell, *op. cit.*, p. 94.
[40] Clève, *op. cit.*, p. 37.
[41] Stewck, 2003, p. 156.

check and balances, mediante uma atuação que leve em conta a perspectiva de que os valores constitucionais têm precedência mesmo contra textos legislativos produzidos por maioria eventuais" (grifos no original).[42]

De fato, a racionalidade inerente ao Estado Liberal, resultante da "dogmatização de princípios como os da imparcialidade política e da neutralidade axiológica",[43] revela um descompasso com a realidade.

Com efeito, a concepção meramente formalista da interpretação jurídica reflete a necessidade de se repensar a função clássica dos juízes à luz das exigências decorrentes da Justiça Distributiva. Urge, assim, difundir a responsabilidade social prospectiva do magistrado no âmbito de uma sociedade profundamente estigmatizada pelas contradições econômicas, pelos antagonismos sociais e pelos paradoxos políticos.

Portanto, os postulados constitucionais e a realidade social "impõem" um Judiciário "intervencionista" capaz de exigir a consecução de políticas sociais eficientes, vinculado às diretrizes constitucionais. Em suma, torna-se necessária uma mudança de paradigmas de modo a ensejar ao Poder Judiciário a percepção da sua posição e função no Estado Democrático de Direito.

3.2. Os caminhos e os obstáculos para a desneutralização do Poder Judiciário

Embora a conceituação clássica da divisão dos poderes tenha exposto o Judiciário, de Montesquieu até os dias atuais, à resoluta função de decidibilidade dos conflitos segundo os métodos de aplicação do Direito dogmatizado e pragmático, o que o relegou a uma posição passiva prostrada à conjuntura normativa, a desneutralização em busca da efetividade dos direitos fundamentais sociais importa, além dessa relevante conquista, na conscientização do juiz no sentido de avançar sobre um conceito de justiça mais amplo que a mera regência jurisdicional pela batuta legalista.

---

42 Idem, ibidem, p. 157.
43 Faria, 2002, p. 53.

Os meios para buscar esse ideal, no entanto, são obstados por diversos fatores. A ordem constitucional, em uma visão programática, visualiza o Poder Judiciário sob a ótica do Capítulo enfileirado a partir do art. 92 da Constituição Federal, estruturando-o apenas sob o ponto de vista organizacional, bem como dita explicitamente que a atuação jurisdicional está limitada à estrita legalidade (CF, art. 5º, II).

É sensitivo que o ordenamento jurídico, adotando a feição que privilegia os interesses capitalistas, desenha o Poder Judiciário dentro de um contexto que privilegiou os interesses patrimoniais como, *v.g.*, verificou-se no formato do revogado Código Civil de 1916, bem como no Código de Processo Civil de 1973. Mais recentemente, o ordenamento, agora concentrado nos anseios neoliberais, deixa transparecer nitidamente sua preocupação com a distribuição veloz da Justiça. Há uma inequívoca neurose e predisposição em entregar ao Poder Judiciário mecanismos que possibilitem a obtenção de soluções rápidas para os litígios que lhes são trazidos.

A instituição das súmulas vinculantes, das súmulas impeditivas de recurso, da possibilidade do juiz resolver o mérito antes da citação nas hipóteses de "causas repetidas", as disposições constitucionais que vinculam a promoção do juiz ao cumprimento de prazos e outras tantas passagens do ordenamento jurídico demonstram bem essa tendência. A racionalidade jurídica e a preocupação com os anseios de justiça, desse modo, cedem lugar à celeridade. É intuitivo que o Poder Judiciário está sendo alimentado por mecanismos que o tornem rápido, sem que, no entanto, seja observado que o preço dessa celeridade é a frustração da justiça e o sepultamento dos direitos fundamentais sociais. Há, nesse passo, um contragolpe na desneutralização à medida que a velocidade torna a jurisdição mecânica, como se a distribuição da Justiça dependesse do acionamento da tecla "copiar/colar".

Esse panorama, fincado na proposição constitucional clássica de divisão dos poderes e na cultura que decorre dessa base acaba por formar uma parede à atuação prospectiva do Poder Judiciário, fixando-lhe os limites de atuação e prendendo-o ao texto legal sem permitir que se torne criativo a ponto de encampar o ideal do constitucionalismo contemporâneo afeito à concretização dos direitos fundamentais.

Marcelo Neves diagnosticou essa problemática e adverte que a Constituição no Estado Democrático de Direito fixa a repartição orgânica de competências, não como fórmula de isolamento, mas como modelo de horizontalidade orgânica e circularidade procedimental e conclui que "Respeitadas as regras constitucionais de organização e procedimento, as decisões judiciais, executivas e legislativas estariam legitimadas."[44]

Abandonar essa tendência direcionada à velocidade parece constituir desafio fundamental para a desneutralização do Poder Judiciário. Não basta esperar a realização do itinerário normativo para adequá-lo à realidade carente da efetivação dos direitos fundamentais. Antes, pelo contrário, a atuação deve ser positiva, para a frente, porquanto está-se a examinar a aplicação de questões de tal relevância que se relacionam aos direitos fundamentais do cidadão e direcionados, vale frisar, à proteção da dignidade da pessoa humana.

Luiz Werneck Vianna aduz que paralelamente ao reconhecimento de que a Constituição Federal deveras encapou os direitos fundamentais sociais, é preciso reconhecer que "a incorporação dos ideais de justiça pelo constitucionalismo moderno carece, em geral, de eficácia normativa, podendo tal incorporação ser entendida como uma 'legislação simbólica', visando a atender a 'finalidades políticas de caráter não especificamente normativo-jurídico".[45] Valendo-se, ainda, da preciosa lição de Luiz Werneck Vianna, agora apoiada em Marcelo Neves, é possível visualizar essa tendência desneutralizadora:

> Pelo fato de serem prospectivos, e não disposições com eficácia normativa, os direitos fundacionais e sociais exigem uma implementação, salvo quando se inscrevem no texto constitucional apenas para cumprir a função de uma "legislação-álibi", isto é,

---

[44] Neves, 2006, p. 153.
[45] Vianna, 1996, p. 2.

quando, na caracterização de M. Neves, "o legislador, sob pressão direta, elabora diplomas normativos para satisfazer a expectativa dos cidadãos, sem que com isso haja o mínimo de condições da efetivação das respectivas normas". Mas, se a exigência de implementação é reconhecida no texto constitucional, legitima-se a desneutralização da função do Judiciário, ao qual "perante eles (os direitos sociais) ou perante a sua violação, não cumpre apenas julgar no sentido de estabelecer o certo e o errado com base na lei (responsabilidade condicional do juiz politicamente neutralizado), mas também e sobretudo examinar se o exercício discricionário do poder de legislar conduz à concretização dos resultados objetivados (responsabilidade finalística do juiz que, de certa forma, o repolitiza).[46]

Há uma zona de atuação que deve ser preenchida pelo jurista aplicador do Direito. Se o legislador, ao editar uma "legislação-álibi", não se posiciona na defesa dos direitos fundamentais, toca ao juiz, sim, adotar uma postura prospectiva, tanto que o texto em referência afirma existir de sua parte uma responsabilidade finalística, o que, por evidência, não se confunde com a faculdade de adotar esse padrão desneutralizado.

A esse movimento a doutrina (Luiz Werneck Vianna e Mauro Cappelletti) tem se referido como Welfare State, cujo teor introduz na legislação um sentido promocional prospectivo permitindo ao juiz a utilização da criatividade no ato interpretativo.

É interessante anotar que essa tendência não converge no sentido de deixar de aplicar a lei ou simplesmente ignorá-la. Bem ao contrário. O Poder Judiciário, atuando em defesa e pela aplicação plena dos direitos fundamentais atua em harmonia com os demais poderes em busca de conferir a envergadura que a ordem constitucional atribuiu aos direitos fundamentais, momento em que incorpora, sem sombra de dúvidas, o alinhamento do Direito em busca da justiça e não apenas o utiliza como mecanismo burocrático para a solução de conflitos.

É possível concluir que a concepção tradicional de separação dos poderes, em larga medida, cede lugar à necessidade de atua-

---

[46] *Idem, ibidem*, p. 3.

ção jurisdicional intensa e marcada pela incessante busca pela efetividade dos direitos fundamentais sociais, especialmente em países periféricos em que milhões de pessoas permanecem à margem de qualquer proteção estatal, situação que impõe ao jurista a assunção de uma nova postura ideológica, a qual representará uma virada histórica na desneutralização do Poder Judiciário.

4. CONCLUSÃO

Nessa linha, no processo de construção de igualdade e de consolidação de cidadania, revela-se essencial a reflexão acerca das estruturas e técnicas necessárias a ensejar a operacionalização de um modelo jurisdicional que viabilize o efetivo acesso aos direitos abstratamente proclamados pela ordem positiva.

A concretização desse desiderato, em termos genéricos, ocorrerá, dentre outros, por meio da redefinição das relações dos Poderes do Estado, bem como da tomada de consciência que o descumprimento de um programa ou política social configura lesão ou ameaça a direito fundamental a ensejar, por conseqüência, a tutela jurisdicional, nos exatos termos do art. 5º, incisos XXXV e LXXVIII, da Constituição Federal.

Para tanto, a noção de direito fundamental à tutela específica dos direitos constitui pressuposto para a consolidação da Justiça Distributiva, por meio de um postulado hermenêutico desvinculado, inclusive, dos ideais patrimonializantes.

Nessa perspectiva, revela-se fundamental a "abertura" em relação ao processo hermenêutico e, por conseqüência, aos meios e técnicas processuais a ensejar a efetividade dos pronunciamentos judiciais. Portanto, tal visão em relação ao sistema jurídico-processual contribuirá para a consagração da democracia na perspectiva material, não meramente representativa de uma maioria eventual.

Por outro lado, o conceito de "mínimo necessário", diante da "reserva do possível", deve ser analisado à luz dos fatores sociais e econômicos que permeiam a realidade brasileira. Sendo assim, a atuação jurisdicional deve ser norteada pela concretização do "padrão mínimo social" para uma existência digna, haja vista, inclusive, os fundamentos da República.

Desta feita, da análise e enfrentamento dessas questões poderá resultar certa fratura ideológica que pode ter repercussões organizativas, sem perder de vista a lealdade aos ideais sociais e políticos da sociedade brasileira. Tal aspecto não deve ser visto como patológico, mas sim fisiológico.

De fato, as eventuais fraturas e conflitos decorrentes deste embate, além de serem inerentes à democracia, constituirão a verdadeira alavanca do processo de consolidação da justiça brasileira na perspectiva substancialista, portanto, de concretização dos direitos fundamentais sociais.

Entretanto, a imprescindível mudança de paradigmas ou "reforma ideológica", para se consolidar em termos reais, requer, dentre os vários aspectos já apontados, sem prejuízo de outros, o comprometimento dos docentes responsáveis pela formação dos futuros "operadores" do direito.

Assim, é preciso "iluminar" o ambiente acadêmico de maneira a permitir enxergar, na paisagem da vida, a imagem fotografada, mas ainda não revelada, na Constituição Federal.

5. BIBLIOGRAFIA

Canotilho, José Joaquim Gomes. *Direito Constitucional e Teoria da Constituição*. 3ª ed. Coimbra: Almedina, 1998.

_____. *Constituição dirigente e vinculação do legislador: contributo para a compreensão das normas constitucionais programáticas*. Coimbra: Coimbra Editora, 1994.

Clève, Clémerson Merlin. "A eficácia dos direitos sociais." In: *Revista de Processo*. São Paulo: Revista dos Tribunais, ano 14, nº 54, p. 28-39, jan.-mar. 2006.

Comparato, Fábio Konder. *A afirmação histórica dos direitos humanos*. 3ª ed., rev. e ampl. São Paulo: Saraiva, 2003.

Dallari, Dalmo de Abreu. "A luta pelos direitos humanos." In: Lourenço, Maria Cecília França. *Direitos humanos em dissertações e teses da USP: 1934-1999*. São Paulo: Universidade de São Paulo, 1999.

Faria, José Eduardo. *Direitos humanos, direitos sociais e justiça* (org.). São Paulo: Malheiros, 2002.

Ferreira Filho, Manoel Gonçalves. *Direitos humanos fundamentais*. 2ª ed. rev. e atual. São Paulo: Saraiva, 1998.

Guerra Filho, Willis Santiago. *Processo constitucional e direitos fundamentais*. 4ª ed. rev. e ampl. São Paulo: RCS Editora, 2005.

Honesko, Vinícius Nicastro. "A alopoiese nos sistemas jurídicos dos países periféricos." In: *Unopar Científica – Ciências Jurídicas e Empresariais*. Londrina: Universidade Norte do Paraná, vol. 5, p. 5-10, mar. 2004.

Krell, Andreas Joachim. *Direitos sociais e controle judicial no Brasil e na Alemanha: Os (des)caminhos de um Direito Constitucional "comparado"*. Porto Alegre: Sergio Fabris, 2002.

Lafer, Celso. *A reconstrução dos direitos humanos: um diálogo com o pensamento de Hannah Arendt*. São Paulo: Companhia das Letras, 1988.

Lima, Francisco Gérson Marques de. *Fundamentos constitucionais do processo: sob a perspectiva da eficácia dos direitos e garantias fundamentais*. São Paulo: Malheiros, 2002.

Magalhães, José Luiz Quadros de. *Direitos humanos: sua história, sua garantia e a questão da indivisibilidade*. São Paulo: Juarez de Oliveira, 2000.

Neves, Marcelo. *Entre Têmis e Leviatã: uma relação difícil: O Estado Democrático de Direito a partir e além de Luhmann e Habermas*. São Paulo: Martins Fontes, 2006.

Palu, Oswaldo Luiz. *Controle dos atos de governo pela jurisdição*. São Paulo: Revista dos Tribunais, 2004.

Piovesan, Flávia. *Proteção judicial contra as omissões legislativas: ação direta de inconstitucionalidade por omissão e mandado de injunção*. 2ª ed. rev., atual. e ampl. São Paulo: Revista dos Tribunais, 2003.

Sampaio, José Adércio Leite. *Direitos fundamentais: retórica e historicidade*. Belo Horizonte: Del Rey, 2004.

Santos, Boaventura de Sousa. *Pela mão de Alice: o social e o político na pós-modernidade*. 3ª ed. São Paulo: Cortez, 1997.

Santos, Marília Lourido dos. *Interpretação constitucional no controle judicial das políticas públicas*. Porto Alegre: Sergio Antonio Fabris, 2006.

Sarlet, Ingo Wolfgang. *A eficácia dos direitos fundamentais*. 2ª ed. rev. e atual. Porto Alegre: Livraria do Advogado, 2001.

Silva, José Afonso da. "Garantias Econômicas, Políticas e Jurídicas da Eficácia dos Direitos Sociais." In: *Revista da Academia Brasileira de Direito Constitucional (Anais do IV Simpósio Nacional de Direito Constitucional)*. Curitiba: ABDConst. nº 3, p. 301-314, 2003.

Siqueira Junior, Paulo Hamilton. "Cidadania." *Revista dos Tribunais*. São Paulo: Revista dos Tribunais, ano 94, vol. 839, p. 723-735, set. 2005.

Streck, Lenio Luiz. "Quinze anos da Constituição – análise crítica da jurisdição constitucional e das possibilidades hermenêuticas de concretização dos direitos fundamentais-sociais." In: Scaff, Fernando Facury. *Constitucionalizando direitos: 15 anos da Constituição Brasileira de 1988.* Rio de Janeiro: Renovar, 2003. p. 125-173.

_____. *Jurisdição constitucional e hermenêutica: uma nova crítica do direito.* 2ª ed. Rio de Janeiro: Forense, 2004.

Tojal, Sebastião Botto de Barros. "Controle judicial de políticas públicas." In: *Revista da Academia Brasileira de Direito Constitucional (Anais do IV Simpósio Nacional de Direito Constitucional).* Curitiba: ABDConst, nº 3, 2003, p. 185-194.

Vale, André Rufino do. *Eficácia dos direitos fundamentais nas relações privadas.* Porto Alegre: Sergio Fabris, 2004.

Vianna, Luiz Werneck Vianna. "Poder Judiciário, Positivação do Direito Natural e Política." In: *Estudos Históricos,* Rio de Janeiro, nº 18, 1996.

PRINCÍPIO DO CONTRADITÓRIO

Maria Elizabeth de Castro Lopes*

> **Sumário**: Introdução. 1. Histórico (A trajetória do contraditório até a Constituição de 1988). 2. Conceito, natureza e objeto. 3. Paralelo entre o contraditório e outros princípios. 4. Contraditório diferido. 5. O contraditório nas várias espécies de processo. 6. Princípio do contraditório na tutela antecipada. 7. Direito à prova como aspecto do contraditório. 8. O contraditório e os recursos. 9. Particularidades do contraditório na execução. 10. Contraditório e efetividade da jurisdição. 11. Bibliografia.

INTRODUÇÃO

O princípio do contraditório tem sido objeto de numerosos estudos e dissertações nos últimos tempos, mas vários de seus aspectos continuam a desafiar os processualistas.

Por exemplo, discute-se sobre a abrangência do contraditório e sua aplicação na execução civil. Muito se fala, também, sobre o contraditório diferido, o direito à prova como aspecto do contraditório e o conflito entre os princípios do contraditório e o da efetividade da jurisdição etc.

Como vemos, são muitos os aspectos a serem enfrentados, razão por que, atendendo ao projeto desta coletânea, limitar-nos-emos a breves considerações sobre cada um deles, em forma simples e objetiva.

---

* Doutora em Direito pela PUC/SP. Professora de Direito Processual Civil na Faap. Membro do Instituto Brasileiro de Direito Processual. Membro Fundador do Cebepej. Advogada

1. HISTÓRICO (A TRAJETÓRIA DO CONTRADITÓRIO ATÉ A CONSTITUIÇÃO DE 1988)

A atual Constituição Federal, editada em 1988, é a nossa sétima Carta Magna, tendo sido precedida pelas de 1824, 1891, 1934, 1937, 1946 e 1967.

A Constituição de 1824 não fez qualquer menção ao contraditório ou à ampla defesa.

Somente a partir da Constituição de 1891 o legislador constituinte fez alusão ao tema "defesa", para proteção dos presos, conforme se depreende do § 16 do art. 72 *in verbis*:

> Aos acusados se assegurará na lei a mais plena defesa, com todos os recursos e meios essenciais a ela, desde a nota de culpa, entregue em 24 horas ao preso e assinada pela autoridade competente com os nomes do acusador e das testemunhas.

A Constituição de 1934 referiu-se à "ampla defesa", como se vê no § 24, do art. 113: "A lei assegurará aos acusados ampla defesa, com os meios e recursos essenciais a esta."

Já a Constituição de 1934, ainda que voltada para àqueles que havia envolvimento com a legislação criminal, assim dispunha no § 11 do art. 122:

> À exceção do flagrante delito, a prisão não poderá efetuar-se senão depois de pronúncia do indiciado, salvo os casos determinados em lei e mediante ordem escrita da autoridade competente. Ninguém poderá ser conservado em prisão sem culpa formada, senão pela autoridade competente, em virtude de lei e na forma por ela regulada; a instrução criminal será contraditória, asseguradas antes e depois da formação da culpa as necessárias garantias de defesa.

Em 1946, sobreveio nova Constituição Federal, que voltava a mencionar a "plena defesa", conforme disposto no § 25 do art. 141:

> É assegurada aos acusados plena defesa, com todos os meios e recursos essenciais a ela, desde a nota de culpa, que, assinada pela autoridade competente, com os nomes do acusador e das testemunhas, será entregue ao preso em vinte e quatro horas. A instrução será contraditória.

Retomando a expressão "ampla defesa", a Constituição de 1967 rezava no § 15 do art. 150: "A lei assegurará aos acusados ampla defesa, com os recursos a ela inerentes. Não haverá foro privilegiado nem Tribunais de exceção."[1]

Com o advento da Constituição Federal de 1988, o legislador constituinte não só deu maior elastério e amplitude à expressão "ampla defesa" como, também, trouxe ao âmbito Constitucional o contraditório, que até então era restrito ao Direito Processual. Assim, dispõe o inciso LV do art. 5º:

> Aos litigantes, em processo judicial e administrativo, e aos acusados de modo geral são assegurados o contraditório e ampla defesa, com os meios e recursos a ela inerentes.

2. CONCEITO, NATUREZA E OBJETO

Já a partir da denominação deste estudo (*Princípio do contraditório*) verifica-se a postura assumida no sentido de que se cuida efetivamente de um princípio, e não de uma regra.

Como sabemos, a doutrina atual inclui o *princípio* e a *regra* no gênero *norma*.

Sem necessidade de maior incursão por essa seara, podemos afirmar que o *princípio* é uma espécie de norma com caráter fundante e, por isso, se distingue da *regra*.

Feita tal consideração, podemos avançar no sentido de que o contraditório é um princípio, e não uma regra, o que vale dizer que ele é uma norma fundamental, basilar, tanto que foi elevado a *status* constitucional, o que não significa afirmar que ele tenha caráter absoluto, já que está relacionado com outros princípios do sistema.

Por se cuidar de princípio constitucional, o contraditório não pode ser suprimido pela legislação ordinária, embora caiba a esta a disciplina de sua forma de atuação.

---

[1] Note-se que em 1969 entrou em vigor a Emenda Constitucional de nº 1, que passou a vigorar em lugar da Constituição Federal de 1967. Porém, a Emenda não alterou o disposto em relação à ampla defesa do acusado.

Na verdade, o contraditório é uma garantia constitucional e não um simples direito subjetivo.

Como escrevem Nelson Nery Junior e Rosa Maria de Andrade Nery:

> A garantia do contraditório compreende para o autor a possibilidade de poder deduzir ação em juízo, alegar e provar fatos constitutivos de seu direito e, quanto ao réu, ser informado sobre a existência e conteúdo do processo e poder reagir, isto é, fazer-se ouvir (Rosenberg-Schwab-Gottwald, ZPR, § 85, III, 456/457, Dinamarco, Fund. 93). Para tanto é preciso dar as mesmas oportunidades para as partes (*Chancengleichheit*) para que possam fazer valer em juízo seus direitos.[2]

Definida a natureza do contraditório, é necessário delimitar seu objeto. A doutrina tradicional via o contraditório como um binômio: *informação-reação*.

Com efeito, Joaquim Canuto Mendes de Almeida conceitua o contraditório como: "a ciência bilateral dos atos e termos processuais e possibilidade de contrariá-los".[3] Assim sendo, podemos extrair dois elementos substanciais, antes referidos, ou sejam, a obrigatoriedade da informação e a possibilidade de reação.

Hoje, os autores mostram que se cuida, na verdade, de um trinômio: *informação-reação-participação*.

A participação (diálogo) é o terceiro elemento da trilogia que informa o contraditório. O diálogo deve ser estabelecido entre todos os integrantes da relação jurídica processual, ou seja, entre as partes (autor e réu) e o juiz, uma vez que a perfeita comunicação se concretiza por meio da interação aberta e franca entre seus integrantes.

O tema não é novo, pois foi amplamente debatido em 1988, quando a Faculdade de Direito do Largo de São Francisco abrigou o congresso intitulado Participação e Processo, no qual processualistas de renome compareceram para ressaltar a importância

---

2 Nery Junior e Andrade Nery, p. 145.
3 Almeida, 1973, p. 82.

de matérias que envolviam a efetiva participação do cidadão no exercício da jurisdição.⁴

Necessário registrar, para melhor compreensão do trinômio antes referido, a perfeita proposta elaborada por Comoglio, Ferri e Taruffo, que denominaram como sendo o conteúdo mínimo necessário para se obter o contraditório, a saber: a) igualdade das partes, não apenas em sentido formal mas também substancial; b) possibilidade de defesa técnica, mediante assistência de defensor profissionalmente qualificado; c) adequação qualitativa das possibilidades de alegação e produção de provas capaz de influenciar a formação do convencimento do juiz; d) direito a adequada informação dos atos processuais; e) direito a motivação das decisões etc.⁵

A observância pelo juiz, do terceiro componente do contraditório, ou seja, o diálogo, é a garantia de efetiva participação do autor e do réu no processo.

Tal assertiva não é simples reflexão ou pensamento, mas proposição defendida pela doutrina processual, como nos demonstra, de maneira incisiva, Dinamarco:

> Instaurado o processo, cresce hoje a tendência a reforçar os poderes do juiz e seus deveres de participação – mas ainda assim todo sistema processual é constituído de modo a oferecer a cada uma das partes, ao longo de todo o procedimento, oportunidades para *participar pedindo, participar alegando e participar provando*. Oferecer-lhes *his day in court* é abrir-lhes portas para essa tríplice participação.
>
> (...)
>
> Para cumprir a exigência constitucional do contraditório, todo modelo profissional descrito em lei contém e todos os procedimentos que concretamente se instauram devem conter momentos para que cada uma das partes *peça, alegue e prove*. O autor alega e pede na demanda inicial; instituído o processo mediante o ajuizamento desta, o réu é admitido a *pedir* logo de início, podendo alegar fun-

---

4 Grinover; Dinamarco e Watanabe, 1988.

5 Comoglio; Ferri e Taruffo, 1995, p. 15.

damentos de defesa e postular a improcedência da demanda ou a extinção do processo; o autor pode *pedir* a antecipação da tutela, o que obterá se concorrerem os requisitos postos em lei (CPC, art. 273); ambas as partes são admitidas a *produzir provas* dos fatos alegados.[6]

De fato, o contraditório é constituído por esses três aspectos perfeitamente distintos. A informação é sempre obrigatória para que o adversário possa comparecer em juízo e ser ouvido. A reação é sempre possível, embora não obrigatória. E a participação, no sentido de poder influenciar na formação do convencimento do juiz, completa o trinômio a que nos referimos.

Naturalmente, como veremos, esses três aspectos atuam de forma diferente segundo a natureza do processo ou as peculiaridades de cada procedimento, mas em qualquer hipótese eles deverão estar presentes para que o contraditório se aperfeiçoe.

3. PARALELO ENTRE O CONTRADITÓRIO E OUTROS PRINCÍPIOS

Pode-se dizer, de modo geral, que a idéia do devido processo legal (ou devido processo constitucional) já engloba a do contraditório.

De fato, não se pode conceber, no Estado de Direito, a existência de um modelo de processo que não garanta o contraditório. Portanto, quando se fala em devido processo legal ou devido processo constitucional já se subentende a presença do contraditório.

Entretanto, não foi por acaso que a Constituição, além da referência ao devido processo legal, aludiu também ao contraditório. Assim agindo, o constituinte deixou clara a intenção de afastar qualquer dúvida sobre a importância do contraditório dentro da idéia geral do devido processo legal.

O mesmo se poderia dizer a respeito da ampla defesa, que integra indissoluvelmente o devido processo legal. Mas era necessário deixar explícito na Lei Máxima a relevância do princípio.

---

[6] Dinamarco, 2001, p. 215.

Na verdade, parece haver pontos de confluência entre o contraditório e a ampla defesa, mas aquele possui maior abrangência porque inclui o direito à produção de prova, o direito à intimação dos atos processuais, o direito de se manifestar sobre as provas apresentadas pelo adversário etc.

Também importante é relacionar o contraditório com a efetividade da jurisdição e com a garantia da razoável duração do processo.

Como ambos são princípios constitucionais, não se deve supervalorizar um deles e subestimar o outro. O intérprete deve tentar a conciliação entre esses princípios, garantindo o contraditório na medida em que ele cumpre seus fins, evitando, porém, o exagero formalista e a demora injustificada da prestação jurisdicional. Por exemplo, o juiz deverá indeferir as diligências inúteis (CPC, art. 130) e não designar audiência de instrução e julgamento quando puder decidir antecipadamente a lide (CPC, art. 330).

4. CONTRADITÓRIO DIFERIDO

De modo geral, o juiz, antes de decidir qualquer questão ou pedido, deve ouvir o adversário, ou seja, deve fazer atuar normalmente o princípio do contraditório dando igual oportunidade de manifestação às partes.

Há hipóteses, porém, em que a aplicação pura e simples do princípio pode gerar situações de injustiça ou comprometer a própria efetividade da prestação jurisdicional. Por exemplo, pode ocorrer que a audiência do réu torne ineficaz o pedido de arresto ou de busca e apreensão. Outro exemplo é o risco decorrente da demora em apreciação de pedido de internação em hospital.

Para atender a tais situações, concebeu-se o chamado *contraditório diferido*, ou seja, sem eliminar sua aplicação (o que seria inconstitucional) garante-se sua aplicação em momento posterior para não prejudicar a eficácia da decisão judicial.

Segundo Pisani, em três hipóteses o contraditório deve ser diferido: a) se houver risco de ineficácia de medida se for ouvida a parte contrária (ex.: o seqüestro); b) quando a urgência do pedido é tal que não suporta nem mesmo o tempo de atuação do contraditório (ex.: proteção ao direito à vida); c) quando a própria natureza do direito o exigir (ex.: procedimento monitório).[7]

Tais exceções se justificam porque o princípio do contraditório não tem caráter absoluto, de modo que ao juiz cabe sopesar os valores em jogo para garantir decisão justa e adequada.

5. O CONTRADITÓRIO NAS VÁRIAS ESPÉCIES DE PROCESSO

A Constituição Federal, no inciso LV do art. 5º, dispõe:

> Aos litigantes, em processo judicial e administrativo, e aos acusados de modo geral são assegurados o contraditório e ampla defesa, com os meios e recursos a ela inerentes.

Portanto, não só no processo de conhecimento, mas também no cautelar e na execução civil, o princípio do contraditório deve atuar normalmente, em cumprimento ao mandamento constitucional.

É claro, porém, que se deve observar a natureza de cada processo para se saber o modo de atuação do contraditório.

No processo de conhecimento, o princípio atua amplamente, já que se trata de resolver a lide e, assim, não há razão para restrições nesse campo. Ao juiz incumbe garantir a informação dos atos processuais, a possibilidade de reação e a participação dos litigantes seja no que se refere às alegações, seja quanto às provas.

Na execução civil (cumprimento da sentença e processo de execução extrajudicial) também atua o princípio, mas com peculiaridades. A execução não é o palco adequado para discussão do direito, já que sua finalidade é a prática de atos coativos e não a definição de quem tenha razão.

---

[7] Comoglio; Ferri e Taruffo, 1996, p. 228-229.

Mas é certo que também na execução há lugar para a prática de atos cognitivos. Por exemplo, a penhorabilidade de bens pode ser objeto de discussão e o juiz terá de decidir a respeito. Também a avaliação dos bens penhorados poderá ensejar questionamentos.

No cumprimento da sentença deve ser oferecida oportunidade ao executado para oferecer impugnação e argüir uma das matérias do art. 475-L.

Na execução de título extrajudicial, o executado poderá opor embargos, na forma do art. 736.

Além disso, a exceção de pré-executividade não foi abolida na recente reforma processual.

Eduardo Talamini, ao analisar a exposição de motivos da Lei nº 11.382/2006, sustenta a manutenção da "objeção na execução" elencando três aspectos fundamentais que foram desconsiderados pelo legislador, a saber:

> 1. no cumprimento de sentença (execução do título judicial) a penhora continua sendo requisito para o cabimento da impugnação, de modo que em tal procedimento a objeção na execução permanece sendo o modo de viabilizar a argüição de defesas de ordem pública sem a necessidade de penhora;
>
> 2. a objeção na execução pode ser suscitada a todo tempo no curso do procedimento, diferentemente dos embargos e da impugnação, cuja interposição submete-se a prazo preclusivo – de modo que, mesmo no âmbito da execução do título extrajudicial, cuja defesa típica (embargos) ora dispensa penhora, a objeção na própria execução revela-se medida útil e adequada para o executado especialmente para argüir matérias conhecíveis de ofício depois de já decorrido o prazo para embargar (apenas não poderão ser argüidas por tal via defesas já veiculadas e rejeitadas por sentença de mérito nos embargos ou na impugnação). Aliás, e como se vê a seguir (nº 0), com as mudanças implementadas pela Lei nº 11.382, ampliou-se a possibilidade de que surjam questões supervenientes ao momento de propositura dos embargos à execução.

3. além disso, em todo e qualquer caso, a oposição de embargos ou de impugnação ao cumprimento é sempre mais complexa e onerosa do que a simples argüição na própria execução. Como exemplo, imagine-se a hipótese em que o e executado dispõe de elementos instrutórios aptos a demonstrar de plano a falta de condição da ação ou pressuposto processual da execução, mas ainda precisa de mais tempo para reunir subsídios para defender-se quanto ao mérito da pretensão creditícia. Nesse caso, ele pode optar por apresentar a objeção imediatamente ao juiz da execução para assim obter, o quanto antes, a extinção da execução, de modo a evitar a penhora de bens seus. Note-se que, embora a penhora não constitua mais requisito para os embargos, ela continua sendo cabível logo na fase inicial da execução – e os embargos, mesmo quando excepcionalmente receberem efeito suspensivo, se oposto antes da penhora, não impedirão sua realização.[8]

No processo cautelar, igualmente, está presente o princípio do contraditório.

É claro, porém, que o exercício do contraditório nessa espécie de processo deve ficar limitado às matérias passíveis de argüição (*v.g.*, pressupostos processuais, condições da ação, *fumus boni iuris* e *periculum in mora*, coisa julgada, decadência etc.).

É importante ressaltar, também, que a eficácia de algumas medidas cautelares só se verificam se o contraditório for diferido. Por exemplo, de modo geral, o arresto e o seqüestro devem ser efetivados sem audiência prévia do réu, para evitar possível frustração da medida.

Mas, de qualquer modo, não se pode obstar a aplicação do princípio no momento próprio.

Também por meio do agravo de instrumento se pode exercitar o contraditório, pedindo-se ao relator a suspensão da medida constritiva.

Por último, também na jurisdição voluntária atua o princípio do contraditório.

---

[8] Talamini, 2007, p. 585-586.

Apesar da controvérsia existente sobre a natureza da jurisdição voluntária, deve-se considerar que, no Direito Positivo brasileiro, ela se inclui no conceito amplo de jurisdição, como se vê no art. 1º do Código de Processo Civil: "A jurisdição civil, contenciosa e voluntária, é exercida pelos juízes, em todo o território nacional, conforme as disposições que este Código estabelece."

O caráter jurisdicional também fica evidente em outros artigos do Código que se referem a prazo para responder (art. 1.106), apelação (art. 1.110), citação do Ministério Público (art. 1.105) etc.

Como anota João Batista Lopes,

> a atividade jurisdicional não se limita aos conflitos de interesses, às lides, mas envolve, também, situações ou relações em que não há dissídio ou divergência entre os sujeitos (por exemplo, tutela, curatela, execução de testamento, separação consensual, alvarás judiciais etc.).[9]

6. PRINCÍPIO DO CONTRADITÓRIO NA TUTELA ANTECIPADA

O CPC é omisso quanto à necessidade de audiência prévia do réu no pedido de tutela antecipada.

Entretanto, a doutrina é unânime no sentido de que, antes de decidir, o juiz deve permitir a manifestação do requerido para que possa oferecer impugnação ao pedido.

A dispensa da audiência do réu só deve ocorrer em casos excepcionais, quando se verificar que a concessão da medida é inadiável. O exemplo mais comum é o da cirurgia urgente: não é razoável que o juiz deixe de conceder, desde logo, a medida a pretexto de que o réu deve ser ouvido, o que poderá tornar a providência inócua com risco de vida ao autor.

Parece-nos que, na falta de regramento específico, pode ser invocado o art. 804 do Código de Processo Civil, que se refere à tutela cautelar:

---

[9] Lopes, 2005, p. 68.

É lícito ao juiz conceder liminarmente ou após justificação prévia a medida cautelar, sem ouvir o réu, quando verificar que este, sendo citado, poderá torná-la ineficaz, caso em que poderá determinar que o requerente preste caução real ou fidejussória de ressarcir os danos que o requerido possa vir a sofrer.

7. DIREITO À PROVA COMO ASPECTO DO CONTRADITÓRIO

A idéia de contraditório não se exaure na de defesa. Não basta que se assegure ao réu oportunidade de contestar o pedido ou ao executado, de oferecer impugnação ou embargos.

A regra geral é de que às partes incumbe o ônus da prova: ao autor, a prova dos fatos constitutivos; ao réu, a dos extintivos, modificativos e impeditivos.

Naturalmente, ao juiz foram concedidos poderes instrutórios, mas isso não dispensa a atuação das partes na demonstração de suas alegações.

Fala-se, portanto, no ônus da prova como um encargo que a lei impõe às partes, ou seja, elas podem optar em provar suas alegações e provavelmente lograr êxito em seu pedido ou deixar de fornecer os elementos necessários para a formação da convicção do juiz e, então, correr o risco de derrota.

O ônus da prova é, porém, apenas um aspecto da questão. A prova deve ser vista, também, como um direito, como projeção do princípio do contraditório.

Desde que sejam observados os requisitos para a admissibilidade da prova (pertinência, relevância, determinação) não pode o juiz indeferi-la. O que se quer dizer é que não pode o juiz suprimir esse direito das partes, sob pena de nulidade da sentença.

Já se decidiu, por exemplo, que

> existindo necessidade de dilação probatória para aferição de aspectos relevantes da causa, o julgamento antecipado da lide importa em violação do princípio do contraditório, constitucionalmente assegurado às partes e um dos pilares do devido processo legal.[10]

---

[10] Ac. un. da Terceira Turma do STJ no REsp 21.231-9. Rel. Min. Sálvio de Figueiredo, j. 21/08/1991.

Deve-se insistir, porém, em que não é suficiente requerer a produção de provas, mas é necessário indicar, com precisão, o que se pretende provar, mostrando a relevância do fato alegado.

Alegações genéricas não são passíveis de prova e, por isso, não se pode argüir cerceamento de defesa em caso de indeferimento de pedido formulado desse modo.

Assim, já se decidiu que

> Não há como opor-se ao julgamento antecipado da lide se o recorrente limitou-se, em sua contestação, a formular defesa genérica contra a inicial, sem protestar, sequer, pela realização de provas especificamente.[11]

8. O CONTRADITÓRIO E OS RECURSOS

Em princípio, sempre que uma das partes interpuser um recurso, deverá o juiz proporcionar à parte contrária oportunidade de manifestação. Trata-se de aplicação normal do princípio do contraditório em sede recursal.

Entretanto, em algumas situações, a lei é omissa quanto à necessidade de intimação do recorrido, o que gera dúvida sobre o procedimento a ser adotado pelo juiz.

Por exemplo, pode haver dúvida sobre a necessidade de intimação do recorrido para oferecer contra-razões à apelação interposta contra o indeferimento da petição inicial. Porém, a dúvida não persiste, pois basta lermos o art. 296 do Código de Processo Civil:

> Art. 296. Indeferida a petição inicial, o autor poderá apelar, facultado ao juiz, no prazo de 48 (quarenta e oito) horas, reformar sua decisão.
>
> Parágrafo único. Não sendo reformada a decisão os autos serão imediatamente encaminhados ao tribunal competente.

Como se pode observar, o legislador, sabiamente, restringiu a abrangência do contraditório neste artigo, isto é, quando o juiz indefere a petição inicial por um dos motivos elencados no art. 295 do Código de Processo Civil, o réu ainda não foi citado, e, por isso,

---

[11] Ac. un. do STJ no REsp 3.416. Rel. Min. Waldemar Zveiter, J. 14/08/1990.

por não estar presente nos autos, não deverá ser intimado para responder ao recurso.

Essa é a opinião de Nelson Nery Junior:

> Na redação anterior, havendo apelação da sentença de indeferimento da inicial, deveria ser citado o réu para, querendo, contra-arrazoar o recurso. Havia desperdício de tempo que onerava sobremaneira o réu, que tinha que ser representado por advogado em processo existente apenas entre autor e juiz, não lhe dizendo respeito. Pelo novo sistema o réu não é mais incomodado para responder a recurso *inter alios*, prosseguindo o processo, na fase recursal, apenas de forma angular (autor-juiz).[12]

Porém, se o juiz, em face das alegações apontadas no recurso de apelação interposto pelo autor, vier a modificar a sua decisão, terá que mandar citar o réu para responder a ação e, assim sendo, será observado o contraditório.

Também nos parece necessário observar o contraditório na hipótese de embargos de declaração com caráter infringente.

Como é sabido, apesar de não ser finalidade precípua dos embargos de declaração a modificação de decisões judiciais, em algumas hipóteses não haverá como impedir que tal ocorra. Se, por exemplo, houver conflito entre a fundamentação e o dispositivo da sentença, o juiz não poderá deixar de acolher os embargos e, nessa hipótese, será inevitável a alteração da sentença. Para que tal seja possível, porém, é necessário que se possibilite ao recorrido manifestação nos autos para que o juiz, ao decidir, considere os argumentos de ambas as partes.

O mesmo deve ser dito em relação ao chamado agravo interno, previsto no art. 557, § 1º, que estabelece:

> O relator negará seguimento ao recurso manifestamente inadmissível, improcedente, prejudicado ou em confronto com súmula ou com jurisprudência dominante do respectivo tribunal, do Supremo Tribunal Federal, ou de Tribunal Superior.

Apesar da omissão legal, não se pode suprimir a aplicação do princípio do contraditório como ressalta Teresa Arruda Alvim Wambier:

---

12 *Op. cit.*, p. 755.

... Não se concebe que o legislador ordinário tenha *suprimido* a garantia da isonomia do contraditório e da publicidade. Para que não se considere tal dispositivo irremediavelmente inconstitucional, é necessário que se lhe dê interpretação compatível com a Constituição Federal.

É absolutamente imprescindível ter-se presente que não é a ausência de contraditório circunstância que tem o condão de tornar os processos mais céleres, se é que isso é que está por trás da infeliz idéia de criar recursos sem contraditório, e, o que é pior, *suprimir o contraditório de recursos que o têm, por razões inconsistentes e inconvincentes*.[13]

9. PARTICULARIDADES DO CONTRADITÓRIO NA EXECUÇÃO

Atualmente não mais se discute sobre a admissibilidade do contraditório na execução. É claro que, sendo finalidade da atividade executiva a satisfação do credor e não a discussão do direito já traduzido no título, a atuação do contraditório não tem o mesmo perfil do processo de conhecimento.

Embora a natureza do título executivo seja discutida na doutrina, não se pode deixar de reconhecer que sua existência confere ao titular uma posição de vantagem sobre o devedor, de modo que a este é que incumbe o ônus de demonstrar a inexistência do direito ou algum vício formal do processo.

Por outras palavras, se o credor exibe título executivo, não poderá o devedor simplesmente negar o direito nele consubstanciado, mas terá que produzir provas para neutralizar a eficácia do título. Assim, apresentado pelo credor o título executivo, não se exigirá dele a prova de que o direito existe, porque o título, por si só, já lhe confere essa posição de vantagem no processo.

Na recente reforma da execução civil, procurou-se tratar diferentemente o devedor em função da espécie de execução contra ele manejada. Em se tratando de título executivo judicial, não mais serão admitidos *embargos*, que foram substituídos pela

---

13 Wambier, 2006, p. 552.

impugnação, considerada pelo legislador simples incidente cuja decisão comporta recurso de agravo.

Não cabe nesta exposição a discussão da natureza da impugnação do devedor, mas é certo que ela constitui a forma prevista expressamente para o exercício do contraditório. Apesar da tentatividade de simplificação da defesa do devedor, muitas são as matérias que ele pode alegar, na impugnação, como vícios do processo, ilegitimidade de parte, excesso de execução, pagamento, novação etc.

Além disso, como já foi dito, não está eliminada a possibilidade de manejo da exceção de pré-executividade, desde que seja alegada matéria que o juiz pode conhecer de ofício ou alguma causa que leve à extinção da execução (*v.g.*, o pagamento).

10. CONTRADITÓRIO E EFETIVIDADE DA JURISDIÇÃO

Já foi dito que o princípio do contraditório não tem caráter absoluto, devendo coexistir com os demais princípios constitucionais do processo.

Não é fácil, porém, nos casos concretos, resolver o conflito entre o contraditório e a efetividade da jurisdição.

A dificuldade está na própria conceituação de efetividade.

A idéia geralmente aceita é, porém, de que o processo deve garantir a quem tem um direito o mesmo resultado ou aquele equivalente ao que ele obteria se não fosse necessário ingressar em juízo, ou seja, se a obrigação fosse cumprida voluntariamente pelo adversário.

Assim, o juiz deve fazer atuar o contraditório, mas sem rigor formalista que poderá comprometer a efetividade do processo. Para encontrar a situação de equilíbrio entre esses dois princípios, o juiz precisará valer-se do princípio da proporcionalidade, como já foi exposto.

11. BIBLIOGRAFIA

Almeida, Joaquim Canuto Mendes de. *Princípios fundamentais do processo penal*. São Paulo: Editora Revista dos Tribunais, 1973.

Comoglio, Luigi Paolo; Ferri, Corrado e Taruffo, Michele. *Lezione sul processo civile*. Bolonha: Il Mulino, 1995.

Dinamarco, Cândido Rangel. *Instituições de direito processual civil*. Vol. 1. São Paulo: Malheiros, 2001.

Grinover, Ada Pellegrini; Dinamarco, Cândido Rangel e Watanabe, Kazuo (coord.). *Participação e processo*. São Paulo: Revista dos Tribunais, 1988.

Lopes, João Batista. *Curso de Direito Processual Civil*. Vol. 1. São Paulo: Atlas, 2005.

Lopes, Maria Elizabeth de Castro. "O princípio do contraditório no processo de execução." In: *Execução Civil: aspectos polêmicos*, coordenado por João Batista Lopes e Leonardo José Carneiro da Cunha. São Paulo: Dialética, 2005.

Nery Junior, Nelson e Andrade Nery, Rosa Maria de. *Código de Processo Civil comentado e legislação extravagante*. 8ª ed. São Paulo: Revista dos Tribunais, 2004.

Pisani, Andrea Proto. *Lezioni di Diritto Processuale Civile*. Nápoles: Jovene, 1996.

Talamini, Eduardo. "A objeção na execução ("exceção de pré-executividade") e as leis de reforma do Código de Processo Civil." In: *Execução civil: estudos em homenagem ao professor Humberto Theodoro Júnior*, coordenado por Ernane Fidélis dos Santos et al. São Paulo: Revista dos Tribunais, 2007.

Wambier, Teresa Arruda Alvim. *Os agravos no CPC brasileiro*. 4ª ed. São Paulo: Revista dos Tribunais, 2006.

PRINCÍPIO DA AMPLA DEFESA

*João Batista Lopes**

> **Sumário**: *Generalidades. 1. Conceito de ampla defesa. 2. Natureza da ampla defesa. 3. Ampla defesa e contraditório. 4. Defesa real e defesa formal. 5. Momento e forma de exercício do direito de defesa. 6. Ampla defesa e produção de prova. 7. Ampla defesa e motivação da sentença. 8. Limitações ao direito de defesa. 9. Defesa do executado (embargos, impugnação, exceção de pré-executividade e ações autônomas). 10. Síntese conclusiva 11. Bibliografia.*

GENERALIDADES

Princípio (do latim *principium, ii*) significa início, começo, origem.[1] No campo jurídico, é uma das espécies de *norma* ao lado da *regra*. Princípios e regras compõem o *sistema normativo* cujo conceito desafia a argúcia dos especialistas.

Duas premissas devem ser assentadas para adequado tratamento da matéria:

a) sistema não significa simples reunião de elementos; seus atributos são a *organização*, a *interação* e a *unidade* (*globalidade*);

b) sistema não é um conjunto consolidado de elementos, uma vez que "a unidade é algo que se deve construir, e não preexiste como indivíduo, como substância, como idéia da própria operação"(Luhmann).[2]

---

* Professor dos cursos de mestrado e doutorado da PUC/SP. Desembargador aposentado. Consultor jurídico. Membro do Instituto Brasileiro de Direito Processual

[1] Torrinha, 1989, p. 687.

[2] Luhmann, 1990, p. 89.

Particularmente sobre a *interação* assim discorre Tércio Sampaio Ferraz Júnior:

> O princípio básico deste enfoque é o da interação. O sistema normativo é visto como um conjunto de partes em comunicação, que trocam mensagens prescritivas. Essas partes são seres humanos que, estando em contato, assumem posições uns perante os outros. Distinguidos os dois níveis da interação: a) as partes fornecem uma informação sobre um estado de coisas – aspecto relato ou conteúdo da comunicação; b) as partes, concomitantemente, fornecem uma informação sobre a sua relação, isto é, determinam como o relato deve ser recebido, qual a posição de um e de outro na interação – aspecto cometimento ou relação da comunicação – a saber, se devem ser consideradas como iguais, diferentes, coordenadas, subordinadas etc. O sistema normativo é concebido então como um sistema de controle, primariamente no nível cometimento mas também, secundariamente, no nível relato (posto que uma norma, pelo seu relato, pode metacomunicar sobre o cometimento de outra: relação de validade.[3]

Também importante para o esclarecimento do tema é a recomendação de Habermas:

> A relação interior-exterior entre o sujeito cognoscente e o mundo – como a totalidade dos objetos cognoscíveis – deve ser substituída pela relação sistema-mundo circundante. O conhecimento do mundo e de si mesmo constitui o problema referencial a que se atêm as operações da consciência do sujeito. Agora, esse problema está subordinado ao da conservação e ampliação das aquisições do sistema.[4]

À luz dessas considerações, ressalta claro que o princípio da ampla defesa, como os princípios em geral, não têm caráter absoluto, razão por que é impossível estudá-lo fora do universo a que pertence ou do sistema de que faz parte.

Essa visão sistêmica permitirá, com alguma segurança, identificar as relações do princípio da ampla defesa com outros princípios e definir, com maior clareza, o papel que ele desempenha na ordem jurídica do país.

---

[3] Ferraz Junior, 1988, p. 174-175.
[4] Habermas, 2002, p. 512.

Fixemos, porém, com mais precisão, o conceito de *princípio*.

Já foi dito que ele é espécie de norma ao lado da regra. Desta se distingue, porém, não propriamente por sua generalidade e abstração – a rigor, as regras também podem ostentar esses atributos em alguma medida – mas sobretudo por seu caráter fundante.

O sentido de *defesa* é de intuitiva compreensão: proteção, resistência, resguardo. Na linguagem jurídica, o termo é utilizado em sentido amplo (*v.g.*, a defesa dos direitos em juízo) ou restrito (*v.g.*, o advogado do réu apresentou defesa escrita em dez laudas).

Resta, pois, fixar o conceito de *ampla defesa*, o que se pretende fazer nos itens seguintes.

1. CONCEITO DE AMPLA DEFESA

É corrente a identificação de *ampla defesa* com *defesa ilimitada*, mas esta concepção implicaria outorgar-lhe caráter absoluto o que entraria em conflito aberto com a própria idéia de unidade, que só se alcança por meio de uma operação relacional (Luhmann). [5]

Quando se fala em ampla defesa, não se pretende, pois, cogitar de defesa ilimitada ou indiscriminada, mas sim de defesa completa ou abrangente.

A utilização do adjetivo *ampla* revela o propósito de evitar o cerceamento, mas de modo algum pode dispensar a *adequação* e a *pertinência*, requisitos indispensáveis para o exercício do direito de defesa. Por exemplo, se se cuidar de pleito *petitório*, não poderá o réu valer-se de defesa de caráter *possessório*, salvo excepcionalmente, de modo que o juiz deverá indeferir eventual requerimento de prova para esse fim.

Comoglio, Ferri e Taruffo demoram-se na análise do termo *difesa*, assinalando: a) que o agir e o defender-se em juízo são atividades contrapostas e homólogas para legitimar uma proteção proporcionalmente igual às partes; b) a defesa não é apenas um direito inviolável do indivíduo, mas uma garantia do tipo técni-

---

[5] *Op. cit.*, p. 89.

co e estrutural aplicável a qualquer tipo de processo, e uma "*basilare scelta di civiltà dello Stato di diritto*".[6]

Concebe-se que, em geral, se fala no direito de defesa com alusão ao processo de conhecimento (ou processo de declaração) a pretexto de que o juiz só poderá dizer quem tem razão após ouvir o réu.

Entretanto, como se verá mais adiante, também na execução civil (agora dividida em cumprimento da sentença e ação de execução de título extrajudicial) a garantia da defesa se impõe, o mesmo ocorrendo na tutela de urgência.

2. NATUREZA DA AMPLA DEFESA

A ampla defesa tem sido vista como um *princípio*, isto é, como uma das espécies de *norma* de caráter fundante e genérico. Mais que isso, porém, é uma *garantia constitucional*.

José Afonso da Silva vale-se de autorizada doutrina ao analisar a distinção entre direitos e garantias, *verbis*:

> (...) como notara Maurice Hauriou, não basta que um direito seja reconhecido e declarado; é necessário garanti-lo, porque haverá ocasiões em que será discutido e violado. Ruy Barbosa já dizia que uma coisa são os direitos, outra as garantias, pois devemos separar no texto da Lei Fundamental as disposições meramente declaratórias, que são as que imprimem existência legal aos direitos reconhecidos, e as disposições assecuratórias, que são as que, em defesa dos direitos, limitam o poder. Aquelas instituem os direitos; estas, as garantias (...)

E remata:

> Não são nítidas, porém, as linhas divisórias entre direitos e garantias – como observa Sampaio Dória, para quem "os direitos são garantias e as garantias são direitos", ainda que se procure distingui-los. Nem é decisivo, em face da Constituição, afirmar que os direitos são declaratórios e as garantias assecuratórias, porque as garantias em certa medida são declaradas e, às vezes, se declaram os direitos usando forma assecuratória.[7]

---

6 Comoglio, Ferri e Taruffo, 1995, p. 64-65.
7 Silva, 2005, p. 59.

Importa ressaltar, de qualquer modo, que a defesa, no processo civil, não é obrigatória. A lei apenas exige que se garanta ao réu oportunidade de comparecimento nos autos para se defender, mas não torna obrigatória sua presença nos autos.

Ao revés do que acontece no processo penal, em que é nulo o processo por ausência de defesa, no processo civil a defesa é um ônus e, portanto, o réu pode optar por deixar transcorrer *in albis* o prazo para oferecê-la.

Com efeito, dispõe o art. 319 do Código de Processo Civil: "Se o réu não contestar a ação, reputar-se-ão verdadeiros os fatos afirmados pelo autor."

Como se vê, a lei não impõe ao réu o *dever* de contestar, mas apenas indica a conseqüência da falta de contestação ("reputar-se-ão verdadeiros os fatos afirmados pelo autor").

A primeira leitura do texto pode levar à conclusão de que, na hipótese de revelia, o juiz será obrigado a ter como verdadeiras quaisquer alegações do autor. Entretanto, doutrina e jurisprudência se encarregaram de abrandar o rigor da norma para conciliá-la com o disposto no art. 131 do CPC que estatui: "O juiz apreciará livremente a prova, atendendo aos fatos e circunstâncias constantes dos autos, ainda que não alegados pelas partes; mas deverá indicar, na sentença, os motivos que lhe formaram o convencimento."

Tem-se, pois, que a falta de contestação não acarreta automaticamente a procedência do pedido, devendo o juiz, além de considerar a verossimilhança das alegações do autor, atender ao conjunto dos autos.

Do exposto, é possível concluir que a defesa é uma garantia do réu, mas a lei processual civil não a tem por obrigatória para a validade do processo.

Consoante o magistério de Chiovenda,

> não se pode mais, hoje em dia, falar de um dever de comparecer em juízo, não mais havendo sanção para o réu que deixe de comparecer (...) Pode, assim, o réu ser prejudicado de fato pela sua inatividade, pois lhe falecerá na causa aquela defesa exaustiva a

que somente consegue atender quem tem um interesse pessoal. Mas o juiz não deixará de examinar imparcialmente a sua causa. Sistemas houve que entenderam de condenar o réu contumaz unicamente pelo fato da revelia. Era uma forma de coação para comparecer; mas os sistemas modernos a abandonaram.[8]

É de rigor que o direito de defesa seja assegurado mediante a prática de atos regulares de informação e a observância dos prazos legais para tanto.

O art. 225, do CPC, por exemplo, indica os elementos indispensáveis para o ato de chamamento do réu, notadamente "o fim da citação, com todas as especificações da petição inicial, bem como a advertência a que se refere o art. 285, segunda parte, se o litígio versar sobre direitos disponíveis", "cópia do despacho", "o prazo para defesa" etc. Já o art. 227 do mesmo estatuto, que cuida da citação com hora certa, exige que o oficial procure o réu por três vezes e, havendo suspeita de ocultação, intime a qualquer pessoa da família de que retornará ao local no dia imediato para efetivar a citação. Também o art. 231, que dispõe sobre a citação edital, se reveste de rigor formal a determinar sua afixação na sede do juízo, certificada pelo escrivão, e sua publicação na imprensa, uma vez no órgão oficial e duas vezes em jornal local, onde houver.

3. AMPLA DEFESA E CONTRADITÓRIO

Ampla defesa e contraditório estão intimamente relacionados, o que poderia justificar tratamento único desses princípios.

O termo *defesa*, em sentido amplo, diz com a atuação das partes no processo, suas alegações e provas. Pode-se dizer, por exemplo, que o advogado *defendeu* bem a posição do autor na causa ou que a *defesa* apresentada não foi convincente.

Em sentido restrito, porém, *defesa* refere-se ao réu. Trata-se da resistência que ele opõe à *ação* do autor. Em rigor técnico, porém, o direito de ação tem caráter bilateral, ou seja, refere-se tanto ao autor como ao réu, no sentido de que ambos têm o poder de

---

[8] Chiovenda, 1965, p. 364 e 366.

pleitear a tutela jurisdicional: o autor, propugnando pela procedência do pedido; o réu, pela improcedência dele. Já o *contraditório* tem sentido mais abrangente e significa que o juiz não pode julgar a causa sem assegurar a ela regular informação dos atos processuais e participação durante o procedimento.

4. DEFESA REAL E DEFESA FORMAL

Diversamente do que ocorre na área penal, em que o processo pode ser anulado por ausência de defesa real, no processo civil, como foi dito, a defesa sequer é obrigatória. Portanto, mesmo que o réu apresente defesa inconsistente, razão não haverá para decretação de nulidade da sentença.

Cumpre ressaltar, ao propósito, que a lei põe à disposição do juiz alguns instrumentos para assegurar a "paridade de armas" como o interrogatório informal das partes, a inspeção judicial, a requisição de informações a órgãos públicos etc. E, nas relações de consumo, permite a inversão do ônus da prova, a critério do juiz, quando verossímeis as alegações ou for o consumidor hipossuficiente.

Desses expedientes, o *interrogatório informal*, para aclarar pontos de defesa ambígua ou imprecisa, ganha especial relevo. Cuida-se de figura diversa do *depoimento pessoal*, seja porque não se destina a provocar a confissão do adversário, seja porque pode ser determinado mais de uma vez, a qualquer tempo, durante o procedimento.

5. MOMENTO E FORMA DE EXERCÍCIO DO DIREITO DE DEFESA

Em função da natureza do processo ou do procedimento, pode variar o momento e a forma de exercício do direito de defesa.

No procedimento comum ordinário, o réu é citado para contestar o pedido, devendo fazê-lo por petição escrita, no prazo de 15 (quinze) dias (CPC, art. 297). No procedimento comum sumário, o réu oferecerá contestação oral ou escrita na audiência de conciliação, como reza o art. 278 do Código citado. No processo cautelar, na hipótese de concessão de liminar *inaudita altera parte*, a defesa será apresentada após a efetivação do ato.

Merece referência, também, a defesa apresentada nos processos de competência dos Juizados Especiais Cíveis. De acordo com o art. 30 da Lei nº 9.099/1995, "a contestação, que será oral ou escrita, conterá toda matéria de defesa, exceto argüição de suspeição ou impedimento do juiz, que se processará na forma da legislação em vigor". E o art. 31, após vedar a reconvenção, admite que o réu formule *pedido contraposto* desde que fundado nos mesmos fatos objeto da controvérsia.

Por último, a ação monitória apresenta peculiaridades no que respeita ao momento da defesa do réu, como se vê dos arts. 1.102b e 1.102c:

> Estando a petição inicial devidamente instruída, o juiz deferirá de plano a expedição do mandado de pagamento ou de entrega da coisa no prazo de quinze (15) dias.
>
> (...)
>
> No prazo previsto no artigo anterior, poderá o réu oferecer embargos, que suspenderão a eficácia do mandado inicial. Se os embargos não forem opostos, constituir-se-á, de pleno direito, o título executivo judicial (...).

6. AMPLA DEFESA E PRODUÇÃO DE PROVA

Só se compreende a plenitude da defesa se for assegurado o direito de produzir prova das alegações. Com efeito, de nada valeriam a regular informação dos atos processuais e a oportunidade de manifestação nos autos sem o corresponde direito de demonstrar os fatos alegados.

Na precisa lição de Joan Picó I Junoy, o direito à prova

> *se encuentra intimamente ligado al de defensa, o si se quiere es instrumental, complementario, o una concreción del mismo, en la medida en que este último no es posible si se impide a alguna de las partes el derecho de traer al proceso los medios justificativos o demostrativos de las propias alegaciones o los que desvirtúan las de la parte contraria.*

Por esta razón, tanto el Tribunal Supremo como el Tribunal Constitucional, en numerosas ocasiones, han configurado el derecho a la prueba como inseparable del derecho mismo a la defensa, o lo que es idéntico, como consecuencia directa del derecho de defensa del art. 24.2 C.E.[9]

Também entre nós vigora igual entendimento. Em razão disso, nulo é o processo se o juiz julgar antecipadamente a lide em havendo pedido de prova pertinente e necessária.

Cumpre registrar, porém, que o direito à prova encontra limites na lei e na doutrina. Em primeiro lugar, como é curial, só se pode cogitar da prova de *fatos*, à exceção do Direito municipal, estadual, estrangeiro e consuetudinário. Mas somente os fatos *controversos*, relevantes e *precisos* comportam demonstração. Além disso, a parte terá de fundamentar adequadamente o pedido de prova, demonstrando sua pertinência e necessidade (por exemplo, deverá ser indeferido pedido de prova testemunhal se o fato já estiver demonstrado por documento).

A pertinência e a necessidade da prova requerida deverão ser apreciadas pelo juiz, na audiência preliminar do art. 331 do CPC. A importância dessa audiência tem sido proclamada pela doutrina, que esclarece não se cuidar de simples tentativa de conciliação, mas de ato complexo como decorre da própria letra da norma. Entretanto, na prática do foro, muitos juízes, em razão da sobrecarga de serviços, evitam a designação dessa audiência, preferindo proferir o genérico despacho de especificação de provas para, em seguida, resolver sobre eventuais requerimentos das partes.

7. AMPLA DEFESA E MOTIVAÇÃO DA SENTENÇA

Questão relevante é saber se o juiz, na sentença, tem o dever de se manifestar sobre todos os pontos suscitados na defesa ou se bastaria enfrentar os mais relevantes.

Em princípio, sendo a motivação da sentença dever do juiz e garantia dos jurisdicionados, é de rigor que a sentença analise

---

[9] Junoy, 1996, p. 35.

as questões de fato e de direito suscitadas nos autos, pronunciando-se especificamente sobre elas. Entretanto, a realidade do dia-a-dia forense nos oferece panorama de abusos em que matérias irrelevantes são alegadas apenas e tão-somente para procrastinar o desfecho da causa.

Com a generalização do uso do computador, é comum nos depararmos com defesas prolixas, recheadas de preliminares inconsistentes e acórdãos impertinentes que sobrecarregam o ofício jurisdicional. A título de exemplo, é comum nos embargos ou na impugnação o devedor se limitar a alegar falta de liquidez da obrigação, sem apresentar qualquer argumento consistente.

Por outro lado, porém, muitas decisões colegiadas se limitam a repelir razões ou contra-razões de recurso com expressões genéricas como "falta de amparo legal", "argumentação inconvincente" ou "ausência de provas", sem análise mais detida dos elementos dos autos. E, quando instados, em embargos de declaração, a suprir a omissão, alguns acórdãos se limitam a rejeitar o recurso com o lacônico "nada a declarar".

Temos para nós que a omissão quanto a ponto relevante da defesa deve acarretar a nulidade da decisão. Já a motivação equivocada ou insuficiente não implica nulidade, mas justifica a reforma da decisão.

8. LIMITAÇÕES AO DIREITO DE DEFESA

Já foi dito que ampla defesa não significa defesa sem limites. Estes são impostos pela lei, atendendo à natureza da causa, sem que se possa cogitar de violação à garantia constitucional.

Tome-se o exemplo da ação de desapropriação. Nela só se admite contestação para argüir-se nulidade do decreto expropriatório ou discutir o valor da indenização, além, naturalmente, de matérias de conteúdo processual.

É o que estatui o art. 20 do Decreto-lei nº 3.365/1941: "A contestação só poderá versar sobre vício do processo judicial ou impugnação do preço; qualquer outra questão deverá ser decidida por ação direta."

Por igual, o art. 72 da Lei de Locações, estabelece:

> A contestação do locador, além da defesa de direito que possa caber, ficará adstrita, quanto à matéria de fato, ao seguinte:
>
> I – não preencher o autor os requisitos estabelecidos nesta lei;
>
> II – não atender, a proposta do locatário, o valor locativo real do imóvel na época da renovação, excluída a valorização trazida por aquele ao ponto ou lugar;
>
> III – ter proposta de terceiro para a locação, em condições melhores;
>
> IV – não estar obrigado a renovar a locação (incisos I e II do art. 52)

Outro exemplo de limitação da defesa encontramos nas ações possessórias. Como é natural, não se pode admitir no pleito possessório discussão acerca do domínio, cujo deslinde terá de ocorrer em pleito petitório.

A Súmula nº 487 do STF – "Será deferida a posse a quem, evidentemente, tiver o domínio, se com base neste for ela disputada" – só é aplicável se ambos os litigantes disputarem a posse com fundamento no domínio.

Nesse sentido, aquela Corte já decidiu: "A Súmula nº 487 só se aplica nas hipóteses em que ambos os litigantes pretendem a posse a título de domínio, e não quando um deles a defende por ela mesma, até porque não é proprietário do imóvel."[10]

Outro exemplo de limitação da defesa ocorre no processo cautelar.

Como se sabe, o processo cautelar se caracteriza pela *instrumentalidade* e *provisoriedade*, não tendo idoneidade para antecipar qualquer juízo definitivo sobre o conflito de interesses. Seu objeto está limitado pelo *fumus boni iuris* e pelo *periculum in mora*.

Giorgetta Basilico e Massimo Cirulli, após assinalarem que a tutela cautelar é autônoma em relação à tutela de mérito da causa, mostram que ela é "*inidonea assolutamente a determinare un qualsivoglia assetto della situazione sostanziale controversa*".[11]

---

10 *RTJ* 123/770.
11 Basilico e Cirulli, 1998, p. 31

Em verdade, posto que também exista mérito no processo cautelar, está ele circunscrito ao *fumus boni iuris* e ao *periculum in mora*, razão por que a defesa não poderá desbordar desses limites, ressalvada a hipótese de prescrição ou decadência.

Também na tutela antecipada se registra limitação do direito de defesa, em razão da sumariedade da cognição. O réu, ao pronunciar-se sobre o pedido do autor, só poderá discutir os requisitos da antecipação (prova inequívoca, verossimilhança da alegação, *periculum in mora* etc.), ainda que o pedido de antecipação esteja incindivelmente ligado ao próprio mérito da causa.

Um último exemplo de limitação da defesa: o objeto dos embargos de terceiro se circunscreve à validade ou não do ato de constrição judicial, não admitindo inserção de matérias que lhe são estranhas (ex.: não se pode discutir fraude contra credores nos embargos de terceiro).

9. DEFESA DO EXECUTADO (EMBARGOS, IMPUGNAÇÃO, EXCEÇÃO DE PRÉ-EXECUTIVIDADE E AÇÕES AUTÔNOMAS)

Antes de tudo, é de rigor esclarecer que o termo *defesa* é empregado em sentido lato, para abranger figuras diversas da simples resistência ou contestação.

É necessário, também, ter presente que, a despeito das alterações introduzidas pelas Leis nº 11.232/2005 e nº 11.382/2006, os termos *execução* e *executado* não foram abolidos do sistema, como se pode comprovar com a leitura dos arts. 475, I; 475-J, § 1º.; 475, L, V; 475-O e muitos outros do CPC.

Por outro lado, conquanto revele o legislador, em algumas situações, preferência pelos termos *efetivação* e *cumprimento*, em lugar de *execução*, o certo é que todos esses vocábulos têm a mesma virtude semântica: afinal, *efetivar* e *cumprir* significam precisamente *executa*, como se pode conferir no *Dicionário de sinônimos e antônimos* de Francisco Fernandes. E não foi por outra razão que o professor Agostinho Alvim escreveu obra clássica com o título *Da inexecução das obrigações e suas conseqüências*.

Presentes tais considerações e circunscrevendo nossa exposição à defesa do executado, vamos verificar, para logo, que, ao revés do que tem sido proclamado, não foi ela substancialmente modificada na recente reforma processual.

Com efeito, salvo no que respeita à exclusão do efeito suspensivo – e, nesse ponto, a reforma merece encômios –, cumpre registrar que as demais alterações não implicaram – e nem poderiam implicar – esvaziamento do direito de defesa, mesmo porque este tem *status* constitucional. Assim, a substituição dos embargos pela impugnação, a pretexto de que esta deve constituir mero incidente, não impedirá que o executado exercite seu direito de defesa, com amplitude muito semelhante ao regime anterior, como se pode conferir com a leitura dos arts. 741 (redação original) e 475-L (texto atual). É que o legislador não pode mudar a natureza das coisas!

Em verdade, não se pode impedir que o executado se defenda amplamente, sempre que tiver fundamento para tanto (*v. g.*, argüição de ilegitimidade de parte, ausência de título ou falta de liquidez, excesso de execução, pagamento, novação, transação, compensação etc.).

Nem colhe o argumento de que a defesa será exercitada em mero incidente, porquanto o juiz terá de analisar as alegações e provas apresentadas e decidir fundamentadamente.

No que toca à execução de título extrajudicial, foram mantidos os embargos do executado, em que se poderá alegar nulidade da execução, penhora incorreta ou avaliação errônea, excesso de execução, retenção por benfeitorias e qualquer matéria que seria possível argüir no processo de conhecimento, a tornar patente não ter havido alteração substancial no regime anteriormente adotado (CF, art. 745).

De outra parte, a chamada exceção de pré-executividade não foi extinta, já que não faz sentido impedir-se o executado de, independentemente de impugnação ou embargos, argüir matéria que o juiz poderia conhecer de ofício.

Na precisa lição de Araken de Assis,

> a esperança de eliminar o uso da exceção de pré-executividade se desvanece à primeira vista. Em primeiro lugar, ao executado inte-

ressa obstar a penhora –os exemplos históricos bem demonstram tal necessidade – mas a impugnação pressupõe a penhora, como resulta do art. 475-J, § 1º: o prazo para impugnar flui da intimação que porventura se fizer da penhora ao executado. Ademais, vencido o prazo para impugnar, que é de quinze dias, nada obstante subsistem ou podem surgir objeções e exceções imunes ao fenômeno da preclusão. É necessário o órgão judiciário avaliar tais questões, assegurando meio hábil ao executado para fazê-lo. A esta iniciativa dê-se o nome que se quiser; porém, no fundo, tratar-se-á da exceção de pré-executividade.[12]

Com efeito, bastam alguns exemplos para demonstrar a viabilidade da exceção de pré-executividade: ilegitimidade de parte; penhora de bem impenhorável; pagamento comprovado documentalmente; prescrição intercorrente etc.

É certo que, a partir da nova postura assumida pelo legislador nas recentes reformas, deverá o juiz agir com maior rigor no exame da matéria, a fim de evitar o abuso no exercício do direito de defesa.

Contudo, *abusus non tollit usum*.

Importa registrar, também, que a reforma processual não teve qualquer repercussão na admissibilidade da chamada *defesa heterotópica*, ou seja, na possibilidade de o executado ajuizar ação autônoma para demonstrar a inexistência da dívida.

Em outro passo, tivemos a oportunidade de analisar o tema nos seguintes termos:

> ...a admissibilidade de ações autônomas, via das quais o executado, paralelamente aos embargos, pode exercer seu direito de discutir a relação obrigacional, encontra justificativa na garantia constitucional do contraditório e da ampla defesa e no princípio da inafastabilidade do controle jurisdicional.

Com efeito, a Constituição, no art. 5º, inciso XXXV, dispõe: "a lei não excluirá da apreciação do Poder Judiciário lesão ou ameaça a direito".

Por sua vez, estabelece o inciso LV: "Aos litigantes, em processo judicial ou administrativo, e aos acusados em geral são

---

[12] Assis, 2007, p. 1.037.

assegurados o contraditório e a ampla defesa com os meios e recursos a ela inerentes."

Vemos, assim, que a tutela jurisdicional, no sentido de proteção a direitos, está amplamente garantida pela Constituição, e não pode ser impedida ou embaraçada pela legislação infraconstitucional. Ao CPC e à legislação extravagante caberá, tão-somente, disciplinar o exercício do direito de ação e matérias concernentes ao procedimento (por exemplo, requisitos para a concessão da tutela de urgência, possibilidade de liminares *inaudita altera parte* etc.).

Diante disso, não há como negar-se o direito de o executado, independentemente da oposição de embargos, valer-se de ação autônoma para discutir a relação jurídica apontada pelo exeqüente como fonte de seu direito.[13]

Como é curial, porém, a simples propositura de ação autônoma não terá o condão de paralisar a execução, mas não se pode deferir igual tratamento a hipóteses de manifesto abuso ou ilegalidade (*v.g.* execução estribada em títulos forjados).

10. SÍNTESE CONCLUSIVA

De todo o exposto, pode-se chegar às seguintes conclusões:

a) sistema não significa simples reunião de elementos; seus atributos são a *organização*, a *interação* e a *unidade* (*globalidade*); os elementos do sistema são mutáveis, razão por que sua compreensão pressupõe a dinâmica natural das relações que nele se estabelecem;

b) o princípio da ampla defesa, como os princípios em geral, não tem caráter absoluto, razão por que é impossível estudá-lo fora do universo a que pertence ou do sistema de que faz parte;

c) quando se fala em ampla defesa, não se pretende cogitar de defesa ilimitada ou indiscriminada, mas sim de defesa completa ou abrangente.

---

13 Lopes, 2005, p. 195.

A utilização do adjetivo *ampla* revela o propósito de evitar o cerceamento, mas de modo algum pode dispensar a *adequação* e a *pertinência*, requisitos indispensáveis para o exercício do direito de defesa;

d) só se compreende a plenitude da defesa se for assegurado o direito de produzir prova das alegações. Com efeito, de nada valeriam a regular informação dos atos processuais e a oportunidade de manifestação nos autos sem o correspondente direito de demonstrar os fatos alegados;

e) ao revés do que acontece no processo penal, em que é nulo o processo por ausência de defesa, no processo civil a defesa é um ônus e, portanto, o réu pode optar por deixar transcorrer *in albis* o prazo para oferecê-la;

f) a substituição dos *embargos* pela *impugnação*, a pretexto de que esta deve constituir mero *incidente*, não impedirá que o executado exercite seu direito de defesa, com amplitude muito semelhante ao regime anterior, como se pode conferir com a leitura dos arts. 741 (redação original) e 475-L (texto atual). É que o legislador não pode mudar a natureza das coisas!;

g) a chamada exceção de pré-executividade não foi extinta, já que não faz sentido impedir-se o executado de, independentemente de impugnação ou embargos, argüir matéria que o juiz poderia conhecer de ofício;

h) a admissibilidade de ações autônomas, via das quais o executado, paralelamente aos embargos, pode exercer seu direito de discutir a relação obrigacional, encontra justificativa na garantia constitucional do contraditório e da ampla defesa e no princípio da inafastabilidade do controle jurisdicional;

i) a simples propositura de ação autônoma não terá o condão de paralisar a execução, mas não se pode deferir igual tratamento a hipóteses de manifesto abuso ou ilegalidade (*v.g.* execução estribada em títulos forjados).

11. BIBLIOGRAFIA

Assis, Araken de. *Manual da execução*. São Paulo: Revista dos Tribunais, 2007.

Basilico, Giorgetta e Cirulli, Massimo. *Le condanne anticipate nel processo civile di cognizione*. Milão: Giuffrè

Chiovenda, Giuseppe. *Instituições de Direito Processual Civil*. São Paulo: Saraiva, 1965.

Comoglio, Luigi Paolo; Ferri, Corrado e Taruffo, Michele. *Lezioni sul processo civile*. Bolonha: Il Mulino, 1995.

Ferraz Junior, Tercio Sampaio. *Introdução ao estudo do Direito*. São Paulo: Atlas, 1988.

Habermas, Jürgen. *O discurso filosófico da modernidade* (trad. de Luiz Sérgio Repa e Rodnei Nascimento). São Paulo: Martins Fontes, 2002.

Junoy, Joan Picó I. *El derecho a la prueba en el proceso civil*. Barcelona: J.M.Bosch Editor, 1996.

Lopes, João Batista. "Defesa do executado por meio de ações autônomas." In: *Execução civil (aspectos polêmicos)*. São Paulo: Dialética, 2005.

Luhmann, Niklas. *Sociedad y sistema:la ambición de la teoria* (trad. de Santiago Lopez e Dorothe Schmitz). Barcelona: Ediciones Paidós Ibérica, 1990.

Silva, José Afonso da. *Comentário contextual à Constituição*. São Paulo: Malheiros, 2005.

Torrinha, Francisco. *Dicionário latino-português*. 2ª ed. Porto: Gráficos Reunidos Ltda, 1989.

PRINCÍPIO DA ISONOMIA

Olavo de Oliveira Neto * *e Patrícia Elias Cozzolino de Oliveira* **

> **Sumário**: Introdução. 1. Perfil do Princípio da Isonomia. 2. Isonomia e processo civil. 2.1 Foro do domicílio da mulher para as ações de separação (art. 100, I). 2.2. Prazo diferenciado para a Fazenda Pública e para o Ministério Público (art. 188). 2.3. Prazo em dobro para os litisconsortes (art. 191). 2.4. Contestação com preliminar em procedimento sumário. 2.5. Penhora de imóvel do fiador (Lei nº 8.009/1990, art. 3º, VII). 3. Conclusão. 4. Bibliografia.

INTRODUÇÃO

O fenômeno igualdade é algo que pode ser observado em praticamente todo o mundo natural, seja no que toca a sua existência, seja no que toca a sua não-existência. Numa alcatéia de lobos ou leões, por exemplo, existem o macho e a fêmea dominantes, aos quais todos os demais do bando se submetem. Já entre as formigas há rígida divisão de tarefas, o que leva alguns estudiosos a afirmar que se trata de sociedade igualitária, onde nenhum indivíduo se submete ao outro, mas onde todos desen-

---

* Mestre e Doutor pela PUCSP. Pós-doutorado pela Università degli Studi di Milano. Professor de Direito Processual Civil dos cursos de graduação, especialização, mestrado e doutorado da ITE de Bauru, do COGEAE- PUC/SP, de vários cursos de especialização, da Escola Paulista da Magistratura e da Escola da Magistratura do Paraná. Vice-presidente do Centro de Estudos de Direito Civil e Processual Civil – Cecipro. Vencedor do Prêmio "Professor Nota 10" de 1998. Juiz de Direito no estado de São Paulo.

** Defensora Pública do estado de Mato Grosso do Sul, Especialista em Direito Processual Penal pela Universidade Católica Dom Bosco – Campo Grande/MS e Mestre em Direito Constitucional pela ITE – Bauru/SP.

volvem uma atividade altamente especializada em prol de uma coletividade.

Já nas sociedades humanas mais primitivas observa-se uma distinção entre as pessoas, com a existência dos indivíduos que dominam o Poder e daqueles que são escravos, tendo seu destino traçado pelos primeiros. Na sociedade romana, por exemplo, como se sabe, o escravo era considerado coisa e integrava a relação de bens do seu senhor.

A evolução do pensamento humano e das sociedades demonstra, outrossim, que quanto mais evoluído um povo, mais tais desigualdades tendem a ser eliminadas, estabelecendo-se um sistema onde todos os indivíduos encontram-se em situação semelhante.

Descartados os marcos da idade antiga com relação à igualdade entre as pessoas, o primeiro diploma do mundo ocidental que ganha importância ímpar no sentido de eliminar desigualdades é a Carta Magna da Inglaterra, datada de 1215. Até então o poder do rei era absoluto, seja em relação aos nobres, seja em relação aos plebeus. Com o fortalecimento da nobreza, passou esta a reivindicar maior parcela nos destinos dos povos e, com isso, que o poder do rei viesse a sofrer limitações com relação à própria nobreza. Através deste diploma legal, então, houve o reconhecimento dos direitos dos barões e a limitação do poder absoluto do monarca; manobra que, embora não atingisse a igualdade, apontava em tal direção.

Embora durante toda a Idade Média essa idéia de igualdade viesse a ganhar corpo, em especial pela influência do Direito Canônico, outro marco histórico pode ser observado na edição da Declaração de Direitos da Virgínia, em 1776, onde parte de uma nova nação, hoje denominada Estados Unidos, procurava estabelecer a igualdade entre os colonos ocupantes de suas terras.

O maior acontecimento histórico com relação à igualdade entre os homens, entretanto, pode ser considerada a Revolução Francesa de 1789. Na ocasião, com a Declaração dos Direitos do Homem e do Cidadão, os ideais de liberdade, igualdade e fraternidade vieram a se tornar o paradigma para toda estruturação da sociedade francesa, o que acabou por influenciar todas as demais nações existentes até os dias de hoje. Foi a partir desse momento, de forma generalidade, que os governos e seus cidadãos passaram a trabalhar por um mundo onde não houvesse distinção entre os seres humanos, o que ainda está por acontecer.

Como os ideais de liberdade, igualdade e fraternidade são sedutores a todos os seres humanos, os Estados perceberam a necessidade de efetivar tais idéias e iniciou-se um movimento no sentido de inserir na lei de maior importância dos países esses pensamentos; posteriormente denominado constitucionalização do Direito.

Precisa quanto a tal aspecto evolutivo a lição de Fernanda Duarte Lopes Lucas da Silva que aduz:

> Apenas à guisa de registro, é na Revolução Francesa que se formaliza a *idéia jurídica de igualdade*, inserta no art 1º da Declaração dos Direitos do Homem e do Cidadão, de 1789. Posteriormente, com o movimento constitucionalista que grassou o mundo, o ideal de igualdade tomou lugar cativo nas Constituições modernas.[1]

Nessa linha evolutiva a primeira constituição a positivar de modo amplo os direitos do homem foi a Constituição mexicana de 1917, embora o mundo jurídico não tenha, à época, lhe conferido a merecida importância, na medida em que se tratava de diploma oriundo de país latino-americano, considerados até hoje como integrantes dos chamados países periféricos. Por esse motivo a Constituição de Weimar, de 1919, é considerada o diploma que deu início à ampla constitucionalização dos direitos humanos. Ironicamente, foi sob a égide de tal carta que surgiu e se fortaleceu o movimento nazista, gerador da Segunda Guerra Mundial; lamentável momento de desrespeito a toda humanidade.

Com o fim do conflito mundial, a Organização das Nações Unidas fez publicar, em 1948, a Declaração Universal dos Direitos do Homem, onde a igualdade entre todos os homens era tratada

---

[1] Silva, 2003, p. 33.

como um dogma a ser seguido e respeitado, inspirando o desenvolvimento dos povos.

Dentre nós, embora as cartas anteriores tratassem da igualdade, foi a atual Constituição Federal, de 1988, chamada de Constituição Cidadã, que positivou em larga escala os direitos humanos, tornando-os direitos fundamentais do Estado Democrático de Direitos, sempre tendo em conta os ideais de liberdade, igualdade e fraternidade.

Daí, pois, a importância do princípio da isonomia, inserido em nossa Constituição como um dos pilares do Estado Democrático de Direitos e encontrado em inúmeros dispositivos, seja no bojo da própria Constituição, seja na legislação infraconstitucional.

1. PERFIL DO PRINCÍPIO DA ISONOMIA

O princípio da isonomia, como se viu, é um dos pilares estruturais do Estado Democrático de Direito, havendo na doutrina consenso quanto a tal importância.

Para Canotilho:

> Um dos princípios estruturantes do regime geral dos direitos fundamentais é o *princípio da igualdade*. A igualdade é, desde logo, a *igualdade formal* ("igualdade jurídica", "igualdade liberal" estritamente postulada pelo constitucionalismo liberal: os homens nascem e permanecem livres e iguais em direitos. Por isso se considera que essa igualdade é um pressuposto para a uniformização do regime das liberdades individuais a favor de todos os sujeitos de um ordenamento jurídico. A igualdade jurídica surge, assim, indissociável da própria liberdade individual.[2] (sic)

No mesmo sentido a lição de Paulo Bonavides ao ensinar:

> O centro medular do Estado social e de todos os direitos de sua ordem jurídica é indubitavelmente o princípio da igualdade. Com efeito, materializa ele a liberdade da herança clássica. Com esta compõe um eixo ao redor do qual gira toda a concepção estrutural do Estado democrático contemporâneo. De todos os direitos fundamentais a igualdade é aquele que mais tem subido de importân-

---

[2] Canotilho, 2006, p. 426.

cia no Direito Constitucional de nossos dias, sendo, como não poderia deixar de ser, o direito-chave, o direito-guardião do Estado social.[3]

Não obstante sua vital importância, mister se faz estabelecer parâmetros mediante os quais o princípio será interpretado, em consonância com os ideais do Estado Democrático de Direito e das atuais tendências dos valores por ele abrigados. Por isso já tivemos a oportunidade de afirmar que

> assumir papel de vital importância no sistema implica, à evidência, a necessidade de receber um tratamento mais harmonioso com os ideais da modernidade. Por isso a antiga máxima de todos conhecida, apresentada por Aristóteles, de que igualdade seria tratar desigualmente os desiguais para, no final, obter uma igualdade, não mais se demonstra suficiente para preencher o conteúdo do princípio. Há necessidade de traçar novos parâmetros para que se possa compreender seu exato conteúdo.[4]

Daí a advertência de Bandeira de Mello:

> ..., para o desate do problema é insuficiente recorrer a notória afirmação de Aristóteles, assaz de vezes repetida, segundo cujos termos a igualdade consiste em tratar igualmente os iguais e desigualmente os desiguais. Sem contestar a inteira procedência do que nela se contêm e reconhecendo, muito ao de ministro, sua validade como ponto de partida, deve-se negar-lhe o caráter de termo de chegada, pois entre um e outro extremo serpeia um fosso de incertezas cavado sobre a intuitiva pergunta que aflora ao espírito: Quem são os iguais e quem são os desiguais?[5]

Diante de tal situação torna-se imperioso estabelecer quais são os critérios necessários para alcançar uma igualdade material, representada por uma equivalência no mundo empírico ou, em se tratando de processo, no bojo do próprio processo. Na Linguagem de Paulo Lucon

> No processo, a isonomia revela-se na garantia de tratamento igualitário das partes, que deve ser vista não apenas sob o aspecto formal, mas também (e principalmente) analisada sob o prisma

---

[3] Bonavides, 2004, p. 376.
[4] Oliveira Neto (no prelo).
[5] Bandeira de Mello, Malheiros, 2001, p. 10-11.

substancial. A paridade das partes no processo tem por fundamento o escopo social e político; não basta igualdade formal, sendo relevante a igualdade técnica e econômica, pois elas também revelarão o modo de ser do processo.[6]

Como, entretanto, estabelecer tais critérios distintivos aptos a gerar a igualdade material?

Já tivemos a oportunidade de aduzir,[7] de forma um pouco mais ampla do que a seguir se explana, que uma proposta bastante interessante é a formulada pelo eminente jurista Celso Antonio Bandeira de Mello[8] ao estudar o conteúdo jurídico do princípio da igualdade. Três seriam os enfoques passíveis de exame para identificar a ocorrência de eventual desrespeito ao princípio da isonomia:

a) a primeira diz com o elemento tomado como fator de desigualação;
b) a segunda reporta-se à correlação lógica abstrata existente entre o fator erigido em critério de discrímen e a disparidade estabelecida no tratamento jurídico diversificado;
c) a terceira atina à consonância desta correlação lógica com os interesses absorvidos no sistema constitucional e destarte juridicizados.[9]

Numa aplicação efetiva do princípio da razoabilidade, o primeiro fator para identificar desrespeito a isonomia, que estaria no critério adotado como discrímen, deve ser analisado à luz daquilo que seja razoável para a situação concreta. Assim, se a lei estabelece que somente mulheres poderão prestar concurso público para merendeira, não há justificativa razoável no discrímen, uma vez que tal tipo de atividade pode ser normalmente desenvolvida por ambos os sexos. Entretanto, se um concurso público para estivador exige a altura mínima de um metro

---

[6] Lucon, 1999, p.97.
[7] Oliveira Neto, *idem*.
[8] Bandeira de Mello, 2001, p. 21.
[9] *Idem*, p. 21.

e meio, nada haverá de arbitrário no discrímen, na medida em que para desenvolver tal atividade é necessária certa compleição física.

O segundo critério adotado diz respeito ao exame da relação de adequação existente entre o discrímen e o fator de desigualdade. Assim, se no exemplo apresentado, relativo ao concurso para estivador, a altura mínima fosse de um metro e noventa, com certeza haveria infração à isonomia, na medida em que uma pessoa de um metro e oitenta reúne compleição física suficiente para exercer a atividade.

Por fim, o terceiro critério adotado deve estar em consonância com os interesses ditados pelo sistema constitucional, ou seja, deve respeitar os valores impostos pela ordem jurídica, como a dignidade da pessoa humana.

Uma vez respeitados os critérios anteriormente traçados não haverá desrespeito ao Princípio da Isonomia, já que

> (...) a constatação da existência de discriminações, por conseguinte, não é suficiente para a definição de respeito ou de ofensa ao princípio da isonomia, pois, como se viu, em determinadas situações à discriminação empreendida, longe de contraditar, realiza o preceito constitucional...[10]

Traçado o hodierno perfil da isonomia material, vejamos algumas hipóteses de sua aplicação prática na legislação infraconstitucional, em especial nas normas processuais civis.

2. ISONOMIA E PROCESSO CIVIL

Sendo a isonomia um dos princípios constitucionais que dá base a todo o sistema jurídico, salta aos olhos que este valor deve estar inserto em todas as normas de natureza processual, sob pena da inconstitucionalidade da norma.

Aliás, ao tratar do princípio do devido processo legal em seu aspecto processual, ensina Nelson Nery Junior que ele abarca o ideal de igualdade entre os litigantes, asseverando que "Especificamente quanto ao processo civil, já se afirmou ser manifestação

---

10 Araujo e Nunes Júnior, 2003, p. 97.

do *due process of law*: a) a igualdade das partes; b) a garantia do *jus actionis*; c) o respeito ao direito de defesa; d) o contraditório."[11]

Daí a dificuldade em eleger os aspectos que doravante serão tratados, razão pela qual se efetivou a opção de apresentar algumas questões bastante intrigantes sobre a igualdade no bojo do processo, que para a doutrina foram e continuam sendo palco para debates fervorosos, sem que se tenha perspectiva de pacificação de pensamento.

Vejamos, assim, alguns aspectos pragmáticos da aplicação do princípio da isonomia.

2.1. Foro do domicílio da mulher para as ações de separação (art. 100, I)

O art. 100, inciso I, do CPC, estabelece que o foro da residência da mulher é o competente para a propositura da ação de separação judicial, divórcio e de anulação de casamento; excepcionando a regra geral de que o foro competente seria o do domicílio do réu.

Como tal redação foi determinada pela Lei nº 6.515, de 26 de dezembro de 1977, portanto anterior à Constituição de 1988, muito se debate, seja na doutrina, seja na jurisprudência, se o preceito foi ou não recepcionado pela nova ordem jurídica. Seria a regra contrária aos arts. 5º, I, e 226, § 5º, da Constituição; e, portanto, inconstitucional?

Para obter uma resposta adequada a tal questão, mister se faz a aplicação dos três critérios antes delineados, estabelecendo-se a razoabilidade do discrímen, sua pertinência ao fator de desigualdade e sua consonância com o sistema constitucional.

Nesse passo, podemos notar que a razão de existir da regra se prendeu, quando da sua edição, ao fato de que a mulher estava em situação social inferior a do homem. Séculos de submissão à vontade do pai ou do marido, numa sociedade eminentemente patriarcal, fizeram com que a mulher tivesse inúmeras dificuldades no momento da separação, o que justificava o discrímen com a finalidade de obter o equilíbrio entre as partes.

---

11 Nery Junior, 1992, p. 37.

Atualmente, porém, cremos que não é mais razoável a manutenção de tal fator de diferenciação. Passados 30 anos da Lei do Divórcio, a sociedade é outra. A mulher está inserida no mercado de trabalho e tem as mesmas oportunidades que os homens para desenvolver-se física, psíquica e mentalmente. Por que, então, dispensar tratamento diferenciado a ambos?

Ademais, a manutenção da norma no sistema infraconstitucional, com a devida vênia, representa verdadeiro menosprezo à mulher, pois a considera, em certa medida, inferior ao homem, já que necessita de um foro especial para litigar quando da sua eventual separação.

Destarte, o fator de discriminação não é razoável e o art. 100, I, do CPC, não está em consonância com os arts. 5º, I, e 226, § 5º, da Constituição Federal; razão pela qual se verifica desrespeito ao princípio da isonomia, sendo inconstitucional o referido preceito.

2.2. Prazo diferenciado para a Fazenda Pública e para o Ministério Público (art. 188)

Embora sejam inúmeros os preceitos que tratem de fixar prazos diferenciados para a Fazenda Pública e para o Ministério Público, um dos artigos mais polêmicos do CPC acerca do tema é o art. 188, que estabelece o prazo em quádruplo para contestar e em dobro para recorrer.

Acerca deste comando legal existem duas posições antagônicas: uma sustenta que o artigo representa uma prerrogativa da Fazenda e do Ministério Público, enquanto a outra sustenta que se trata de um privilégio a ambos concedido; sendo que a distinção não é apenas de ordem semântica.

A primeira posição sustenta que o advogado particular, quando assoberbado de serviço, pode recusar-se a patrocinar determinada causa; enquanto a Fazenda e o Ministério Público estão obrigados a atuar em todos os feitos em que exercem sua atribuição. Daí a necessidade de tratar de modo desigual no processo tais seguimentos, para permitir que eventual excesso de serviço não venha a prejudicar sua atuação, acarretando a perda de prazo próprio.

Já os defensores da segunda posição sustentam que não existe justificativa para que a Fazenda Pública e o Ministério Público gozem de tal privilégio. Isso porque cabe ao Estado prestar os serviços ou *munus* públicos de forma eficaz, devendo contratar mais servidores para exercer as atividades onde há carência de pessoal.

Após várias tentativas de alteração da redação do artigo, debatidas nas esferas legislativa[12] e jurisdicional, prevaleceu o texto original do CPC de 1973; que está em consonância com o teor da Súmula nº 116,[13] do STJ, que implicitamente admite o critério distintivo como não infringente à igualdade material.

A discussão acerca do tema, entretanto, está longe de terminar. Isso porque tramita na Câmara dos Deputados o Projeto de Lei nº 61/2003 (número na Câmara: PL 4331/2001), que simplesmente revoga o art. 188, fazendo com que a Fazenda e o Ministério Público não mais tenham prazos diferenciados.

Em sua justificativa o autor do projeto, deputado Roberto Batochio, argumenta que:

> O projeto que ora apresento tem por objetivo retirar de nosso ordenamento jurídico um resquício dos tempos da ditadura, que é o de tratar a Fazenda Pública de modo privilegiado em relação ao particular. Evidentemente, em determinadas situações o modo de tratar não só pode como deve ser diferente. Todavia quando as duas partes estão em plano processual, não vejo porque uma parte deva ter prevalência sobre a outra. Nos dias atuais não há motivo algum para que a Fazenda Pública, assim como o Ministério Público, a que se referem o art. 188 do CPC, tenham o privilégio de ter prazo em quádruplo para contestar e em dobro para recorrer. Os ônus decorrentes das lides forenses têm de ser arcados por todos, sejam as partes particulares, Fazenda pública ou Ministério Público. Tal mudança, contudo, causaria bastante transtorno para as partes que deixariam de gozar desse prazo tão prolongado. Os órgãos teriam, evidentemente, que se adaptar à nova legislação. Por tal

---

[12] Negrão, 2007, p. 306. A nota do art. 188: 2 apresenta a evolução das alterações textuais mediante medidas provisórias e suas impugnações perante o Supremo Tribunal Federal.

[13] Súmula nº 116. A Fazenda Pública e o Ministério Público têm prazo em dobro para interpor agravo regimental no Superior Tribunal de Justiça.

motivo, proponho que esta lei, depois de aprovada, entre em vigor apenas um ano após a sua publicação, dando assim tempo suficiente para que tanto a Fazenda quanto o MP a ela se amoldem.[14]

Por seu turno, concordando com a justificativa do projeto, o relator, deputado Alceu Colares, proferiu voto no seguinte sentido:

> Nunca entendemos o porquê de certas partes, no que concerne aos atos processuais, terem privilégios em detrimento de outras. O princípio da isonomia, garantido constitucionalmente como cláusula pétrea (art. 5º), não dá guarida a qualquer tipo de privilégio a quem quer que seja. "A lei deve tratar igualmente tanto quando concede benefícios, confere isenções, outorga vantagens, quanto quando impõe sacrifícios, multas, sanções. (Celso Ribeiro Bastos e Ives Gandra Martins – Comentários à Constituição do Brasil, vol. 2) Num estado democrático de direito, como o nosso se diz fundamentar, o privilégio estatal, no que concerne aos prazos processuais, tem resquícios de feudalismo ou de estados totalitários, ou remonta à época em que as classes dominantes (no absolutismo) detinham indesculpáveis privilégios. E esses tratamentos desiguais, discriminadores, somente levam ao descrédito das instituições. Quando lembramos que o conjunto altamente qualificado de representantes da fazenda pública ou do Ministério Público é numeroso, deixamos de entender os motivos que podem ser levantados para dar este privilégio processual, ofendendo o princípio da isonomia, tão sobejamente propalado. Há que se aprovar, portanto, a Proposição.[15]

Das opiniões dos parlamentares é possível extrair que o discrímen, hodiernamente, não se apresenta mais como razoável ou em consonância com os valores matrizes do Estado Democrático de Direito, sendo o caso da sua eliminação do sistema, na medida em que fere o princípio da isonomia constitucional.

Não obstante, entendendo que o discrímen ainda é razoável e compatível com o sistema constitucional, mas que não guarda a devida adequação com o fator de desigualdade, o Governo apresentou proposta de alteração, mitigando a amplitude dos prazos previstos com a seguinte redação:

---

[14] Disponível em http://www.direitoprocessual.org.br. Acesso em 25 nov. 2007.
[15] Idem.

> Art. 188. Computar-se-á em dobro o prazo para contestar, quando a parte for a Fazenda Pública ou o Ministério Público, ou estiver assistida pela Defensoria Pública. Parágrafo único. O prazo em dobro não se aplica quando houver prazo destinado especificamente à Fazenda, ao Ministério Público ou à Defensoria Pública.

Em meio a tanta polêmica preferimos cerrar fileira com os que entendem que, em face da atual realidade brasileira, há necessidade de instituir tratamento diferenciado para a Fazenda e para o Ministério Público, situação compatível com o Estado Democrático de Direitos, mas que não há adequação entre o discrímen e o fator de desigualdade. Isso porque os entes públicos devem estar aparelhados para prestar um serviço de excelência, o que ainda não acontece em alguns setores do Estado. Uma alteração abrupta nesta situação poderia gerar o caos, sendo pequeno o prazo de um ano para que possa ocorrer uma adaptação adequada ao novo sistema proposto.

O art. 188, do CPC, portanto, na redação atual, fere o princípio da isonomia, devendo ocorrer uma adequação entre o discrímen eleito e o fator de desigualdade, com a aprovação da nova redação proposta pelo governo. Posteriormente, num segundo momento, com o Estado já devidamente organizado, será outra a realidade, momento em que será possível a supressão por inteiro do prazo diferenciado.

2.3. Prazo em dobro para os litisconsortes (art. 191)

De estrutura e com finalidade semelhantes à situação anterior é a regra constante do art. 191, do CPC, que concede aos litisconsortes com procuradores diferentes prazo em dobro para contestar, recorrer e falar nos autos. Trata-se de preceito que visa permitir uma melhor distribuição do tempo para os procuradores das partes que, em tese, não teriam o mesmo prazo que o patrono do litigante único para examinar os autos e elaborar sua resposta.

Se tal distinção era justificável quando da edição do código, em 1973, cremos que atualmente ela não pode mais ser considerada razoável. Ocorre que houve uma revolução sem tamanho quanto à atividade desenvolvida entre aquele momento e o presente, provocada pela informática. Se no passado era necessário ir ao fórum, estudar o processo e sentar à frente da máquina de escrever para datilografar toda a petição, hoje a situação é bastante diversa. Os computadores pessoais guardam bancos de petições, que agilizaram e racionalizaram sobremaneira o serviço, sendo bastante reduzido o prazo necessário para a elaboração de uma peça.

Ademais, não há mais necessidade, como diziam os antigos, de "baixar a biblioteca" numa pesquisa de jurisprudência. Basta clicar um botão ou acessar um *site* especializado para que se tenha, em segundos, o panorama das decisões relativas a determinado tema em todo o Brasil.

Não bastasse, a partir da entrada em vigor da Lei nº 11.419, de 19 de dezembro de 2006, que dispôs sobre a informatização do processo judicial, já existem alguns órgãos jurisdicionais onde o processo é virtual, ou seja, não se materializa em papel, mas apenas em meios eletrônicos. Nestes casos o acesso é total e imediato, sendo que as petições podem até ser encaminhadas via internet, sem que o advogado saia do seu escritório.

Diante desta nova realidade, pois, cada vez mais ampla, como sustentar que há necessidade de prazo em dobro se o acesso ao feito pode ser simultâneo? Não mais se justifica a eleição de um discrímen para a hipótese, infringindo a norma o princípio constitucional da isonomia.

2.4. Contestação com preliminar em procedimento sumário

Não se trata, na presente hipótese, de analisar se o tratamento desigual de uma determinada regra está ou não em consonância com o princípio da isonomia, mas sim de observar como uma omissão por parte da lei pode infringir o princípio.

Trata-se da hipótese na qual, em procedimento de rito sumário, o réu apresenta contestação que deduz preliminar, na forma do art. 301, do CPC. Nessa situação, pela estrutura do procedimento, deverá o autor manifestar-se sobre a preliminar na própria audiência, para que, em seguida, possa o juiz proferir sentença ou, se necessária à produção de provas, sanear o processo e designar data para a instrução do feito no prazo de até 30 dias.

Resta claro que, nesta hipótese, não terá o autor prazo razoável para analisar a preliminar suscitada e deduzir suas razões para que não seja ela acolhida, situação que ainda será pior se a preliminar estiver acompanhada de algum documento.

Como se vê, o tratamento dispensado às partes se o rito for seguido à risca acaba por gerar um desequilíbrio no processo e, com isso, uma quebra da situação de paridade que devem gozar. É necessário, daí, como soi ocorrer em todas situações semelhantes, que uma decisão judicial restabeleça o equilíbrio que a própria norma deveria estabelecer, sob pena de cercear a atuação da parte e, por conseqüência, gerar nulidade processual. Deve o magistrado, portanto, aplicar os três critérios já tratados e proferir decisão que, em face do caso concreto, restabeleça o equilíbrio processual.

Assim, se a preliminar for pueril e baseada em argumentos tão fracos que puder ser de plano repelida, ou se o advogado se declarar em condição de manifestar-se de imediato, nada impede que isso aconteça. Caso contrário, haverá necessidade de conceder ao autor prazo para se manifestar, o que poderá ser feito pela aplicação analógica do art. 31, parágrafo único, da Lei nº 9.099/1995 (juizados especiais).

A concessão de prazo para que o autor se manifeste sobre a preliminar é discrímen que se apresenta bastante razoável na hipótese concreta, sendo adequado para equilibrar o tratamento conferido às partes no processo e, com isso, eliminar o fator de desigualdade. Também é conduta que está em consonância com o sistema constitucional, na medida em que permite que o contraditório se desenvolva regularmente, sem que ocorra infringência ao princípio da ampla defesa. Em suma, pois, trata-se de discrímen que se demonstra necessário para a efetivação do princípio da isonomia.

2.5. Penhora de imóvel do fiador (Lei nº 8.009/1990, art. 3º, VII)

O tema ora tratado, como é notório para todos, tem sido objeto de imensa controvérsia, gerando debates entre os que militam na área e os interessados no assunto, tanto que freqüentemente os jornais veiculam notícias acerca da polêmica, que reside em aferir se o imóvel do fiador, em que pese à proibição expressa do art. 3º, VII, da Lei nº 9.099/1995, pode ser considerado impenhorável.

Cabe notar, inicialmente, que se trata de regra que excepciona o art. 1º, do mesmo diploma, instituidor do bem de família *ex lege*, desde que preenchidos os requisitos determinados por lei. Por isso, enquanto o bem pertencente ao locatário é impenhorável na hipótese de art. 1º, o bem pertencente ao seu fiador, mesmo que preencha os requisitos legais, poderá ser objeto de constrição e posterior alienação para o pagamento da dívida oriunda da locação.

Manuseando o instrumento até aqui empregado, ou seja, os critérios necessários para aferir se o discrímen é ou não contrário ao princípio da isonomia, a resposta deve ser no sentido de que ocorre violação à igualdade material.

Ora, a única razão plausível pela qual o imóvel pertencente ao fiador possa ser penhorado está na garantia do locador de que receberá o valor devido. Não há qualquer benefício para o locatário ou para o próprio fiador decorrentes da exceção prevista em lei. Portanto, tendo em vista que o locador possui outros meios de obter garantia de eventual não adimplemento, como fiança bancária, depósito de vários meses de aluguel e alienação de outros bens que não o imóvel de família, dentre outros; não é razoável que a lei tenha criado tal distinção em prejuízo daquele que se dispõe a garantir o adimplemento de terceiro.

Tratar locador e fiador de forma diferente, portanto, fere o princípio da isonomia, sendo a norma contrária ao sistema constitucional vigente, que prega a dignidade da pessoa humana, situação que não existirá se esta for despojada dos bens essenciais à sua existência.

3. CONCLUSÃO

1. O princípio da isonomia, que deve ser sempre observado sob seu aspecto material ou substancial, apresenta-se como um dos princípios fundamentais do Estado Democrático de Direito, sem o que não seria possível implementar os valores protegidos pela Constituição Federal.
2. Para que a isonomia material seja efetivamente respeitada e atingida, é necessário, muitas vezes, que a própria lei ou a decisão judicial criem uma distinção entre os sujeitos para obter, no caso concreto, a igualdade entre eles.
3. Tal distinção, seja legal, seja judicial, deve respeitar três critérios gerais e preestabelecidos que são: a) o discrímen deve ser razoável em face do caso concreto; b) deve existir uma exata pertinência, ou adequação, entre o fator de diferenciação eleito e o fator de desigualdade existente; e c) o diferencial deve estar em consonância com o sistema constitucional.
4. A utilização dos três critérios supradescritos, como se demonstrou, constitui instrumento eficaz para aferir se uma regra, ou uma decisão judicial, respeitam ou não o princípio da isonomia e, portanto, se são ou não inconstitucionais.

4. BIBLIOGRAFIA

Araujo, Luiz Alberto David e Nunes Júnior, Vidal Serrano. *Curso de Direito Constitucional*. 7ª ed. São Paulo: Saraiva, 2003.

Bandeira De Mello, Celso Antonio. *Conteúdo jurídico do princípio da igualdade*. 3ª ed. São Paulo: Malheiros, 2001.

Barroso, Luís Roberto. *A nova interpretação constitucional*. Rio de Janeiro: Renovar, 2003.

Bonavides, Paulo. *Curso de Direito Constitucional*. 14ª ed. São Paulo: Malheiros, 2004.

Canotilho, J. J. Gomes. *Direito Constitucional e Teoria da Constituição*. 7ª ed. Coimbra: Almedina, 2006.

Dinamarco, Cândido Rangel. Execução civil. São Paulo: Malheiros.

Guerra Filho, Willis Santiago. 4ª ed. Processo constitucional e direitos fundamentais. São Paulo: RCS, 2004.

Lima Guerra, Marcelo. Direitos fundamentais e a proteção do credor na execução civil. São Paulo: RT, 2003.

Lopes, João Batista. Manual de Direito processual civil. vols. 1 e 2. São Paulo: Atlas, 2007.

Lucon, Paulo Henrique dos Santos. Garantia de tratamento paritário das partes, in Garantias constitucionais do processo. Coord. Cruz e Tucci, José Rogério. São Paulo: RT, 1999.

Negrão, Theotônio. Código de Processo Civil e legislação processual em vigor. 39ª ed. São Paulo: Saraiva, 2007.

Nery Junior, Nelson. Princípios do processo civil na Constituição Federal. São Paulo: RT, 1992.

Oliveira Neto, Olavo de. A defesa do executado e dos terceiros no processo de execução. São Paulo: RT, 2000.

_____ Novas perspectivas da execução civil, in Execução no processo civil – Novidades e Tendências. Coord. Sergio Shimura. São Paulo: Método, 2005.

_____. Os meios executivos e a real efetividade das ações afirmativas. In Estudos em homenagem ao Professor Arruda Alvim. (no prelo)

_____. Manual da monografia jurídica. São Paulo: Quartier Latin, 2007.

Silva, Fernanda Duarte Lopes Lucas da. Princípio constitucional da igualdade. Rio de Janeiro: Lúmen Júris, 2003. p. 33.

Theodoro Júnior, Humberto. A execução da sentença e a garantia do devido processo legal. Rio de Janeiro: Aide, 1987.

http://www.direitoprocessual.org.br

PRINCÍPIO DO JUIZ NATURAL

*Olivar Augusto Roberti Coneglian**

> **Sumário**: Introdução. 1. Breve histórico. 2. Conceito. 3. Duplo aspecto. 4. Elementos. 4.1. Legitimidade. 4.2. Autonomia. 4.3. Imparcialidade. 4.4. Igualdade. 4.5. Imperatividade. 5. Casuística. 6. Conclusão. 7. Bibliografia.

INTRODUÇÃO

O princípio do juiz natural pode ser visto como uma manifestação do Estado Democrático de Direito, e tem suas bases nos princípios da imparcialidade, da legitimidade, e da igualdade sendo que, normalmente, é exteriorizado sobre um duplo aspecto: a proibição de tribunais *ad hoc* ou de exceção e a necessidade de o julgamento ser proferido por um juiz competente.

Contudo, para saber se o princípio em questão está sendo, ou não, respeitado, necessária a análise mais profunda do sistema jurídico. É preciso se desprender dos elementos gráficos e verificar, por intermédio até mesmo de um ponto de vista sociológico, se está sendo respeitado o seu núcleo.

Nessa linha, o que se procura por meio do presente texto é apresentar o princípio e mostrar que a sua violação passa por questões relevantes que, geralmente, são apresentadas pela doutrina sob outro enfoque ou ponto de referência.

Assim, o que se fará não é somente ver se um caso deve ser julgado por um juízo predeterminado, mas se esse juízo tem autonomia, competência, legitimidade e força para tomar a decisão.

---

* Juiz de Direito no Estado de Mato Grosso do Sul. Graduado pela Faculdade de Direito da Universidade Federal do Paraná e Mestre em Direito Constitucional pela ITE/Bauru.

1. BREVE HISTÓRICO

O princípio do juiz natural pode ter suas origens buscadas desde a época medieval em que, em determinados regramentos, o indivíduo só poderia ser julgado pelas pessoas da vizinhança, referindo-se que só se faria justiça se o caso fosse analisado por seus pares.

Por outro ângulo, em relação a previsões em textos constitucionais, e analisando-se agora o constitucionalismo americano, o princípio pode ser encontrado tanto na *Petition of Rights*, de 1627, como no *Bill of Rights*, de 1688, sendo que, nesses casos, só é apresentado em sua visão unidimensional de não permitir tribunais de exceção. A partir da Declaração de Direitos do Bom Povo da Virgínia, de 1776, o princípio passou a ser analisado não só como proibição de um tribunal de exceção, mas também como a obrigatoriedade de o caso ser julgado por pessoas predeterminadas por regras abstratas.

Na França a primeira previsão constitucional ocorreu no art. 4º, do Capítulo V, do Tit. III, da Constituição de 3 de setembro de 1791: *"Les citoyens ne peuvent être distraits des juges que la loi leurs assigne par aucunes comissions ni par d'autres atributions et évocations que celles qui sont determinées par les lois."*

No Brasil, por sua vez, o princípio do juiz natural foi adotado já com o seu duplo vértice, desde a Constituição do Império de 1824 (arts. 149 e 179, XI e XII), passando pela Constituição da República dos Estados Unidos do Brasil de 1891 (art. 72, §§ 15 e 23), pela Constituição de 16 de julho de 1934 (art. 113, nºs 25 e 26), e pela Constituição de 1946 (art. 141, §§ 26 e 27).

Na Constituição de 1967, o princípio foi adotado, mas tão-somente no seu enfoque como proibição de juízo de exceção (art. 150, § 15, e art. 153, § 15). A única Carta que não contemplou a adoção do juiz natural foi a de 1937, do Estado Novo, período de ditadura imposta por Getúlio Vargas.

Já na Constituição de 1988 ele foi previsto no art. 5º com os seus dois focos, ou seja, "não haverá juízo ou tribunal de exceção" (XXXVII) e "ninguém será processado nem sentenciado senão pela autoridade competente" (LIII).

Não se pode olvidar que o art. X da Declaração Universal dos Direitos Humanos, de 10 de dezembro de 1948, reza que "toda pessoa tem direito, em plena igualdade, a uma audiência justa e pública por parte de um Tribunal independente e imparcial, para decidir de seus direitos e deveres ou do fundamento de qualquer acusação criminal contra ela".

2. CONCEITO

Trazidas essas breves linhas sobre as previsões constitucionais do princípio do juiz natural, necessário agora que se busque o seu verdadeiro significado.

Para tanto deve-se relembrar que uma das formas de expressão do poder estatal é a jurisdição, pela qual se busca resolver ou solucionar, com base no ordenamento jurídico, os conflitos apresentados ao julgador. No exercício do poder jurisdicional, o julgador apresenta uma decisão e a impõe aos atores do processo; evita-se assim a autotutela e elimina-se da decisão o caráter de mero conselho.

Em conseqüência da existência desse poder, é a necessidade de se apresentarem mecanismos para a segurança dos particulares contra um possível abuso. Nessa linha, uma das formas de respeito aos direitos fundamentais, quando se fala de jurisdição, é a observação do princípio do juiz natural.

Contudo, o conceito de juiz natural não implica, necessariamente, o estabelecimento do Poder Judiciário como órgão único de jurisdição. O Poder Judiciário existe primordialmente para julgar, e sua atividade constitui a jurisdição ordinária. Todavia essa atividade não lhe é exclusiva; o princípio do juiz natural está "e deve estar" presente sempre que há um julgamento de determinado caso por um órgão com poderes cuja investidura, que deve ser de acordo com o ordenamento constitucional, ocorreu previa e abstratamente, e de forma geral. Sendo assim, também se enquadram dentro do conceito de juiz natural os casos de julgamentos feitos perante os outros poderes (jurisdição especial ou extraordinária) como, por exemplo, o disposto no art. 52, I, da CF, em que o presidente da República é processado perante o Senado Federal. É de se considerar ainda que o art. 5º, LIII, da CF não faz distinção sobre qual tipo de processo é assegurado pelo princípio ora mencionado, além de não apresentar nenhuma ressalva no sentido de que o processo deve ser entendido somente como o procedimento que corre perante o Poder Judiciário. Ao estabelecer que "ninguém será processado nem sentenciado senão pela autoridade competente", a Constituição determina que o princípio do juiz natural seja aplicado tanto ao processo civil como ao processo penal, ou ainda em processos de natureza jurídico-política, e até mesmo nos procedimentos administrativos disciplinares.

Dessa forma, e tendo em conta também que princípios, por si sós, são muito mais do que meras diretivas, constituindo-se verdadeiros portadores das premissas da ordem constitucional que devem ser consideradas dentro de um sistema, é aí que o princípio do juiz natural deve ser visto, junto com os princípios do devido processo legal, da isonomia, da inafastabilidade da jurisdição, do impulso oficial, do contraditório, da publicidade dos atos judiciais e da motivação das decisões judiciais, dentre outros, como verdadeira garantia contra eventual abuso estatal quando passa a julgar determinados casos.

Na verdade, existem autores que até mesmo entendem que todos os princípios aqui mencionados, inclusive o objeto deste estudo, derivam de um único princípio mais amplo, o do devido processo legal. O efetivo processo legal deverá ser isento, seguindo o princípio do contraditório, e as decisões ali tomadas deverão ser fundamentadas e públicas, lançadas por um juízo competente e previamente designado. Nessa linha, o que se deve ter em mente é que todos esses princípios se complementam como uma garantia da própria jurisdição.

Ada Pellegrini Grinover, Antonio Scarance Fernandes e Antonio Magalhães Gomes Filho, em relação ao processo penal, afirmam até mesmo que "o juiz natural é condição para o exercício da jurisdição. Sem ele, a própria relação processual não pode nascer, é apenas aparente, é um não-processo. Estamos, aqui, inquestionavelmente, perante um verdadeiro pressuposto de existência do processo".[1]

De tudo isso deriva que a idéia do juiz natural encontra-se estritamente ligada à idéia e à existência do Estado Democrático de Direito, servindo contra eventual autoritarismo que pretenda se justificar por meio do Judiciário.

O princípio do juiz natural elimina o seguinte abuso: que a escolha do ente julgador, pessoa ou órgão, bem como a decisão que esse venha a tomar, não se dê de acordo com o sistema constitucional, mas sim de acordo com a conveniência do detentor do poder.

Necessário se faz deixar registrado que o princípio em estudo pode também, por vezes, ser encontrado sob os nomes de princípio do juízo legal, princípio do juiz constitucional ou princípio da naturalidade do juiz. Contudo, apesar de os nomes serem postos como sinônimos, é certo que a alternativa gráfica de denominação pode levar a interpretações e conclusões diversas sobre o seu significado como, por exemplo, o princípio do juiz constitucional, que poderia ser entendido como sendo aquele que é designado exclusivamente pela Constituição. Para que não se gerem dúvidas, neste estudo será utilizada a sua denominação tradicional, a de princípio do juiz natural.

3. DUPLO ASPECTO

Feita a apresentação, necessário agora se destacar um ponto que já foi mencionado anteriormente, qual seja, o de que o princípio do juiz natural apresenta uma dupla função, ou um duplo aspecto. O primeiro é o de que por ele está vedado o julgamento por um tribunal de exceção (art. 5º, XXXVII, da CF), e o segundo que é garantido a todos o julgamento por uma autoridade competente (art. 5º, LIII, da CF).

Tribunal de exceção deve ser considerado aquele que é criado ou designado (quando já existe) para julgar determinado caso específico, sem que antes exista previsão nesse sentido, subtra-

---

[1] Grinover; Fernandes e Gomes Filho, 2001, p. 46.

indo o poder do órgão constitucionalmente previsto. Proíbem-se, assim, tribunais extraordinários criados após os fatos, como se proíbe a transferência da causa por avocação, sem previsão legal antecedente. É assim uma garantia da coletividade que, por vezes, se concretiza em alguns indivíduos, para evitar julgamentos viciados no que diz respeito ao aspecto político ou sociológico. Também se manifesta a violação a este aspecto do princípio do juiz natural quando, mesmo existindo previamente o órgão julgador, para ele são designadas pessoas não investidas de acordo com o ordenamento constitucional.

O segundo aspecto do princípio do juiz natural, de que o julgamento deve se dar por uma autoridade competente, demonstra que, ocorrida determinada situação violadora da ordem jurídica, os participantes, por meio da análise da organização do sistema constitucional e legal, já podem, ao menos abstratamente, saber como e por qual órgão ou juízo serão julgados. Evita-se a designação de um julgador de modo subjetivo.

Nesse sentido se concebe a competência como sendo a medida da jurisdição de cada julgador, eis que

> a necessidade de divisão de trabalho entre os juízes leva a limitar a atividade de cada um, tendo em vista uma determinada área territorial, ou a natureza das questões a serem decididas, ou a qualidade das pessoas, interessadas no litígio, ou o tipo especial de atividade que o juiz é chamado a desenvolver em determinado processo.[2]

Ada Pellegrini Grinover, Antonio Scarance Fernandes e Antonio Magalhães Gomes Filho lecionam que, seguindo determinado *iter*, é possível se chegar ao juízo competente. Seguem os autores o seguinte caminho:

> a) competência de jurisdição (qual a Justiça competente?); b) competência hierárquica (competente o órgão superior ou inferior?); c) competência de foro (qual a comarca, ou seção judiciária, competente?); d) competência de juízo (qual a vara competente?); e) competência interna (qual o juiz competente?); f) competência recursal (competente o mesmo órgão ou um superior?).[3]

---

[2] Barbi, 1999, p. 290.

[3] *Op. cit.*, p. 44.

No Brasil, em regra, a competência jurisdicional e funcional é dada pela Constituição, ao passo que a competência territorial é determinada pela legislação infraconstitucional. Também é de se considerar que

> o legislador constituinte, em primeiro plano, e o congressual, em complementação àquele, acham-se investidos da prerrogativa de dispor acerca da partilha de atribuições internas do Judiciário, seja criando ou modificando os órgãos da Justiça Federal (comum e especiais) e da Justiça dos Estados-membros da federação.[4]

Contudo, há que se destacar que, impreterivelmente, a competência só pode ser fixada por lei ou pela Constituição, não sendo constitucionais os casos em que há criação de Varas ou Secções Judiciárias por atos internos dos tribunais.

4. ELEMENTOS

Seguindo a idéia de que o princípio do juiz natural apresenta esse duplo aspecto, ou função, é possível que dentro dele se localizem alguns outros elementos. Contudo, quando se faz a análise desses outros elementos, se conclui que o princípio em estudo é bem maior do que a sua visão inicial dualista. É ele um instrumento que, como já dito, permite saber se se está diante de um Estado Democrático de Direito.

E com a análise desses elementos será possível saber se esse juízo preestabelecido está cumprindo suas funções constitucionais.

Por outro lado, há que se destacar que o que agora se denomina elementos do princípio do juiz natural aparece normalmente como princípios independentes tanto na legislação como na doutrina. Ocorre que, se o princípio em estudo não estiver em consonância com os outros que serão agora destacados, ele não estará sendo respeitado, o que comprova, mais uma vez, que o sistema deve ser analisado como um todo, e que as interpretações devem procurar a integração dos mesmos. Destaca-se que o

---

4 Castro, 2005, p. 306.

ponto de vista apresentado parte do princípio do juiz natural para os outros que o integram automaticamente.

Isso não significa que o princípio do juiz natural não tenha relação com outros princípios e elementos que não serão agora destacados; mas sim que, se em um caso concreto não estiverem presentes os elementos agora a serem destacados, o princípio em estudo não estaria sendo observado.

Não basta tão-somente saber se existe um órgão de julgamento para questões patrimoniais de particulares, mas sim um órgão com independência, que tenha autonomia para solucionar e julgar questões de interesses maiores como, por exemplo, a inconstitucionalidade de determinada lei, e a possibilidade de impedir a prática de determinado ato ilegal pelo administrador.

E se tudo isso não bastasse, necessário ainda que se tenha um julgador imparcial.

Então, pela análise desses elementos, o que se verificará é que a possibilidade de se ferir o princípio do juiz natural é muito mais sutil do que simplesmente se pensar na eventual criação de tribunais de exceção, ou não ser o processo distribuído a um julgador por um critério que não objetivo, genérico e impessoal.

A violação do princípio pode acontecer tanto por meio de mecanismos e subterfúgios que venham a ferir o núcleo do julgamento, com a criação de leis ou atos que venham a "amarrar" os veredictos, como também por atos que procurem atingir o julgador, não só nas garantias do cargo, mas principalmente na violação da instituição à qual pertence.

Isso faz com que determinado caso que é apresentado para julgamento, mesmo que venha a ser analisado por um juízo previamente estabelecido, este, sem a liberdade para analisá-lo, acaba tendo a sua convicção suprimida por uma imposição.

Sendo assim, afirma-se que para a observação do princípio do juiz natural, o julgador deve: 1. ser legítimo; 2. ser autônomo; 3. ser imparcial; 4. dar igualdade de oportunidade às partes; e 5. ser imperativo.

Dessa forma, o juiz natural, a par de estar designado previamente, e ser competente para o caso concreto, deve conter em si estes elementos.

E mais, esses elementos, quando analisados, acabam se complementando, sendo que um está estritamente ligado ao outro, não sendo possível aplicar cada um de forma isolada. Ou se pensa no princípio do juiz natural com todos os seus elementos, ou não se pensa nele.

4.1. Legitimidade

Analisando o juiz natural voltado agora diretamente para o Poder Judiciário, e considerando o primeiro elemento que complementa o princípio em estudo, legítimo é o julgador que é investido de sua função com base no ordenamento constitucional e na legislação infraconstitucional. Um magistrado, por exemplo, só pode ser uma pessoa que venha a ser aprovada em concurso público de provas e títulos (art. 93, I, da CF), ou que venha a ser indicado para os tribunais estaduais e regionais pelo quinto constitucional (art. 94 da CF), ou para o cargo de ministro nos tribunais superiores (arts. 101 e 104 da CF).

A legitimidade não se faz presente somente em decorrência da forma com que o julgador é incorporado à instituição; a questão é mais profunda. Note-se que o Legislativo e o Executivo também são compostos por membros que assumiram a função seguindo os regramentos da Constituição, mas em relação a eles existe o fator integralizador, que é a chancela pela vontade popular presente no sufrágio.

A partir daí, a dúvida que surge é: qual o fator que diferencia o Judiciário dos outros poderes, e que o faz ser importante dentro da estrutura estatal? Respondendo essa pergunta, estar-se-á dizendo qual é o fator legitimador do Judiciário.

E aqui, se pode dizer que a legitimação dos membros do Judiciário se encontra basicamente na racionalidade e na justeza da decisão, sendo que o padrão de justiça não pode se originar do próprio julgador, mas sim dos valores da Constituição em consonância com os anseios da sociedade no momento histórico social em que uma decisão é tomada.

Nos dizeres de Clèmerson Merlin Clève, "justiça e racionalidade; aqui se encontram os fatores legitimadores da atuação jurisdicional do Estado Democrático de Direito".[5]

E mais, à medida que o julgador fundamenta sua decisão, o que se está permitindo é que a sua atividade seja analisada e, dessa forma, possa efetivamente ser considerada legítima. Apresenta-se aqui o fenômeno antagônico da jurisdição: a medida em que fundamenta a decisão, permite por outro lado o seu controle. Luiz Guilherme Marinoni, sobre o ponto, expõe que:

> Não basta o juiz estar convencido – deve ele demonstrar as razões do seu convencimento. Isso permite o controle da atividade do juiz pelas partes ou por qualquer cidadão, já que a sentença deve ser o resultado de um raciocínio lógico capaz de ser demonstrado mediante a relação entre o relatório, a fundamentação e a parte dispositiva.[6]

Dessa forma, para se pensar em um julgador legítimo, necessário é que se analise o princípio do juiz natural em consonância com outros princípios estabelecidos na Constituição, como o da fundamentação das decisões, o da racionalidade e o da justeza.

4.2. Autonomia

Pensando-se agora no segundo elemento acima referido – autonomia –, e tendo em conta que o julgador não pode se afastar de apreciar qualquer caso que lhe seja apresentado (art. 5º, XXXV, da CF), necessário que a pessoa ou o órgão que irá realizar o julgamento esteja de tal forma equilibrado, que não venha a sofrer pressões externas que maculem sua decisão.

Não foi por outro motivo que a Constituição de 1988 conferiu autonomia ao Judiciário em relação aos outros poderes. E essa autonomia se revela tanto no aspecto institucional, que procura

---

5 Clève, 1993, p. 300.
6 Marioni, 2006, p.104.

proteger o Judiciário como um todo "orgânico-administrativo e financeiro",[7] como no aspecto funcional, que procura preservar a autonomia dos membros do ou dos órgãos de decisão do Judiciário.

A autonomia institucional está garantida pelo art. 96 da CF que prevê o autogoverno, a auto-administração, a iniciativa legislativa e a auto-administração financeira (art. 99 da CF).

Já a autonomia funcional está garantida pelo art. 95 da CF que dispõe que os membros do Judiciário são vitalícios, inamovíveis, têm irredutibilidade de vencimentos, e estão proibidos de exercer outra função, salvo uma de magistério.

Sendo assim, a autonomia passa a ser uma condição de independência e imparcialidade dos membros do Judiciário.

O que se conclui é que atos que procuram acabar com a independência do Judiciário, como Poder, impedindo que o mesmo tenha condições físicas e financeiras, bem como atos arbitrários que afastam determinado julgador de um caso por estar ele supostamente contrariando interesses maiores, podem ser lidos como atitudes que estão ferindo o princípio do juiz natural.

Do exposto até o momento, para que se preserve o princípio do juiz natural, necessário que o julgamento não seja feito por um tribunal de exceção; o órgão julgador deve ser autônomo e competente para analisar a matéria, sua decisão tem que ser fundamentada e lançada de acordo com os valores alicerçados na Constituição.

4.3. Imparcialidade

Não basta ser legítimo e ter autonomia. O julgador que toma a decisão tem que ser imparcial, sendo então esse o terceiro elemento complementador do princípio do juiz natural.

Necessário deixar claro, contudo, que o juiz, como ser humano, não é neutro; nele, como em qualquer outra pessoa, se encontram elementos irracionais e ideológicos que transparecem de maneira camuflada nas decisões. Nos dizeres de Calamandrei

---

[7] Silva, 2004, p. 576.

"é difícil para o juiz encontrar o ponto de equilíbrio do justo entre o espírito de independência em relação aos outros e o espírito de humildade em relação a si mesmo".[8]

Contudo, apesar de não ser neutro, necessário que a pessoa responsável pelo julgamento faça um esforço para tentar controlar suas impressões pessoais, afastando assim a irracionalidade em busca de um processo intelectual. O julgador deve tentar se despir de seus (pré)conceitos para, ao analisar o caso que se apresenta, trazer ao mesmo a solução justa de acordo com o ordenamento jurídico-constitucional. Assim, o campo a ser percorrido pelo julgador para tomar uma decisão não é o dos seus instintos, mas o da racionalidade, e isso por meio do devido processo legal, com a permissão da realização de provas, culminando com uma decisão fundamentada.

Para a observação do princípio do juiz natural não é necessário que a pessoa seja um ente imparcial por natureza, imune de qualquer influência externa e que já não tenha certa convicção sobre a questão de Direito em debate. Não deve o juiz ser um indiferente, mas sim uma pessoa que aprecia os argumentos e provas produzidas, e procura compreender a sociedade e os valores trazidos no ordenamento constitucional em confrontação com o momento social, para então dar uma solução ao caso.

O ideal é que o julgador que assume uma posição ideológica tente solucionar o caso sem que sua ideologia macule a solução; mas que tome a decisão pautada nos valores constitucionais. O que não pode ocorrer é simplesmente omitir ou camuflar essa ideologia, para buscar a contrariedade aos valores pregados pelos princípios constitucionais.

Não é por outro motivo que a legislação prevê alguns casos de impedimento (art. 134 do CPC e art. 252 do CPP), ou de suspeição (art. 135 do CPC e art. 254 do CPP) do magistrado, justamente para evitar não que o julgador não seja uma pessoa neutra ideologicamente, mas impedir sim que ele seja diretamente interessado na causa em análise.

---

[8] Calamandrei, 2000, p. 289.

4.4. Igualdade

Dentro da imparcialidade já vista anteriormente o julgador não pode preterir qualquer uma das partes envolvidas; ele deve tratá-las com igualdade que, por sua vez, é o quarto elemento que integra o princípio do juiz natural.

A igualdade deve ser de tratamento, para possibilitar que os envolvidos no litígio tenham acesso a iguais mecanismos dentro do processo. Igualdade essa que é suprimida tão-somente quando da decisão pois, assim, por um mecanismo racional, se determinará que uma parte deverá, ou não, se submeter aos interesses da outra, ou à vontade estatal.

Não é o caso aqui de querer se esgotar a igualdade, que é um dos princípios fundamentais dentro de um Estado Democrático de Direito, mas sim colocar que essa, não só no aspecto formal, mas também material, deve ser observada pelo julgador.

Assim, se uma decisão for tomada por um juízo competente, legítimo, autônomo, imparcial e que preserve a igualdade de oportunidade para as partes, certamente se verá observado o princípio do juiz natural. Mas, para tanto, necessário se verificar ainda um último ponto, qual seja, o de que a decisão seja exeqüível, ou que tenha efetiva autoridade.

4.5. Imperatividade

Semanticamente imperatividade é o caráter do imperativo, ou seja, do que ordena. Nada adiantaria se o julgador não pudesse impor a sua decisão não só para as partes envolvidas na ação, mas também para todas as pessoas que pudessem ser atingidas pelo julgamento.

Na medida em que uma decisão não precisa ser cumprida, ou não pode ser imposta, ela deixa de ser uma manifestação da jurisdição para ser um mero conselho, ou um direcionamento.

Nesse sentido, o que há de se considerar é se a imperatividade das decisões se faz presente não só diante de casos em que se analisam interesses disponíveis de particulares, mas também se há cumprimento da mesma quando se declara uma lei inconstitucional, ou se adapta essa lei à Constituição, ou se criem regras no caso de omissão dos Poderes Legislativo e Executivo.

Um caso que é apresentado a um julgador previamente estabelecido por critérios objetivos e impessoais, mas que não tenha força de imposição para fazer cumprir as suas decisões, é o mesmo que não ter um juízo. Por outro lado, se as decisões tiverem essa carga de obrigatoriedade, não sendo consideradas mera sugestão, ou orientação para os envolvidos, e forem observados todos os pontos acima narrados se estará, provavelmente, diante de um Estado Democrático de Direito e, por sua vez, se observando o princípio do juiz natural.

5. CASUÍSTICA

Trazidos os conceitos, passa-se agora a mencionar alguns casos que poderiam gerar dúvida se estão, ou não, ofendendo o princípio do juiz natural, e que cotidianamente são levados aos tribunais para solução. E aqui é possível mencionar a criação das justiças especializadas, dos casos de competência relativa, dos mutirões, de conexão e continência, prevenção e, também, da prova emprestada.

De plano pode-se colocar que

> não violam o princípio do juiz natural as modificações de competência, imediatamente aplicadas, contidas em leis regularmente promulgadas, visto que naquele princípio não se encerra nenhuma regra de direito intertemporal. Também as substituições previstas em lei, os desaforamentos ou a prorrogação de competência não entram em colisão com a garantia, desde que se realizem dentro do que estritamente vem previsto em lei.[9]

Assim, tanto as denominadas justiças especializadas, como a criação de varas especializadas, não podem ser consideradas juízo de exceção, eis que formadas pela própria Constituição e demais leis de organização judiciária, sem a utilização de critérios subjetivos. O que se tem é mera divisão da atividade jurisdicional com o fim de se agilizar os processos. Canotilho discorre

---

9 Marques, 1977, p. 446.

sobre o assunto, e denomina as justiças especializadas de "reservas especiais da jurisdição"; para ele o exercício da jurisdição através "das 'reservas especiais' perante a reserva geral nem sempre é fácil. Por outro lado, as 'reservas especiais' não têm de ser 'reservas absolutas', podendo a lei deferir, por motivos razoáveis a competência do julgamento de certas questões a instâncias jurisdicionais diferentes".[10]

Tal afirmação de que a existência de justiças especializadas, ou a criação de varas especializadas não fere o princípio em análise não estaria correta se essa medida fosse realizada por forma que não a autorizada em lei. Necessário que essa criação ocorra por lei, afastando assim a possibilidade de subjetivismo e o comprometimento da imparcialidade.

Também não ofende o princípio em estudo os casos de competência relativa, eis que nessas hipóteses se está diante de direitos disponíveis das partes, de tal sorte que, apesar de existir uma competência preestabelecida, essa pode ser alterada ou prorrogada por acordo das partes, ou por inércia, quando se deixa de argüir a exceção de incompetência (art. 112 do CPC).

Dúvida poderia existir em relação aos mutirões que são feitos para o julgamento dos casos que se acumulam. Geralmente esses mutirões são designados quando se observa a extrapolação do que se considera razoável em relação ao número de processos, ou ao seu tempo de duração. Desta forma, colocando-se em análise conjunta os princípios do juiz natural e o da duração razoável do processo, faz-se uma opção pela solução que busque uma resposta mais rápida para o litígio. Essa questão não é nova, tanto que Carnelutti já escrevia sobre a fungibilidade dos membros do Judiciário.

Dizia o autor italiano:

> Desde já, reconhece-se que tal substituição constitui um inconveniente para o bom resultado do processo, porque se bem que o oficial substituinte terá os conhecimentos necessários para o exercício de sua função por meio dos documentos do processo, sobre-

---

[10] Canotilho, 2003, p. 676-677.

tudo, é evidente que o conhecimento mediato que assim pode obter não tem eficácia do conhecimento imediato. Este é um inconveniente que, geralmente, tem de ser tolerado para evitar um excessivo aumento do custo e da duração do processo.[11]

Esta, inclusive, é a posição dos STJ (REsp nº 389516/PR, Rel. Min. José Arnaldo da Fonseca, DJ 09/06/2003 – REsp 858794, Rel. Min. Humberto Gomes de Barros, DJ 10/09/2007) e do STF (HC 82548/SE, Rel. Min. Carlos Veloso, j. 03/12/2002 – AI-AgR 413423/PR, Rel. Min. Gilmar Mendes, DJ 19/12/2002).

O Supremo Tribunal Federal também vem decidindo que não fere o princípio em análise os casos de conexão ou continência, em que um dos co-réus tiver prerrogativa de função (Súmula nº 704); e também a prevenção do relator ou do juiz quando este já praticou medida judicial resultante do mesmo processo (HC 84.635-1/SP, Rel. Min. Marco Aurélio – HC 83.090-1/RJ, Rel. Min. Ellen Gracie, DJ 19/09/2003).

Interessante também notar que o princípio do juiz natural tem sido colocado em debate para a análise da possibilidade de utilização de prova emprestada. "A garantia constitucional do contraditório – ao lado, quando for o caso, do princípio do juiz natural – é o obstáculo mais freqüentemente oponível à admissão e à valoração da prova emprestada de outro processo" (STF/RE 328.138-1/MG, Rel. Min. Sepúlveda Pertence, j. 16/09/2003), o que comprova, como já explorado anteriormente, que o princípio agora analisado pode ser violado não só pela ofensa direta dos elementos gráficos que o definem.

6. CONCLUSÃO

O princípio do juiz natural é visto originariamente sobre o seu duplo aspecto, ou seja, o julgamento de um caso deve ocorrer por uma autoridade competente e que não tenha sido investida dessa função por meio de um tribunal de exceção.

Ocorre que, como é um princípio integrador de um sistema, ele deve ser confrontado e conformado com outros princípios, o

---

[11] Carnelutti, 2000, p. 292.

que lhe dará sustentação e permitirá saber se está, efetivamente, sendo observado.

Nesse sentido, para saber se o princípio do juiz natural está sendo efetivamente respeitado, não basta tão-somente verificar a presença ou a observação dos seus dois aspectos. A questão é muito mais sutil e profunda. Deve-se observar se o julgador, mais do que previamente designado e com competência para analisar o caso, se tem legitimidade, autonomia, imparcialidade, e é igualitário para tomar suas decisões, as impondo a seguir.

Legítimo é o julgador que é investido na função de acordo com o ordenamento constitucional e toma suas decisões fundamentadamente por meio de um processo racional e justo, de acordo com os valores da Constituição; a autonomia, por sua vez, se verifica tanto em relação à instituição que o julgador pertence, quanto a sua pessoa, não podendo ser ele interessado na causa, ou estar sofrendo pressões e influências que venham a macular e manipular a decisão; imparcial não é o julgador neutro ideologicamente, mas sim aquele que decide não com base nos seus instintos, mas sim lastreado nas provas e nos elementos apresentados para o caso; igualitário, por sua vez, é o juiz que dá as mesmas oportunidades processuais às partes para que, então, só após, venha a lançar a sua posição; e, se tudo isso não fosse suficiente, necessário que a decisão que possa vir a ser lançada tenha efetivamente imperatividade, ou seja, que tenha força e seja cumprida, não sendo então mera sugestão ou orientação para os envolvidos.

Presentes os elementos anteriormente mencionados, o que pode se dizer é que o princípio do juiz natural não estará sendo violado em seu núcleo, o que garantirá que se possa ter julgamentos isentos e que venham a refletir efetivamente a intenção do ordenamento constitucional, analisada dentro do momento histórico social.

7. BIBLIOGRAFIA

Barbi, Celso Agrícola. *Comentários ao Código de Processo Civil*. Vol. 1. 10ª ed. Rio de Janeiro: Forense, 1999.

Calamandrei, Piero. *Eles os juízes, vistos por um advogado* (trad. de Eduardo Brandão). São Paulo: Martins Fontes, 2000.

Canotilho, José Joaquim Gomes. *Direito constitucional e teoria da Constituição*. 7ª ed. Coimbra: Almedina, 2003.

Cappelletti, Mauro. *Juízes legisladores?* (trad. de Carlos Alberto Alvaro de Oliveira). Porto Alegre: Safe, 1993.

Carnelutti, Francesco. *Sistema de Direito Processual Civil* (trad. de Hiltomar Martins Oliveira). Vol. 1. 1ª ed. São Paulo: Classic Book, 2000, p. 292.

Castro, Carlos Roberto Siqueira. *O devido processo legal e os princípios da razoabilidade e da proporcionalidade*. 3ª ed. Rio de Janeiro: Forense, 2005.

Clève, Clèmerson Merlin. "Poder Judiciário: Autonomia e Justiça." In: *Revista de Informação Legislativa*. A 30, nº 117, Senado Federal: Brasília, 1993.

Grinover, Ada Pellegrini; Cintra, Antônio Carlos de Araújo e Dinamarco, Cândido Rangel. *Teoria geral do processo*. 21ª ed. São Paulo: Malheiros, 2004.

Grinover, Ada Pellegrini; Fernandes, Antonio Scarance e Gomes Filho, Antonio Magalhães. *As nulidades no processo penal*. 7ª ed. São Paulo: Revista dos Tribunais, 2001.

Marinoni, Luiz Guilherme. *Teoria geral do processo*. São Paulo: Revista dos Tribunais, 2006.

Marques, José Frederico. "Juiz natural." In: *Enciclopédia Saraiva de Direito*. R. Limongi França (coord.), Vol. 46, São Paulo: Saraiva, 1977.

Nery Junior, Nelson. *Princípios do processo civil na Constituição Federal*. 8ª ed. São Paulo: Revista dos Tribunais, 2004.

Silva, José Afonso da. *Curso de Direito Constitucional Positivo*. 23ª ed. São Paulo: Malheiros, 2004.

PRINCÍPIO DA PUBLICIDADE

Nelton Agnaldo Moraes dos Santos[*]

> **Sumário:** 1. O Estado Democrático de Direito e o princípio da publicidade. 2. O princípio da publicidade e a jurisdição. 3. O princípio da publicidade dos atos processuais no Código de Processo Civil. 3.1. Regra e exceções. 3.2. A publicidade da distribuição. 3.3. A publicidade e a revelia. 3.4. A publicidade das audiências. 3.5. A publicidade da sentença. 3.6. A publicidade nos tribunais. 3.7. A publicidade na execução. 4. Outras considerações a respeito da publicidade processual. 4.1. Publicidade parcial do processo. 4.2. As intimações pelo órgão oficial nos processos que tramitam em segredo de justiça. 4.3. O princípio da publicidade e o processo eletrônico.

1. O ESTADO DEMOCRÁTICO DE DIREITO E O PRINCÍPIO DA PUBLICIDADE

A Constituição Federal de 1988, já em seu preâmbulo, anuncia que os representantes do povo brasileiro reuniram-se em Assembléia Nacional Constituinte para instituir um *Estado Democrático*, destinado a assegurar o exercício dos direitos sociais e individuais, a liberdade, a segurança, o bem-estar, o desenvolvimento, a igualdade e a justiça como valores supremos de uma sociedade fraterna, pluralista e sem preconceitos, fundada na harmonia

---

[*] Desembargador Federal no Tribunal Regional Federal da 3ª Região; Mestre em Direito Processual pela Universidade de São Paulo; ex-Juiz de Direito em Mato Grosso do Sul e ex-Promotor de Justiça no Paraná.

social e comprometida, na ordem interna e internacional, com a solução pacífica das controvérsias.

No *caput* do art. 1º, nossa *Lex Magna* reitera que a República Federativa do Brasil, formada pela união indissolúvel dos Estados e Municípios e do Distrito Federal, constitui-se em *Estado Democrático de Direito*; e, no parágrafo único, proclama que todo o poder emana do povo, que o exerce por meio de representantes eleitos ou diretamente, nos termos desta Constituição.

A adoção do modelo *democrático* de governo pressupõe compromisso com alguns vetores fundamentais, sem os quais não se tem, verdadeiramente, uma democracia. De fato, não será autenticamente democrático um Estado que não assegure *liberdade, igualdade, participação e legalidade*.

Não é por outra razão que o art. 5º, *caput*, da Constituição Federal estabelece que todos são *iguais* perante a lei, sem distinção de qualquer natureza, garantindo-se aos brasileiros e aos estrangeiros residentes no País a inviolabilidade do direito à vida, à liberdade, à igualdade, à segurança e à propriedade; e seus incisos I e II dispõem que homens e mulheres são iguais em direitos e obrigações e que ninguém será obrigado a fazer ou deixar de fazer alguma coisa senão em virtude de lei. No mesmo diapasão, o art. 14 da Constituição Federal reza que a soberania popular será exercida pelo sufrágio universal e pelo voto direto e secreto, com valor igual para todos.

Note-se, também, que não terá uma legítima democracia o Estado em que o poder não seja exercido com *transparência* e não conte com *mecanismos de controle* dos atos dos representantes do povo.

De fato, é nos Estados totalitários e despóticos que os governantes praticam atos de poder às ocultas, escudados pela sombra do sigilo e a salvo de qualquer fiscalização. Na democracia, ao revés, a coisa pública é gerida às claras, aos olhos de quem quiser ver. Daí a explicitação, no art. 37 da Constituição brasileira, de que a Administração Pública obedecerá, além dos princípios da legalidade, da impessoalidade, da moralidade e da eficiência, o da *publicidade*.

Dando-se publicidade aos atos dos agentes públicos, confere-se transparência à Administração e propicia-se efetivo controle de sua legalidade e legitimidade. Trata-se, pois, de instrumento fundamental à democracia e ao Estado de Direito.

2. O PRINCÍPIO DA PUBLICIDADE E A JURISDIÇÃO

Os três poderes do Estado – Executivo, Legislativo e Judiciário – praticam atos de administração e subordinam-se, todos, ao princípio da publicidade.

É essencial destacar, outrossim, que a publicidade não diz respeito apenas à gestão administrativa dos órgãos públicos, alcançando também os atos concernentes à atuação típica de cada um dos três poderes do Estado.

Com efeito, na atividade de legislar, o Parlamento também deve nortear-se pela transparência; e diga-se o mesmo em relação ao Judiciário, no tocante à prestação da *jurisdição*.

Não poderia ser diferente. Se a jurisdição é expressão do poder estatal e se o Brasil é um Estado Democrático de Direito, os atos do Poder Judiciário, no exercício de sua principal atividade, devem ser pautados pela publicidade. Seria, mesmo, um despropósito, fonte de desconfiança e de insegurança, admitir que a prestação jurisdicional fosse oferecida em segredo, livre de fiscalização e de controle.

O Judiciário deve resolver os litígios à vista da lei ou, à falta dela, com base nos costumes, valendo-se da analogia ou aplicando os princípios gerais de direito (CPC, art. 126). Assim, não há razão para que o faça em segredo; e para que se possa acompanhar a atuação do Poder Judiciário no desempenho de seu mister, dá-se publicidade a seus atos.

Ademais, a publicidade propicia um julgamento independente e imparcial, traduzindo-se, destarte, em garantia da reta aplicação da lei. Prestada a jurisdição publicamente, os destinatários do provimento e – por que não dizer – a sociedade como um todo contam com eficiente escudo contra arbitrariedades e abusos.

Nessa ordem de idéias, o inciso LX do art. 5º da Constituição Federal dispõe que a lei só poderá restringir a *publicidade* dos atos processuais quando a defesa da intimidade ou o interesse social o exigirem; e o inciso IX do art. 93, na redação dada pela Emenda Constitucional nº 45/2004, estabelece que todos os julgamentos dos órgãos do Poder Judiciário serão *públicos*, e fundamentadas todas as decisões, sob pena de nulidade, podendo a lei limitar a presença, em determinados atos, às próprias partes e a seus advogados, ou somente a estes, em casos nos quais a preservação do direito à intimidade do interessado no sigilo não prejudique o interesse público à informação.

Por aí se vê, sem qualquer dificuldade, que a regra é a da *publicidade dos atos processuais*, constituindo exceção a tramitação do feito em sigilo, admitido apenas em casos em que o exija o interesse social ou a proteção à intimidade do interessado.

3. O PRINCÍPIO DA PUBLICIDADE DOS ATOS PROCESSUAIS NO CÓDIGO DE PROCESSO CIVIL

3.1. Regra e exceções

O princípio da publicidade dos atos processuais ganhou *status* constitucional em 1988, mas anteriormente já vinha consagrado na legislação ordinária. O Código de Processo Civil de 1939 revelava-o nos arts. 5º e 19, parágrafo único; e o Código de 1973 estampa-o em diversas passagens. A regra da publicidade é prevista no art. 155:

> Art. 155. Os atos processuais são públicos. Correm, todavia, em segredo de justiça os processos:
>
> I – em que o exigir o interesse público;
>
> II – que dizem respeito a casamento, filiação, separação dos cônjuges, conversão desta em divórcio, alimentos e guarda de menores.
>
> Parágrafo único. O direito de consultar os autos e de pedir certidões de seus atos é restrito às partes e a seus procuradores. O terceiro, que demonstrar interesse jurídico, pode requerer ao juiz certidão do dispositivo da sentença, bem como de inventário e partilha resultante do desquite.

Em razão do princípio da publicidade, as audiências e sessões, nos fóruns e tribunais, são acessíveis ao público em geral, salvo nas hipóteses de tramitação em segredo de justiça. Com a mesma ressalva, os autos dos processos podem ser consultados e examinados por qualquer pessoa, em cartório, independentemente de requerimento. Além disso, fora das hipóteses dos incisos do art. 155, o escrivão do feito é obrigado a fornecer certidões dos atos e termos do processo a quem solicitar, não lhe cabendo condicionar o cumprimento da norma a despacho judicial.

Assim, o parágrafo único do art. 155 deve ser interpretado no sentido de que seu alcance limita-se aos processos que tramitam sob sigilo, pois nos demais são livres a consulta e o exame dos autos em cartório, bem assim é amplo o direito à obtenção de certidões.

As exceções à regra são aquelas previstas nos incisos do art. 155.

O inciso I alude ao segredo de justiça exigido pelo interesse público. Trata-se, sem dúvida, de fórmula genérica, cabendo ao juiz traduzi-la em face das peculiaridades do caso e por meio de decisão motivada. Encaixam-se nesse dispositivo, por exemplo, as demandas cuja publicidade possa comprometer a defesa nacional ou a manutenção da ordem pública; também as que, acessíveis ao público em geral, possam colocar em risco a própria efetividade da jurisdição, como nas hipóteses dos arts. 815 e 841 do Código de Processo Civil; ou, ainda, as que envolvam situações que, sendo expostas, submetam ou possam submeter as partes a humilhação, vexame ou constrangimento.

Já o inciso II do artigo exclui da regra da publicidade ampla os processos que digam respeito a casamento, filiação, separação dos cônjuges, conversão desta em divórcio, alimentos e guarda de menores. Aqui, o objetivo da norma é proteger o direito à intimidade. A lei zela pelo respeito à dignidade da pessoa e da família, de modo que se possa tratar desses delicados temas ao largo do olhar de terceiros.

Ocorrendo qualquer dessas exceções, adota-se o sistema da *publicidade restrita* ou *interna*, ou seja, o direito ao exame dos autos, ao acompanhamento das audiências e sessões e à obtenção de certidões é conferido apenas às partes e a seus procuradores.

Cumpre frisar, nesse ponto, que a noção de *parte*, aqui, é ampla, abrangendo o terceiro interveniente. Da mesma forma, não há razão para restringir-se o pleno acesso do Ministério Público aos feitos em que lhe couber oficiar.

As exceções previstas no art. 155 acomodavam-se bem à redação original da Constituição Federal de 1988. Com o advento, porém, da já referida Emenda Constitucional nº 45, de 8 de dezembro de 2004, cresceu o prestígio do princípio da publicidade. Agora, na conformidade do atual texto constitucional, o direito à intimidade cede diante do interesse público à informação. Assim, ainda que, em princípio, fosse caso de preservar a intimidade da parte, cumprirá ao juiz aferir, no caso concreto, se existe interesse público à informação; sendo positiva a resposta, ele não decretará o segredo de justiça.

É importante salientar que a inovação constitucional entrou em vigor em 31 de dezembro de 2004, data da publicação da Emenda Constitucional nº 45, aplicando-se inclusive aos processos em curso. Nestes, portanto, o decreto de sigilo pode ser revogado pelo juiz, caso haja interesse público à informação.

Também é fundamental destacar que os *advogados* possuem as prerrogativas de: examinar, em qualquer órgão do Poder Judiciário, autos de processos findos ou em andamento, mesmo sem procuração, quando não estejam sujeitos a sigilo, assegurada a obtenção de cópias e podendo tomar apontamentos; e retirar autos de processos findos, mesmo sem procuração, pelo prazo de dez dias (Lei nº 8.906/1994, art. 7º, XIII e XVI).

Observe-se que, na conformidade da lei, o advogado desprovido de instrumento de mandato não tem nem mesmo o direito de consultar autos submetidos a sigilo. Ainda que não se trate de segredo de justiça, o advogado sem procuração não possui a prerrogativa de retirar autos de processos *em andamento*. Justamente por isso, para obter as cópias a que tiver direito, deverá ele solicitar a respectiva extração pela própria serventia, arcando com os correspondentes custos. Essas regras estão, aliás, em perfeita consonância com os incisos I a III do art. 40 do Código de Processo Civil.

Quanto ao *estagiário* de advocacia, o inciso I do § 1º do art. 29 do Regulamento Geral do Estatuto da Advocacia e da OAB assegura-lhe o direito de, isoladamente – mas sob a responsabilidade do advogado ao qual estiver vinculado –, retirar e devolver autos em cartório. Tal possibilidade é restrita aos estagiários inscritos na OAB e, evidentemente, aos casos em que o advogado possa praticar o mesmo ato. Daí a legítima exigência, feita por escrivães e chefes de secretaria, de que, para retirar autos de processos em andamento, o estagiário possua procuração, já que, sem ela, nem o advogado poderia retirá-los.

3.2. A publicidade da distribuição

O art. 251 do Código de Processo Civil estabelece que todos os processos estão sujeitos a registro, devendo ser *distribuídos* onde houver mais de um juiz ou mais de um escrivão.

O art. 252, por sua vez, dispõe que será *alternada* a distribuição entre juízes e escrivães, obedecendo a rigorosa *igualdade*. A distribuição é feita por *sorteio*, salvo quando o processo deva ser distribuído por *dependência* a determinado juízo, nas hipóteses do art. 253.

O critério do sorteio é adotado como forma de consagração do princípio do *juiz natural*. Nem o Estado-juiz e tampouco as partes podem escolher livremente o juízo perante o qual o feito haverá de tramitar; a sorte é que o elegerá.

A distribuição poderá ser *fiscalizada* pela parte ou por seu procurador (CPC, art. 256). O poder de fiscalização é mera manifestação do *princípio da publicidade* e visa a evitar burlas ao princípio do juiz natural.

Embora o Código estabeleça o poder de fiscalização apenas em prol da parte e de seu procurador, a distribuição dos processos não sujeitos a sigilo pode ser acompanhada por qualquer pessoa.

No passado, a distribuição era feita por sorteio manual, em audiência aberta, acessível às partes, aos advogados e ao público em geral. Atualmente, dependendo dos recursos tecnológicos de que se disponha no foro ou tribunal, o ato é praticado eletronicamente, mediante programa de computador que observe os princípios da igualdade, da alternatividade e do sorteio, cumprindo ao magistrado distribuidor assegurar o respeito ao poder de fiscalização das partes e dos procuradores, bem como, mais amplamente, ao princípio da publicidade.

Nos *tribunais* não é diferente. Segundo o art. 548 do Código de Processo Civil, far-se-á a distribuição de acordo com o Regimento Interno do tribunal, observando-se os princípios da *publicidade*, da alternatividade e do sorteio. Não há alusão expressa, no mencionado dispositivo legal, ao princípio da igualdade, mas isso nem se faz necessário, pois ele resulta naturalmente do da alternatividade e, ademais, a norma geral do art. 252 do Código alcança, evidentemente, todas as instâncias do Poder Judiciário.

3.3. A publicidade e a revelia

Ninguém duvida de que o maior e principal *efeito da revelia* é a presunção de veracidade das alegações de fato formuladas pelo autor na petição inicial (CPC, arts. 285, 319 e 803, *caput*).

Não se pode, porém, olvidar de um outro efeito da revelia, por muitos qualificado como secundário ou menor. Trata-se do *curso dos prazos independentemente de intimação*, aplicável ao revel que não tenha patrono nos autos (CPC, art. 322, *caput*).

A regra é plenamente justificável. Se o réu, citado, comparecer no processo e, mesmo sem apresentar resposta ao pedido inicial, noticiar a constituição de advogado para acompanhar o feito, fará jus a ser intimado das decisões que forem tomadas, bem assim de outros atos a respeito dos quais deva ser cientificado. Se, todavia, o réu quedar-se completamente inerte e nem sequer constituir patrono nos autos, os prazos correrão independentemente de intimação, a partir da *publicação* de cada ato decisório.

É bastante comum, no cotidiano forense, afirmar-se que essa ou aquela decisão "já foi proferida, mas que se aguarda sua *publicação no Diário da Justiça*". De rigor, o que se costuma chamar de "publicação" no órgão oficial é apenas a forma usual de *intimação* das partes que possuam advogado constituído no processo, ou seja, cuida-se de um ato de comunicação, geralmente destinado a deflagrar os respectivos prazos recursais. Propriamente *publicada* – isto é, tornada pública – a decisão já estará, repita-se, desde o momento em que for juntada aos autos e entregue em cartório ou secretaria, tornando-se acessível a qualquer do povo ou, nos casos de segredo de justiça, a quem dela puder tomar conhecimento.

Desse modo, é a partir da publicação em cartório que correm os prazos para o revel sem patrono nos autos. Ainda que "publicada" a decisão no órgão oficial, tal providência servirá apenas para a intimação do autor e, ainda assim, se do ato não houver tomado ciência anteriormente. Por sua vez, o réu revel sem advogado constituído será considerado intimado no instante em que houver sido juntada aos autos e publicada em cartório a decisão proferida.

Observe-se, ainda, que, apesar de o Código aludir à publicação de cada "ato decisório", a regra do art. 322, *caput*, é aplicável também aos despachos que confiram às partes prazos para outras manifestações além dos recursos. Por exemplo: o despacho que determina a intimação das partes para pronunciarem-se acerca do laudo pericial não tem cunho decisório, mas sua publicação em cartório basta para que tenha início, em relação ao revel sem patrono nos autos, o curso do prazo concedido pelo juiz.

Por último, ressalve-se que, especificamente em relação aos *acórdãos* dos tribunais, os prazos recursais para o revel sem advogado nos autos são contados da publicação no órgão oficial (CPC, art. 506, inciso III; ver item 3.6 deste trabalho, *infra*).

3.4. A publicidade das audiências

O Código prevê, no rito ordinário, duas audiências: a preliminar, de que trata o art. 331; e a de instrução e julgamento, disciplinada nos arts. 447 a 457. No rito sumário também estão previstas duas audiências: a preliminar, prevista no art. 277; e a de instrução e julgamento, regulada pelos arts. 278, § 2º; 279; 280, inciso II; 281 e, subsidiariamente, pelos arts. 450 a 457.

Além dessas audiências, o juiz pode realizar outras, a qualquer tempo, para tentar conciliar as partes (CPC, art. 125, inciso IV) ou para interrogá-las sobre os fatos da causa (art. 342). Também é permitida a designação de audiência de justificação, quando necessária para decidir-se sobre pedido de antecipação dos efeitos da tutela (art. 461, § 3º). O Código concebe, ainda, a realização de audiência de justificação no processo cautelar (art. 804) e em alguns procedimentos especiais, como o das demandas possessórias (art. 928 e 929), o da nunciação de obra nova (art. 937) e o dos embargos de terceiro (art. 1.050, § 1º). A todas elas se aplicam as disposições dos arts. 444 a 446 do Código de Processo Civil.

Precisamente no art. 444, o Código estabelece que a *audiência será pública*, realizando-se a portas fechadas somente nos casos de que trata o art. 155. Assim, não tramitando o feito em segredo de justiça, qualquer pessoa, ainda que sem interesse direto ou indireto na causa, pode assistir à audiência e acompanhar todos os atos que nela se praticam.

É evidente que o espectador tem apenas o direito de *assistir*, não podendo manifestar-se ou intervir de qualquer modo. O objetivo da norma é apenas o de assegurar que o ato não se realize às ocultas, de modo que se pudessem lançar suspeitas sobre a lisura da atuação judicial.

Para garantir o maior acesso possível, recomenda-se que a sala de audiências permaneça com as portas abertas durante a realização do ato. Vale, porém, observar que, às vezes, a necessidade de evitar que um depoente ouça o depoimento do outro determina que as portas fiquem encostadas, sem chave. O importante é permitir o acesso a quem pretenda fazer-se presente à audiência.

Nos casos de tramitação em segredo de justiça, adota-se o sistema da publicidade restrita ou interna, ou seja, o acompanhamento das audiências é conferido apenas aos sujeitos do contraditório – partes, terceiros intervenientes e Ministério Público, conforme o caso – e a seus procuradores.

Se devia ser pública, mas foi realizada em sigilo, a audiência é nula; a Constituição Federal é expressa nesse sentido (art. 93, IX). Se, no entanto, realizou-se a portas abertas audiência que exigia segredo, a nulidade só será decretada a pedido de alguma das partes e, ainda, se restar comprovado efetivo prejuízo decorrente da infração à regra do art. 444.

No mais das vezes, as audiências acabam sendo realizadas com a presença somente dos interessados e dos que a ela foram intimados. Com certa freqüência, comparecem estagiários de Direito, no cumprimento de dever acadêmico. Raramente se vê o mero espectador, aquele cujo interesse é apenas o de acompanhar, na qualidade de cidadão, a prática dos atos processuais.

Alguns processos, no entanto, ganham repercussão e geram curiosidade. Nesses casos, se for muito grande o número de interessados em acompanhar a audiência, ou se houver pedido de autorização para a documentação do ato por equipe de jornalistas, como deve o juiz proceder?

A lei não trata expressamente dessas questões. Cabe, pois, ao juiz, orientado pelo princípio da publicidade e pela finalidade do ato, disciplinar caso a caso. Se, por exemplo, o número de interessados em acompanhar a audiência for maior do que a capacidade do recinto, pode o juiz limitar o ingresso à sala a determinada quantidade de pessoas. Recomenda-se, na hipótese, que o magistrado atente para as condições de segurança de que dispõe e adote critério objetivo, transparente e equilibrado para a definição das pessoas que terão acesso às dependências onde se realiza a audiência.

Questão bem mais delicada é a que se refere ao ingresso, na sala de audiências, de equipe de reportagem. Os jornalistas podem ter seu acesso negado, mesmo nos casos em que o processo não tramite em segredo de justiça? Em princípio, nada impede que a audiência seja registrada; o Código não proíbe que se grave, filme ou fotografe a audiência. Apesar disso, se o juiz entender que tais ações podem comprometer a finalidade do ato, esta deve ser preservada. Assim, se a presença dos jornalistas, com seus equipamentos, causar constrangimento ou inibição a quem estiver prestando declarações ou depoimento, é melhor que se proteja a boa colheita da prova e o perfeito esclarecimento dos fatos. O ideal, porém, é que se procure harmonizar o interesse de a imprensa bem informar com a necessidade de realizar a melhor instrução possível.

3.5. A publicidade da sentença

O art. 463 do Código de Processo Civil proclama que, *publicada* a sentença, o juiz só poderá alterá-la para corrigir, de ofício ou a requerimento da parte, inexatidões materiais, para retificar erros de cálculo ou por meio de embargos de declaração, recurso destinado à eliminação de obscuridade, contradição ou omissão eventualmente existente no provimento jurisdicional.

Em outras palavras, enquanto não publicada, a sentença pode ser alterada pelo juiz; não, porém, quando já se houver tornado pública, salvo nas hipóteses previstas no art. 463.

Assim como ocorre com as decisões em geral, a sentença será considerada *publicada* no exato momento em que for juntada aos autos e entregue em cartório ou secretaria, tornando-se acessível a quem dela puder ter ciência (ver item 3.3, *supra*).

Uma vez publicada na serventia, a sentença sujeita-se ao princípio da invariabilidade, previsto no art. 463. Vale ressaltar, outrossim, que, quando a sentença é proferida em audiência, na mesma oportunidade as partes são intimadas (CPC, art. 242, § 1º), ou seja, nessa hipótese coincidem, no tempo, a publicação e a intimação; e, tendo sido realizadas as devidas intimações para comparecimento à audiência e se em tal oportunidade a sentença for proferida, o prazo recursal será contado a partir de então, observado, é claro, o disposto no art. 184 e seus parágrafos (CPC, art. 506, inciso I).

Em sua redação original, o art. 463 do Código aludia apenas à sentença "de mérito" e afirmava que, ao publicá-la, o juiz cumpria e acabava o ofício jurisdicional. A Lei nº 11.232/2005 modificou o art. 463, eliminando as expressões "de mérito" e "cumpre e acaba o ofício jurisdicional".

A supressão da expressão "de mérito" acolhe velho reclamo da doutrina, que sem dissenso e com total acerto afirmava que o princípio da invariabilidade também se aplica às sentenças *terminativas*, isto é, aquelas que não resolvem o mérito da causa (CPC, art. 267).

Quanto à expressão "cumpre e acaba o ofício jurisdicional", sua retirada do texto legal harmoniza-se com o novo conceito legal de sentença, lançado no inciso I do art. 162 do Código de Processo Civil, com redação dada também pela Lei nº 11.232/2005. É que, com o advento da referida lei, a sentença deixou de ser o ato por meio do qual o juiz "põe termo ao processo", como constava no inciso I do art. 162. Atualmente, o processo não se extingue com a sentença, prosseguindo depois dela com a eventual fase de liquidação e com a fase de cumprimento (CPC, arts. 475-A e seguintes).

Apesar das modificações que promoveu, a Lei nº 11.232/2005 não afetou, de qualquer modo, o princípio da invariabilidade da sentença. Longe disso, a inovação legislativa reforçou a importância do princípio ao explicitar – na consonância da doutrina – sua aplicabilidade também às sentenças meramente terminativas.

Observe-se, ainda, que o princípio da publicidade da sentença é traduzido, também, pela necessidade de registrá-la em livro próprio. O inteiro teor das sentenças deve constar de livro mantido em cartório, podendo qualquer pessoa requerer e obter certidão, ressalvados, é claro, os casos de sigilo previstos no art.155 do Código.

3.6. A publicidade nos tribunais

Do mesmo modo como se dá em primeiro grau, o *princípio da publicidade* constitui regra também nos tribunais; e as exceções previstas nos incisos I e II do art. 155 incidem, obviamente, em todas as instâncias.

Assim, as sessões de julgamentos dos tribunais serão, em princípio, abertas ao público, aplicando-se os mesmos princípios que regem as audiências (ver item 3.4, *supra*).

Há, porém, algumas regras específicas aos tribunais.

Além do art. 558 do Código de Processo Civil, que dispõe sobre a distribuição dos feitos nos tribunais (ver item 3.2, *supra*), cumpre destacar os arts. 506, 552, 556 e 564.

O art. 552, *caput*, do Código estabelece que o presidente do colegiado designará dia para julgamento, mandando *publicar* a pauta no órgão oficial.

A *publicação da pauta* destina-se, primordialmente, a intimar as partes acerca da designação da sessão; mas a tal finalidade não se restringe, servindo também para dar *publicidade* geral à pauta. Não fosse assim, a publicação no órgão oficial poderia ser dispensada se todas as partes, por meio de seus advogados, tomassem ciência da designação da sessão diretamente nos autos ou por mandado. Não é o que ocorre. Independentemente da intimação dos sujeitos do contraditório, a pauta deve ser publicada no órgão oficial, para conhecimento geral.

É certo que em algumas situações a lei impõe que as intimações sejam feitas pessoalmente (agentes do Ministério Público, defensores públicos etc.). A publicação no órgão oficial não serve para intimar aqueles que possuam a prerrogativa da comunicação pessoal, mas ainda que não se volte à intimação de quem quer que seja, a pauta deve, mesmo assim, ser divulgada no órgão oficial.

Além disso, o § 2º do art. 552 do Código determina a afixação da pauta na entrada da sala em que se realizar a sessão de julgamentos. Essa medida não produz qualquer efeito intimatório e também não se dirige especificamente às partes, valendo, sim, como mais um meio de dar publicidade ao ato.

A primeira parte do art. 556, *caput*, do Código dispõe que, proferidos os votos, o presidente *anunciará o resultado do julgamento*, designando para redigir o acórdão o relator, ou, se este for vencido, o autor do primeiro voto vencedor.

Referida norma consagra, mais uma vez, o princípio da publicidade. A conclusão do julgamento dá-se com a *proclamação do resultado*, pelo presidente do colegiado. Até esse momento, os julgadores poderão alterar seus votos, mas uma vez proclamado o resultado isso já não será possível, pois a decisão terá sido *publicada*.

Como se vê, o *princípio da invariabilidade*, previsto no art. 463 do Código (ver item 3.5, *supra*), aplica-se também aos acórdãos e incide a partir da proclamação do resultado do julgamento, ato equivalente à publicação da sentença em cartório ou secretaria.

É fundamental destacar que a proclamação (= publicação) do resultado do julgamento, na sessão, não vale como intimação, ainda que se encontrem presentes os advogados das partes. Nesse particular, não há correspondência entre os acórdãos e as sentenças (CPC, arts. 242, § 1º, e 506, inciso I; ver item 3.5, *supra*), uma vez que há norma própria a disciplinar o curso dos prazos para a interposição de recursos contra acórdãos.

Deveras, o art. 564 do Código reza que, lavrado o acórdão, serão as suas conclusões *publicadas* no órgão oficial dentro de 10 (dez) dias; e o inciso III do art. 506, que o prazo para a interposição do recurso, aplicável em todos os casos o disposto no art. 184 e seus parágrafos, contar-se-á da data da "*publicação do dispositivo do acórdão no órgão oficial*".

Aqui, mais uma vez vale a ressalva: a publicação ou proclamação do resultado, na sessão, não se confunde com a publicação do dispositivo do acórdão no órgão oficial. Na sessão o resultado do julgamento é, propriamente, *publicado*, isto é, torna-se público e invariável; ao passo que a publicação do dispositivo do acórdão no órgão oficial vale, primordialmente, como *intimação* das partes, ou seja, identifica o termo inicial dos prazos recursais, salvo em relação àqueles que devam ser cientificados pessoalmente.

Sem embargo de tudo isso, os acórdãos deverão sempre ser publicados no órgão oficial, pois além do papel intimatório que lhe é próprio, a providência porta também o objetivo de dar maior *publicidade* ao julgamento.

3.7. A publicidade na execução

Como assinalado de início, a regra é a de que o processo é público. O princípio alcança, naturalmente, a execução, seja ela fundada em título judicial, seja ela baseada em título extrajudicial.

Na execução, o princípio da publicidade encontra sua expressão máxima, com certeza, na fase de alienação dos bens do devedor.

Com efeito, não sendo requerida a adjudicação dos bens por qualquer das pessoas indicadas no art. 685-A do Código de Processo Civil, o exeqüente poderá requerer sejam eles alienados por sua própria iniciativa ou por intermédio de corretor credenciado perante a autoridade judiciária. Trata-se do que a lei chama de *alienação por iniciativa particular* (CPC, art. 685-C).

Não sendo requeridas a adjudicação e tampouco a alienação por iniciativa particular, proceder-se-á à *alienação em hasta pública* (CPC, arts. 686 e seguintes).

Tanto a alienação por iniciativa particular quanto a que se realiza em hasta pública pressupõem que se dê *publicidade* ao ato. Quanto à primeira, o art. 685-C, § 1º, do Código de Processo Civil estabelece que o juiz fixará o prazo em que a alienação deve ser efetivada, a *forma de publicidade*, o preço mínimo, as condições de pagamento e as garantias, bem como, se for o caso, a comissão de corretagem. Quanto à segunda, é precedida da *publicação de editais*, visando a que dela tomem conhecimento eventuais interessados na arrematação dos bens (CPC, art. 686).

Ademais, a própria hasta pública, como o nome já indica, deve ser feita em lugar acessível ao público: a praça (alienação pública de imóveis) realizar-se-á no átrio do edifício do Fórum; o leilão (alienação pública de móveis), onde estiverem os bens ou no lugar designado pelo juiz (CPC, art. 686, § 2º). Em qualquer caso o ato deve ser público, de sorte que a ele possam acorrer todos os que eventualmente pretendam participar do certame ou, mesmo, os que simplesmente desejem presenciá-lo.

Mais do que simplesmente para garantir a transparência do ato expropriatório, a alienação em hasta é assim realizada para possibilitar que se alcance o maior valor possível na arrematação dos bens e, desse modo, cause-se menor gravame ao executado e obtenha-se maior proveito ao exeqüente.

Precisamente para que se atinjam esses objetivos, diz a lei processual que o edital de praça ou de leilão será afixado no local do costume e publicado, em resumo, com antecedência mínima de 5 (cinco) dias, pelo menos uma vez em jornal de *ampla circulação* local, salvo quando o exeqüente for beneficiário da justiça gratuita, quando então a publicação do edital será feita no órgão oficial (CPC, art. 687, *caput*, e § 1º). Atendendo ao valor dos bens e às condições da comarca, o juiz poderá alterar a forma e a freqüência da publicidade na imprensa, mandar divulgar avisos em emissora local e adotar outras providências tendentes à *mais ampla publicidade* da alienação (CPC, art. 687, § 2º). Além disso e sempre com o mesmo propósito, os editais de praça serão divulgados pela imprensa preferencialmente na seção ou local reservado à publicidade de negócios imobiliários (CPC, art. 687, § 3º).

4. OUTRAS CONSIDERAÇÕES A RESPEITO DA PUBLICIDADE PROCESSUAL

4.1. Publicidade parcial do processo

No cotidiano forense, não raras vezes surge uma situação interessante e não regulada especificamente no Código de Processo Civil: trata-se da juntada, em processo público, de documento a respeito do qual se deva guardar sigilo. O processo, em si, não tramita em segredo de justiça, mas determinada peça processual, por sua natureza, não pode ser divulgada.

Exemplo mais freqüente disso é encontrado nas execuções, a cujos autos são acostadas, com freqüência, informações obtidas junto aos cadastros fiscais e bancários do executado. Nesses casos, tais documentos não devem ser acessíveis ao público em geral, mas nem por isso o processo todo deve passar a tramitar em segredo.

De fato, se a regra é a da publicidade, esta deve ser assegurada sempre que for possível, limitando-se o sigilo apenas ao que for indispensável. Assim, cumpre ao juiz dispor sobre a melhor forma de conciliar a regra da publicidade processual com o dever de manter o sigilo das peças que não possam ser divulgadas.

Orientado por esse critério de harmonização de interesses – o público à informação e o particular à intimidade –, o magistrado, como presidente do processo, poderá tomar as providências que se fizerem necessárias, como, por exemplo, determinar que os documentos sigilosos sejam mantidos fora dos autos, aos cuidados do escrivão, que os exibirá somente àqueles a quem o sigilo não possa ser oposto. Outra alternativa é a de manterem-se os documentos sigilosos nos próprios autos, mas em envelope lacrado, passível de abertura somente para vista do interessado e mediante despacho judicial. A forma adotada pelo juiz não é o mais importante; o que se mostra essencial, repita-se, é a conciliação entre o interesse público à informação e o interesse privado ao sigilo, sendo importante destacar que, na impossibilidade de harmonizarem-se tais interesses, há de prevalecer o princípio da publicidade, como resulta do inciso IX do art. 93 da Constituição Federal, na redação dada pela Emenda Constitucional nº 45.

4.2. As intimações pelo órgão oficial nos processos que tramitam em segredo de justiça

Atualmente, a maior parte das intimações, nos processos cíveis, é feita por publicação dos atos no órgão oficial (CPC, arts. 236 e 237), podendo chegar ao conhecimento de qualquer pessoa.

Assim, devem ser adotadas certas cautelas para a publicação, no órgão oficial, de atos concernentes a feitos que tramitem em sigilo, sob pena de comprometer-se a eficácia das normas que tutelam a intimidade. É o que aconteceria se fossem publicados, no órgão oficial, os nomes das partes de um processo de investigação de paternidade, de adoção ou de interdição, por exemplo.

O art. 236, § 1º, do Código de Processo Civil estabelece ser indispensável, sob pena de nulidade, que da publicação constem os nomes das partes e de seus advogados, *suficientes para sua identificação*. A ressalva, no final do dispositivo, autoriza que da publicação constem – além dos dados de identificação do processo e, por inteiro, os nomes dos advogados – apenas *as letras iniciais* dos nomes das partes quando o feito tramitar em segredo de justiça. O ato intimatório não será de qualquer modo irregular, pois terá alcançado sua finalidade e, a par disso, protegido a intimidade das partes.

4.3. O princípio da publicidade e o processo eletrônico

O art. 1º, *caput*, da Lei nº 11.419, de 19 de dezembro de 2006, admite o uso de meio eletrônico na tramitação de processos judiciais, comunicação de atos e transmissão de peças processuais. Dita lei aplica-se, indistintamente, aos processos civil, penal e trabalhista, bem como aos juizados especiais, em qualquer grau de jurisdição (art. 1º, § 1º).

O legislador dedicou especial atenção à *comunicação* dos atos processuais, permitindo, dentre outras coisas, que as intimações e até mesmo algumas citações sejam feitas por meio eletrônico (art. 4º e seguintes). Além disso, autorizou os órgãos do Poder Judiciário a desenvolverem sistemas eletrônicos de processamento de ações judiciais por meio de *autos total ou parcialmente digitais*, utilizando, preferencialmente, a rede mundial de computadores e *acesso* por meio de redes internas e externas (arts. 8º e seguintes).

O envio de petições, de recursos e a prática de atos processuais em geral por meio eletrônico serão admitidos mediante uso de assinatura eletrônica, na forma do art. 1º da Lei, sendo obrigatório o credenciamento prévio no Poder Judiciário, conforme disciplinado pelos órgãos respectivos (art. 2º, *caput*). Diz, mais, a Lei que *ao credenciado* será atribuído registro e meio de *acesso* ao sistema, de modo a preservar o sigilo, a identificação e a autenticidade de suas comunicações (art. 2º, § 2º).

Uma leitura apressada do art. 2º da Lei poderia levar a crer que somente as partes, por meio de seus advogados, serão credenciadas; e que somente elas teriam acesso aos autos digitais. Não deve ser essa a interpretação do dispositivo.

Dúvida não há de que atos processuais como o envio de petições e recursos só poderão ser praticados por quem seja cadastrado; trata-se de formalidade essencial para a garantia da autenticidade do ato e para a segurança do processo.

A *consulta*, porém, aos autos digitais dos processos que não tramitem sob sigilo deve ser permitida mesmo a quem não seja parte ou advogado. O *princípio da publicidade* assim o impõe.

Convém observar que nada impede que os órgãos do Poder Judiciário exijam cadastramento das pessoas que pretendam consultar os autos digitais, pois o que se garante é o acesso e não o anonimato. Nada há de irregular em identificar-se aquele que pretenda consultar ou examinar os autos, digitais ou não. O que não se pode fazer, porém, é restringir o direito de consulta às partes ou a seus advogados, salvo, repita-se, se o feito tramitar sob segredo.

Assim, a expressão "acesso ao sistema", referida pelo § 2º do art. 2º da Lei nº 11.419/2006, concerne à possibilidade de praticar atos processuais, que, naturalmente, é restrita a quem possa fazê-lo. Repita-se, porém, que não é dado extrair desse dispositivo que a consulta dos autos digitais seja restrita às pessoas que possam praticar atos no processo. Em respeito ao princípio da publicidade, a consulta deve ser permitida a quem quer que seja, embora nada impeça que se exija a identificação – por cadastramento – de quem pretenda examinar os autos. Em outras palavras, os advogados cadastrados e habilitados no processo terão um "acesso" mais amplo ao sistema, pois poderão praticar atos processuais e, evidentemente, também consultar os autos; e outras pessoas, que não possam praticar atos no processo, terão um "acesso" mais restrito, limitado ao direito de consulta.

PRINCÍPIO DA FUNDAMENTAÇÃO DAS DECISÕES JUDICIAIS

*Olavo de Oliveira Neto**

> **Sumário**: Introdução. 1. O novo perfil da atividade jurisdicional. 2. Importância da fundamentação da decisão judicial. 3. Aplicação pragmática do princípio. 3.1. Atos sujeitos à fundamentação. 3.2. Conteúdo da fundamentação. 3.2.1. Quanto à extensão. 3.2.2. Quanto à profundidade. 3.3. Falta de fundamentação. 4. Conclusão. 5. Bibliografia.

INTRODUÇÃO

Longo foi o caminho até que a fundamentação da decisão proferida por órgão do Poder Judiciário fosse considerada necessária no plano da validade de uma decisão, variando os ordenamentos a respeito de tal obrigatoriedade, como demonstra José Carlos Barbosa Moreira.[1] Hodiernamente, porém, a Constituição Federal, em seu art. 93, IX, aduz que "todos os julgamentos dos órgãos do Poder Judiciário serão públicos, e fundamentadas todas as decisões, sob pena de nulidade,..."; instituindo como verdadeira garantia constitucional o dever de fundamentação das decisões judiciais.

Embora constitua dever do magistrado fundamentar qualquer decisão proferida, a extensão e interpretação que deve ser

---

* Mestre e Doutor pela PUC/SP. Pós-Doutorado na Università Degli Studi di Milano. Professor do programa de mestrado, especialização e graduação da ITE-Bauru. Professor de Direito Processual Civil da Escola da Magistratura do Paraná e em inúmeros cursos de especialização. Prêmio "Professor Nota 10" de 1998. Juiz de Direito no Estado de São Paulo.

1 Barbosa Moreira, 1980, p. 83-95.

dada ao vocábulo *fundamentação*, passados quase vinte anos da entrada em vigor da Constituição, ainda gera inúmeras controvérsias, a ponto de tornar-se comum a legislação infraconstitucional reafirmar o princípio, como se vê, por exemplo, no art. 273, §§ 1º e 4º, do Código de Processo Civil.

Além disso, também há acalorada discussão sobre os limites da fundamentação de uma decisão judicial, em especial no que toca à falta de fundamentação e à fundamentação não adequada, sem esquecer da atual polêmica acerca da necessidade de fundamentar decisão baseada em súmula vinculante.

Daí, pois, o enorme interesse que desperta o tema, seja quanto aos seus aspectos teóricos, seja quanto aos resultados práticos da fundamentação dada à determinada decisão judicial.

Não se olvide, outrossim, da necessidade inerente ao ser humano de obter uma justificativa convincente para pretensão que lhe é negada. Basta ver que todos nós, desde crianças, sempre questionamos o *porquê* de um não paterno ou materno, por vezes pedindo explicações a respeito da negativa. Faz parte de nosso espírito, pois, obter uma justificação da conduta de outrem, o que exige deste a fundamentação do que foi decidido.

Vejamos, destarte, o perfil do princípio da fundamentação das decisões judicial e suas conseqüências na conduta do magistrado ao prolatar suas decisões.

1. O NOVO PERFIL DA ATIVIDADE JURISDICIONAL

Partindo da Revolução Francesa de 1789, com seus ideais de liberdade, igualdade e fraternidade, a atuação do juiz era entendida como uma conduta que deveria ser isenta de influências externas, em especial influências de ordem política, cabendo-lhe apenas *declarar* a vontade da lei. O juiz era a "boca da lei". Daí o prestígio atribuído ao pensamento de Montesquieu no sentido de que *"le juges de la Nation ne sont, comme nous avons dit, que la bouche qui pronuncie les paroles de la loi, des êtres inanimés"*.[2]

---

[2] Couture, 1998, p. 53.

Nesse cenário parece intuitivo concluir que o juiz, praticamente, não tinha nenhuma liberdade de atuar seu próprio pensamento, cabendo-lhe apenas aplicar as regras de hermenêutica para extrair da lei aquilo que o legislador optou por positivar. Sob este enfoque, na poética e precisa lição de Couture,

> o juiz é um homem que se move dentro do Direito como um prisioneiro dentro de seu cárcere. Tem liberdade para mover-se e nisso atua sua vontade; o Direito, entretanto, lhe fixa os limites muito estreitos, que não podem ser ultrapassados.[3]

Com o passar dos anos a idéia do Estado liberal, com a prevalência da autonomia da vontade, passou a ceder espaço à idéia de um Estado mais ativo, cuja atuação não poderia limitar-se apenas a uma abstenção de atuação em prol da liberdade individual, mas sim mediante uma conduta positiva que permitisse ao seu súdito obter igualdade substancial em todas as suas relações. Nesse sentido as ponderações de Juraci Mourão Lopes Filho, aduzindo, em preliminar, que uma Constituição pode optar por duas formas antagônicas de atuação do Estado, a primeira dando maior relevo à conduta absenteísta (Estado reativo) e a segunda dando maior relevância à conduta ativa e intervencionista (Estado ativo). Enquanto neste caso o Estado "...organiza a vida do cidadão e guia a sociedade (estado ativo) em busca de fins sociais previamente estabelecidos..."; naquele caso o Estado "...mantém o equilíbrio social e fornece uma moldura de auto-organização da sociedade e autodeterminação dos indivíduos (estado reativo)".[4]

De uma forma geral, pois, visando fazer frente às promessas de índole comunista, em que havia uma bandeira de igualdade e fraternidade mais sedutora decorrente da conduta ativa do Estado, os Estados que tinham perfil reativo passaram, paulatinamente, a abandonar a conduta baseada na abstenção e assumiram uma posição mais ativa, dando ensejo ao que se convencionou denominar *welfare state* ou *État providence*, isto é, o Estado do bem-estar social.

---

[3] *Idem*, p. 58.
[4] Lopes Filho, 2006, p. 363-364.

Esse novo perfil de Estado, todavia, não foi implantado apenas com a mera inserção nas constituições de um rol cada vez maior de direitos fundamentais, em especial os de segunda dimensão, mas acabou por gerar inúmeras transformações nas estruturas de Poder das sociedades que regulavam, implicando um crescimento das atividades dos poderes Executivo e Legislativo. Ora, se agora o Estado devia agir para implementar uma real igualdade entre seus súditos, então era necessário o crescimento da atividade administrativa, com uma conduta ativa e iniciativa dos administradores com relação às questões sociais; bem como uma ampliação do sistema legislativo com a finalidade de regulamentar toda essa nova atividade.

Daí a advertência de Mauro Cappelletti no sentido de que

> Constitui um dado da realidade que a legislação social ou de *welfare* conduz inevitavelmente o estado a superar os limites das funções tradicionais de "proteção" e "repressão". O papel do governo não pode mais se limitar a ser o de um "gendarme" ou "right watchman"; ao contrário, o estado social – o "État providence", como o chamam, expressivamente, os franceses – deve fazer sua a técnica de controle social que os cientistas políticos chamam de promocional. Tal técnica consiste em prescrever programas de desenvolvimentos futuros, promovendo-lhes a execução gradual, ao invés de simplesmente escolher, como é típico da legislação clássica, entre "certo" e "errado", ou seja, entre o caso "justo" e o "injusto", "right and wrong". E mesmo quando a legislação social cria por si mesma direitos subjetivos, cuida-se mais de direitos sociais do que meramente individuais.[5]

Certo, pois, que a implantação do perfil de um Estado ativo implicou um aumento da atividade dos poderes Executivo e Legislativo, rompendo o equilíbrio de poderes que deve existir num Estado de Direito que pretende chamar-se de democrático.

Para restabelecer este necessário equilíbrio, portanto, deparou-se o Poder Judiciário com a premente necessidade de abandonar sua usual inércia e assumir seu papel nessa nova ordem social, restando-lhe duas possibilidades:

---

[5] Capelletti, 1999, p. 41.

a) permanecer fiéis, com pertinácia, à concepção tradicional, tipicamente do século XIX, dos limites da função jurisdicional, ou b) elevar-se ao nível dos outros poderes, tornar-se enfim o terceiro gigante, capaz de controlar o legislador mastodonte e o leviatanesco administrador.[6]

Optar pela primeira via, que é a mais cômoda e natural a um poder que tem como um de seus parâmetros a inércia inicial, além de representar uma atitude antidemocrática e de não colaborar para manter um Estado equilibrado, facilitando a implantação de uma ditadura ou de outro regime déspota, ainda acaba por gerar um fenômeno interessante, que é o surgimento de organismos que passam a exercer função para preencher o espaço vazio deixado pelo Estado judiciário.

Opera-se, em outras palavras, um fenômeno inverso daquele que se opera quando um Estado se torna forte e, por isso, passa a impor aos seus súditos a obrigatoriedade de ir ao Poder Judiciário para solucionar seus conflitos. Trata-se da chamada desjurisdiocionalização dos conflitos, que ganha contornos catastróficos nas favelas existentes nas metrópoles do nosso Brasil. Ali, devido ao vazio de poder deixado pelo Estado, que não exerce quaisquer de suas atividades no intuito de implementar a inclusão social, o *traficante* preenche o vácuo do poder e passa a exercer a atividade executiva, promovendo uma política assistencialista à comunidade; passa a exercer a atividade legislativa, elaborando as leis que devem ser seguidas pela população; e passa a exercer a atividade judiciária, julgando e executando, no mais das vezes de forma sumária, aqueles que podem ser denominados seus súditos.

Da mesma forma que acontece nestes guetos, mas no seio da sociedade organizada, ao optar pela primeira via, mantendo sua forma de atuação, o Poder Judiciário permite o surgimento de organismos que na feliz expressão de Cappelletti podem ser chamados de quase-judiciários, ávidos para ocupar o vácuo de

---

6 *Idem*, p. 47.

poder existente e promover o reequilíbrio social, com evidente perda de prestígio da atividade jurisdicional. No dizer do autor

> "..., mais cedo ou mais tarde, as várias sociedades são chamadas a reagir (e muitas de fato já reagiram com eficácia variada) a essa patológica situação de perigoso desequilíbrio no âmbito do sistema de poderes do estado. Gradualmente instituíram, ou estão instituindo, organismos quase judiciários de natureza e denominação diversa – agências, conselhos, tribunais administrativos, "ombudsmen", árbitros e conciliadores e até "árbitros do estado" e similares – investidos de tarefa não exercida pela *ordre judiciaire*, ou seja, pela magistratura ordinária: exatamente o controle dos "poderes políticos" e, com isto, a proteção dos cidadãos e da sociedade em geral, contra o abuso daqueles.[7]

A segunda via, por sua vez, importa numa mudança do perfil do Poder Judiciário e, em especial, de seus magistrados. Além do exercício da atividade judiciária comum de resolver conflitos, deve o magistrado assumir um papel de controlador das atividades políticas do Estado administrativo e do Estado legislativo, velando para que eventuais abusos de poder não possam ser capazes de subverter uma ordem jurídica justa e harmoniosa.

Tal conduta, da qual a moderna magistratura do nosso País não se furta, importa, cada vez mais, na necessidade de preencher o conteúdo de normas jurídicas que apresentam conceitos não determinados, mediante um juízo axiológico, que o magistrado deve realizar sempre dentro dos limites e prescrições contidas nas normas constitucionais. Conforme salientou Klaus Stern:

> A aplicação dos direitos privado e público entra em elevado grau na esfera de influência do Direito Constitucional. Sobretudo o efeito de irradiação dos direitos fundamentais sobre o Direito Privado – desde o princípio uma evidência *per se* para o Direito Administrativo – tornou-se, ao lado da interpretação da lei em conformidade com a constituição, uma figura de argumentação que produziu efeitos conseqüentes para a interpretação genérica das leis.[8]

---

7 *Ibidem*, p. 47.
8 Stern, 2003, p. 505-515.

Em resumo, pois, o atual perfil da atividade jurisdicional e do magistrado que a exercita exige, além da postura tradicional de solução de controvérsias, uma atividade valorativa dirigida à implementação dos valores contidos na Constituição Federal, com o fito de preencher o conteúdo das normas fundadas em conceitos não determinados, cada vez mais comuns em nossa legislação.

2. IMPORTÂNCIA DA FUNDAMENTAÇÃO DA DECISÃO JUDICIAL

O aparecimento de um Estado que assumiu uma postura ativa, conhecido como Estado do bem-estar social, implicou o crescimento dos poderes do magistrado, chamado a desenvolver tarefas às quais até então não estava acostumado a realizar. Surgiram novos direitos e a ampliação da atividade do Estado legislador implicou a elaboração de leis repletas de normas de conceitos não determinados, em que a criatividade do juiz deveria completar aquilo que a lei não disse. Ademais, não tendo os direitos sociais natureza meramente normativa, mas também um aspecto promocional e projetado para o futuro, com a finalidade da gradual realização de seus objetivos, coube ao magistrado zelar pela efetivação das aspirações contidas no ideal do novo modelo, decidindo em consonância com seus valores.[9]

Esse novo papel atribuído ao magistrado, que cada vez mais se afasta do ser inanimado que pronuncia as palavras da lei, implica a ampliação da importância da justificação que dá às suas decisões, ou seja, um aumento de importância da fundamentação da decisão judicial. Se antes bastava justificar a razão pela qual aplicava ou não uma determinada norma no plano meramente jurídico, agora a operação tornou-se mais trabalhosa, na medida em que há de acrescentar, à sua antiga tarefa, a de justificar a opção por um ou outro valor utilizado no preenchimento das normas de conceitos não determinados. Pense-se, por exemplo, que ao julgar um conflito entre vizinhos bastaria ao magis-

---

[9] Cappelletti, 1989, p. 21-23.

trado aplicar as normas civis pertinentes à espécie e que agora, em sua nova tarefa, deverá fazê-lo segundo a *função social da propriedade*, o que implica justificar quais são os limites desta norma de conteúdo fluído.

Nesse sentido esclarece Chaïm Perelman que

> o juiz é considerado, em nossos dias, como detentor de um poder, e não como "a boca que pronuncia as palavras da lei", pois, mesmo sendo obrigado a seguir as prescrições da lei, possui uma margem de apreciação: opera escolhas, ditadas não somente pelas regras de Direito aplicáveis, mas também pela busca da solução mais adequada à situação. É inevitável que suas escolhas dependam de juízos de valor...[10]

Ora, se aumenta o âmbito de atuação do magistrado, que agora também deve formular escolhas fundadas em juízo de valores, então também aumenta a necessidade de justificar o motivo pelo qual houve uma opção por um valor em detrimento do outro. Deve o magistrado ponderar e fundamentar quais motivos preponderam sobre outros e por qual razão isso acontece.

Não basta, todavia, que a justificativa se dirija apenas às partes. Esse novo papel também exige que o magistrado fundamente sua decisão de modo a justificá-la perante a sociedade na qual está inserido, demonstrando que aplicou à sua decisão os valores da própria sociedade e não seus valores pessoais. No dizer de Rui Portanova

> não se pense que o destinatário da motivação é somente a parte. O princípio não é tão restrito. Trata-se de uma garantia para o Estado, os cidadãos, o próprio juiz e a opinião pública em geral.[11]

A fundamentação da decisão proferida, além de clara e adequada ao tema tratado, deverá ser elaborada de forma a permitir que as partes e a sociedade possam entendê-la e dela se convencer. Interessante, sobre tal aspecto, a idéia de Chaïn Perelman, no sentido de que a decisão judicial deve ser destinada a um determinado público, o que exige do magistrado a interpretação e apli-

---

[10] Perelman, 1996, p. 566.
[11] Portanova, 2003, p. 250.

cação da lei segundo os valores que este mesmo público considera como o ideal para a hipótese decidida. Nas palavras do autor:

> ... a própria idéia de motivação, de justificação de uma decisão judiciária, muda de sentido ao mudar de auditório. Enquanto, pela motivação, o juiz só tinha de justificar-se perante o legislador, mostrando que não violava a lei, bastava-lhe indicar os textos que aplicava em sua sentença. Mas, se a motivação se dirigir à opinião pública, esta quererá, além disso, que a interpretação da lei pelo juiz seja o mais conforme possível tanto à equidade quanto ao interesse geral.[12]

Como se vê, portanto, se o novo perfil do Estado implicou o crescimento da atividade do magistrado, obrigado a formular juízo de valores para preencher o conteúdo de normas de conteúdo não determinado, então essa atividade também implicou o aumento da importância da fundamentação da decisão, agora não mais voltada apenas para a parte, mas também para o meio social onde a decisão é prolatada. Cresceram a liberdade e os poderes do magistrado dentro do processo; mas também cresceu, proporcionalmente, a sua responsabilidade perante a sociedade na qual judica.

Daí a conclusão de que a fundamentação da decisão judicial, que deve ser dirigida à sociedade na qual judica o magistrado, em que também as partes estão inseridas, tem fundamental importância, na medida em que servirá para que a própria sociedade possa fiscalizar a atuação do magistrado, verificando se este decide segundo os valores sociais vigentes em determinada época e em determinado local.

Outrossim, enquanto nos regimes ditatoriais, em que o poder é concentrado nas mãos de poucos indivíduos que subjulgam os demais mediante o uso da força, as decisões proferidas são impostas e não justificadas; numa sociedade democrática há necessidade de justificar as decisões tomadas. Daí, para todo Estado que pretende intitular-se democrático, o fato do magistrado

---

[12] Perelman, 1996, p. 565.

fundamentar sua decisão para a sociedade na qual está inserido tem implicação maior do que a mera satisfação desta própria sociedade. Tal dever se justifica porque somente por meio do exame da decisão é que a responsabilidade do magistrado poderá ser aferida. No dizer de Cappelletti:

> Os juízes exercitam um poder. Onde há poder deve haver responsabilidade: em uma sociedade organizada racionalmente, haverá uma relação diretamente proporcional entre poder e responsabilidade. De conseqüência, o problema da responsabilidade judicial torna-se mais ou menos importante, conforme o maior ou menor poder dos juízes em questão.[13]

Realmente, para que se possa falar em exercício da democracia, torna-se necessário conceber mecanismos por meio dos quais o povo possa participar da atuação do poder. Se as atividades executiva e legislativa são legitimadas pelo voto direto, o mesmo não acontece com a atividade judiciária, já que em nosso País os juízes não são eleitos, como ocorre em alguns Estados americanos, mas recrutados mediante concursos públicos de provas e títulos. Por isso se torna fundamental permitir que o povo possa fiscalizar a atuação dos seus juízes, sendo a fundamentação das decisões o meio encontrado para tal finalidade.

Nesse sentido assevera Teresa Arruda Alvim Wambier que

> em face do estado de Direito, nos dias atuais, se pode estabelecer o porquê desta exigência num sentido, sob certo aspecto, unívoco. O Estado de Direito efetivamente caracteriza-se por ser o Estado que se justifica, tendo como pauta a ordem jurídica a que ele próprio se submete. Assim, quando o Estado intervém na vida das pessoas, deve justificar a intromissão: materialmente, pois a intromissão tem fundamento, e, formalmente, pois o fundamento é declarado, exposto e demonstrado. [...] A obrigatoriedade e a publicidade de motivação é que permitem o exercício eficaz do controle extraprocessual.[14]

Daí a conclusão no sentido de que a legitimação da atuação do magistrado decorre da fundamentação da decisão judicial,

---

[13] Cappelletti, 1989, p. 18.
[14] Wambier, 1998, p. 248-249.

sendo a falta de fundamentação verdadeiro atentado à democracia e aos valores inseridos na Constituição Federal.

Em termos pouco ortodoxos, quando se pensa na larga margem de liberdade que a lei confere ao magistrado ao elaborar normas de conceitos não determinados, que implicam um juízo de valores da sua parte, não é errado afirmar que o *preço da liberdade é a eterna vigilância*; que dar-se-á por meio da verificação dos fundamentos da decisão.

Torna-se possível à conclusão, pois, que a importância da fundamentação das decisões judiciais reside:

a) na necessidade do preenchimento de conceitos não determinados com os valores sociais dominantes;
b) na justificação do decidido perante a sociedade na qual o magistrado encontra-se inserido;
c) na possibilidade de fiscalização da atividade desenvolvida pelo magistrado; e
d) na legitimação da atuação do magistrado, como agente de Poder, num Estado democrático de direito.

3. APLICAÇÃO PRAGMÁTICA DO PRINCÍPIO

Observada a importância da fundamentação da decisão judicial no plano do Estado democrático de direito, mister se faz observar como o princípio tem aplicação no plano infraconstitucional, em especial em todas as disposições contidas no Código de Processo Civil, como adiante se verá.

3.1. Atos sujeitos à fundamentação

Numa concepção analítica, o ato processual pode ser compreendido como todo ato praticado no bojo de um processo e que tem por finalidade criar, modificar ou pôr termo a uma relação jurídica processual. Por isso não será possível conceber tal ato de forma isolada, já que deve ser compreendido como parte de uma seqüência que tem por finalidade um último objetivo, que é a prestação da tutela jurisdicional.

Classificando os atos processuais em razão da sua origem, nossa legislação houve por bem definir os atos processuais jurisdicionais, que são os praticados pelo magistrado no exercício da sua atividade característica, no art. 162, do Código de Processo Civil. Assim classificou tais atos como sentenças, decisões interlocutórias e despachos, definindo em seus parágrafos cada uma das espécies.

A opção de definir tais atos por meio da lei, como se sabe, gerou crítica por parte de toda comunidade jurídica, em especial pelo fato de que o preceito simplesmente deixou de manifestar-se quanto às decisões interlocutórias mistas, que resolvem parte do conteúdo do litígio, mas permitem que outra parte prossiga para posterior decisão.

Não obstante a objeção formulada, dos atos enumerados no art. 162, do Código de Processo Civil, as sentenças e decisões interlocutórias têm caráter propriamente decisório, enquanto os despachos nada resolvem, limitando-se a direcionar a maneira pela qual devem ser praticados os atos processuais subseqüentes. Ora, se na lição de Liebman

> provimentos são as declarações de pensamento do juiz, expressas no exercício do poder [potestà] jurisdicional e pela forma determinada em lei, é justamente com a emissão dos provimentos que o juiz exerce o poder de que é investido.[15]

Então se pode afirmar que nos despachos não há verdadeiramente o traço da substitutividade, inerente ao exercício da jurisdição, na medida em que nada se decide. Por isso não há necessidade de fundamentar tal tipo de decisão.

O mesmo não acontece, entretanto, com as decisões interlocutórias e as sentenças. Na medida em que possuem conteúdo decisório, torna-se imperioso que tais tipos de atos sejam devidamente fundamentados, permitindo que todos possam conhecer as razões pelas quais o magistrado foi levado a decidir da maneira pela qual optou por deliberar. Essas são as espécies apropriadas, portanto, para tratar da fundamentação das decisões judiciais.

O conceito de tais atos jurisdicionais decisórios, entretanto, passa hodiernamente por uma revisitação, decorrente da al-

---

[15] Liebman, 1984, p. 238.

teração da redação do art. 162, § 1º, do Código de Processo Civil. Se na redação original do Código sentença era "...o ato pelo qual o juiz põe termo ao processo, decidindo ou não o mérito da causa"; agora, por força da alteração processada pela Lei nº 11.232/2005, sentença "... é o ato do juiz que implica alguma das situações previstas nos arts. 267 e 269 desta Lei". Mais do que uma mera alteração quanto à redação do texto, houve um deslocamento do foco da definição, que doravante passa a levar em conta o conteúdo do ato e não mais o momento processual de sua produção.

Nesse sentido assevera Araken de Assis que

> a nova redação do aludido parágrafo abandonou o critério "topológico"; a sentença não é mais o ato que põe termo ao procedimento de primeiro grau. [...]. Voltou-se ao conceito baseado no conteúdo virtual do ato, atendendo-se à antiga sugestão de Alfredo Rocco, segundo o qual "nenhuma condição extrínseca caracteriza a sentença", valendo a observação para a forma (v.g., os requisitos do art. 458) e a sua localização no curso do procedimento.[16]

No mesmo sentido a doutrina majoritária.[17]

Portanto, se o ato processual praticado extingue o procedimento de primeiro grau nos termos do art. 267 ou resolve questão de mérito, nos termos do art. 269, ambos do Código de Processo Civil, então terá a natureza de sentença. Caso resolva uma questão incidente, não relacionada com o conteúdo da demanda, terá a natureza de decisão interlocutória.

Ambos os atos processuais decisórios, porque têm o condão de resolver entre mais de uma hipótese, devem ser devidamente fundamentados, na forma como adiante se verá.

3.2. Conteúdo da fundamentação

Estabelecidos, sob o aspecto formal, quais são os atos que exigem fundamentação, resta estabelecer a maneira pela qual o juiz deve fundamentar a sua decisão para dar fiel cumprimento ao princípio inserto na Constituição Federal. Para isso mister se

---

[16] Assis, 2006, p. 20.
[17] Scarpinella Bueno, 2006, p. 12-13; Theodoro Júnior, 2006, p. 3-7; Wambier, 2006, p. 30-38.

faz a análise da fundamentação sob dois prismas diversos, quais sejam: a) quanto à extensão da fundamentação; e b) quanto à profundidade da fundamentação.

3.2.1. Quanto à extensão

No tocante à extensão da fundamentação deve observar-se quais são as teses de fato e de direito suscitadas no processo que devem ser analisadas e decididas pelo magistrado. Em outras palavras, a questão diz respeito a saber se o magistrado está ou não obrigado a decidir e fundamentar todas as questões existentes no processo; respondendo a melhor doutrina de forma negativa, no sentido de que não há obrigatoriedade de analisar e fundamentar o destino que deu a cada uma das alegações formuladas pelas partes.

Nesse sentido ensinam João Batista Lopes

> Mesmo em se tratando se sentença, não se exige que analise todas as alegações das partes, descendo a minúcias irrelevantes; bastará que examine as mais relevantes para formar sua convicção. Na apuração dos fatos, por igual, ater-se-á aos mais importantes, desprezando os insignificantes [18]

e Cândido Rangel Dinamarco

> a exigência de inteireza da motivação (Michele Tarufo) não chega ao ponto de mandar que o juiz se manifeste especificamente sobre todos os pontos, mais relevantes ou menos, ou mesmo sem relevância alguma ou quase sem relevância, que as partes hajam suscitado no processo. O essencial é motivar no tocante aos pontos relevantes e essenciais, de modo que a motivação lançada em sentença mostre que o juiz tomou determinada decisão porque assumiu determinados fundamentos com que esta guarda coerência. A regra de equilíbrio é esta: motiva-se no essencial e relevante, dispensa-se relativamente a motivação no periférico e circunstancial.[19]

Realmente, não é razoável entender que o juiz está obrigado a fundamentar sua decisão acerca de questões ou fatos im-

---

[18] Lopes, 2005, p. 56.
[19] Dimnamarco, 2001, p. 242.

pertinentes à solução da causa, quando têm o poder de indeferir a realização de *diligências inúteis ou meramente protelatórias*, nos termos do art. 130, do Código de Processo Civil. Seria contra razões de ordem lógica e contra o princípio da economia processual exigir que o juiz fundamentasse todo e qualquer aspecto no processo, na medida em que perderia tempo precioso a fundamentar o irrelevante, em detrimento de outras atividades efetivamente importantes.

Nesse aspecto, aliás, a razão de ser de várias estruturas encontradas em nosso sistema jurídico, em que a simplicidade da matéria tratada gera a redução do *iter* procedimental, como acontece com o procedimento sumário e com o procedimento sumaríssimo, dos juizados especiais cíveis, em relação ao rito ordinário.

Entretanto, a solução dada a tal pergunta gera outra questão relativa, a saber: quais são os aspectos que devem ser considerados essenciais e quais são os aspectos que devem ser considerados periféricos ou não essenciais.

A resposta, neste caso, deve levar em conta a casuística. Não há como definir, previamente e em abstrato, quais aspectos são essenciais e quais não são para efeito de fundamentação. Assim como acontece com a distinção entre as questões preliminares e as questões prejudiciais,

> não se pode estabelecer previamente, como parte da doutrina pretende, quais questões são preliminares e quais são prejudiciais, uma vez que uma mesma matéria poderá, conforme o caso concreto, influenciar a questão subseqüente de maneira diversa.[20]

3.2.2. Quanto à profundidade

A doutrina distingue, assim como faz Rogério Zavarize, entre fundamentação meramente formal, que não atende à exigência do art. 93, IX, da Constituição Federal, e fundamentação substancial, que atende ao princípio da fundamentação das decisões judiciais. Para o autor

---

[20] Oliveira Neto, 1994, p. 112.

a fundamentação substancial, portanto, é aquela que se refere expressamente aos elementos de fatos e de direito que são considerados para uma decisão. Não se coaduna com o emprego de fórmulas prontas e fechadas, como o exemplo do autor e de outros como *indefiro por falta de amparo legal ou presentes os requisitos, concedo a liminar*.[21]

Realmente, fundamentar uma decisão proferida exige mais do que uma mera referência genérica àquilo que se decide, devendo o magistrado analisar o caso concreto e dele extrair a presença dos requisitos necessários ao atendimento ou não do pedido formulado. Não se admite, mesmo sob o pretexto de agilizar o serviço prestado, que uma mesma decisão genérica possa resolver casos diferentes, sem a atenção que cada caso merece. Se assim agir o magistrado estará infringindo seu dever ético de prestar tutela jurisdicional, limitando-se a ser um burocrata que se esquece do interesse público para preocupar-se mais com seus interesses pessoais, embora esse interesse possa limitar-se a manter seu serviço em dia.

Sempre que o magistrado se deparar com uma norma que lhe permita acolher ou rejeitar um pleito formulado nos autos, deverá justificar sua opção levando em conta a situação concreta, mormente quando se tratar de norma de conteúdo não determinado, que lhe imponha um juízo axiológico. Ao analisar um pedido de antecipação de tutela, por exemplo, não poderá o magistrado negar a medida sob a alegação de que não há preenchimento do requisito negativo, ou seja, a possibilidade de reversibilidade do provimento, sem justificar de forma clara e precisa onde encontrou a possibilidade do provimento ser irreversível. Mais do que infringir apenas o princípio da fundamentação, estará o magistrado atentando contra o devido processo legal em seu aspecto processual, impedindo a parte de ter *his day in Court*,[22] que se estende também às decisões interlocutórias.

---

[21] Zavarize, 2004, p. 88.
[22] Nery Junior, 1992, p. 37.

Existem hipóteses, todavia, que podem gerar dúvida quanto ao seu enquadramento numa fundamentação formal ou numa fundamentação substancial. São os casos, por exemplo, de fundamentação implícita (pré-questionamento), fundamentação concisa (art. 459, in fine), fundamentação *aliunde* (o juiz limita-se a indicar outras decisões sem expor suas próprias razões) e fundamentação *per relationem* (o juiz refere-se a outro ato do mesmo processo – v.g. razões do Ministério Público ou de uma das partes); que não serão expressamente tratados em razão da extensão do tema e dos estreitos limites deste trabalho.

A temática da validade de tais espécies de fundamentação, porém, em especial após a entrada em vigor do art. 285-A e das súmulas vinculantes, está a merecer nova visita, já que a mera indicação da decisão ou da súmula, ao que nos parece, seria suficiente para preencher o conteúdo da decisão prolatada. Bastaria ao magistrado justificar a aplicação da sentença anterior ou da súmula ao caso concreto, estando dispensado de apresentar seus argumentos quanto à tese jurídica adotada.

Tais mecanismos, em certa medida, representam uma flexibilização daquilo que se compreendia como fundamentação substancial, permitindo que nos casos expressamente previstos em lei a fundamentação se limite à referência ao precedente individual ou materializado em Súmula Vinculante.

3.3. Falta de fundamentação

Sendo a fundamentação da decisão judicial, qualquer que seja sua modalidade, requisito necessário para sua validade, a ausência de fundamentação implica a nulidade da decisão, que deverá ser novamente prolatada, agora já devidamente motivada. Nesse sentido a doutrina tradicional, citada por Moacyr Amaral Santos ao explicar que

> conforme doutrina dominante, a que aderimos (Frederico Marques, Lopes da Costa, Gabriel de Rezende Filho), a falta de motivação acarreta a nulidade da sentença. A lei impõe a motivação, ou fundamentação, como um dos requisitos essenciais da sentença (Cód.

Proc. Civil, art. 458, II) e, pois, a prescreve como da forma essencial do ato.[23]

Distinguia a doutrina mais antiga, pois, entre aquilo que denominava *error in procedendo* (erro no proceder) e *error in judicando* (erro no julgar). Neste caso o juiz proferia decisão motivada, mas não aceitável em face do caso concreto, na medida em que não lhe deu a melhor solução. Por conseqüência o juízo *ad quem* deveria reformar a decisão prolatada, proferindo decisão que viesse a substituí-la. Naquele caso, entretanto, o juiz errava ao deixar de motivar a decisão, devendo o tribunal anulá-la e determinar ao magistrado que nova decisão fosse proferida, atendendo aos requisitos previstos em lei.

Modernamente, Teresa Arruda Alvim Wambier sintetiza o que deve ser compreendido por ausência de fundamentação ensinando:

> Pode-se dizer, que há, *grosso modo*, três espécies de vícios intrínsecos das sentenças, que se reduzem a um só, em última análise: 1. ausência de fundamentação; 2. deficiência de fundamentação; e 3. ausência de correlação entre fundamentação e decisório. Todos são redutíveis à ausência de fundamentação e geram nulidade da sentença. Isto porque "fundamentação" deficiente, em rigor, não é fundamentação, e, por outro lado, "fundamentação" que não tem relação com o decisório não é fundamentação: pelo menos não o é daquele decisório![24]

Realmente, em qualquer das três hipóteses aventadas a conseqüência, no plano da validade da decisão, será a sua nulidade. Todavia, uma distinção há de ser feita entre a ausência de fundamentação e a fundamentação deficiente no que toca à sua constatação. Enquanto a ausência de fundamentação reside num extremo do problema, já que a todos será fácil constatar que o magistrado deixou de motivar sua decisão; a deficiência de fundamentação implica análise valorativa da decisão proferida, fazendo com que a variação do receptor e, por conseguinte, da sua

---

23 Santos, 2003, p. 19.
24 Wambier, 1998, p. 257.

cultura, interfiram no julgamento daquilo que é ou não uma motivação deficiente. Enquanto para um doutrinador que escreveu vários livros sobre uma determinada disciplina a decisão do magistrado pode parecer ter motivação deficiente, para um leigo a motivação poderá ser plenamente satisfatória e, em alguns casos, até além de suas expectativas ou compreensão.

Destarte, portanto, tendo em conta, como anteriormente aduzido, que o magistrado deve sempre se dirigir a um determinado auditório, variando o discurso assim como varia a sociedade na qual está inserido, forçosa se torna a conclusão de que aferir o que é motivação deficiente é questão atribuída à casuística, devendo ser examinado, na hipótese concreta, se cabia ao juiz avançar ou não na justificação contida na decisão.

Tal exame, outrossim, deve ser realizado sempre sob a ótica do contraditório e da ampla defesa, devendo-se concluir que a decisão só deverá ser considerada nula, devido à fundamentação deficiente, se gerar dúvidas capazes de impedir as partes à defesa integral de suas pretensões. Caso contrário, há de se considerar adequada à fundamentação para a decisão prolatada. Daí por que a existência de posição doutrinária pacífica ou de súmula sobre determinado tema acabam por facilitar a tarefa do magistrado, dispensando-o de motivar sua decisão de modo mais aprofundado; exatamente ao contrário do que acontece quando a decisão versa sobre questão polêmica ainda não pacificada.

4. CONCLUSÃO

1. O atual perfil da atividade jurisdicional e do magistrado que a exercita exigem, além da postura tradicional de solução de controvérsias, uma atividade valorativa dirigida à implementação dos valores contidos na Constituição Federal, com o fito de preencher o conteúdo das normas fundadas em conceitos não determinados, cada vez mais comuns em nossa legislação.

2. Esse novo papel atribuído ao magistrado implica a ampliação da importância da justificação que dá às suas

decisões, ou seja, um aumento de importância da fundamentação da decisão judicial. Se antes bastava justificar a razão pela qual aplicava ou não uma determinada norma no plano meramente jurídico; agora a operação tornou-se mais trabalhosa, na medida em que há de acrescentar, à sua antiga tarefa, a tarefa de justificar a opção por um ou outro valor utilizado no preenchimento das normas de conceitos não determinados.

3. Não basta que a justificativa contida na decisão se dirija apenas às partes. Exige-se que o magistrado fundamente sua decisão de modo a justificá-la perante a sociedade na qual está inserido, demonstrando que aplicou à sua decisão os valores da própria sociedade e não seus valores pessoais.

4. Para todo Estado que pretende intitular-se democrático, o fato do magistrado fundamentar sua decisão para a sociedade na qual está inserido tem implicação maior do que a mera satisfação desta própria sociedade. Tal dever se justifica porque somente por meio do exame da decisão é que a responsabilidade do magistrado poderá ser aferida.

5. A legitimação da atuação do magistrado decorre da fundamentação da decisão judicial, sendo a falta de fundamentação verdadeiro atentado à democracia e aos valores inseridos na Constituição Federal.

6. São sujeitos à fundamentação as sentenças e as decisões interlocutórias, na medida em que são tais espécies de atos jurisdicionais que possuem conteúdo decisório e substitutivo, representando verdadeiro exercício do Poder jurisdicional.

7. Não está o magistrado a analisar e fundamentar todas as alegações formuladas pelas partes, devendo a fundamentação se limitar às questões essenciais à decisão prolatada.

8. Não é possível definir, previamente, quais são os aspectos essenciais à solução de uma questão incidente ou final, solução que só será encontrada no exame do caso concreto.
9. É dever do magistrado, sob pena de infringência ao devido processo legal, fundamentar sua decisão de forma substancial, tratando expressamente das questões de fato e de direito abordadas pelas partes.
10. Mecanismos como o previsto no art. 285-A, bem como a adoção das súmulas vinculantes, representam uma flexibilização daquilo que se compreendia como fundamentação substancial, permitindo que nos casos expressamente previstos em lei a fundamentação se limite à referência ao precedente individual ou materializado na súmula.
11. A ausência de fundamentação gera a nulidade da decisão. Já a deficiência na fundamentação, se não inibir a ampla atuação das partes em prol de suas respectivas pretensões, não deverá ser reconhecida como deficiente naquele caso concreto, sendo válida a decisão prolatada.

5. BIBLIOGRAFIA

Aronne, Ricardo. *O princípio do livre convencimento do juiz*. Porto Alegre: Safe, 1996.

Ávila, Humberto. *Teoria dos princípios*. 5ª ed. São Paulo: Malheiros, 2006.

Assis, Araken. *Cumprimento da sentença*. Rio de janeiro: Forense, 2006.

Bandeira De Mello, Celso Antônio. *Conteúdo jurídico do princípio da igualdade*. 3ª ed. São Paulo: Malheiros, 2001.

Barbosa Moreira, José Carlos. "A motivação das decisões judiciais como garantia inerente ao Estado de Direito." In: *Temas de Direito Processual Civil. Segunda série*. São Paulo: Saraiva, 1980.

Calmon De Passos, José Joaquim. *Direito, poder justiça e processo*. Rio de Janeiro: Forense, 1999.

Cappelletti, Mauro. *Juízes legisladores*. Porto Alegre: Safe, 1999.

_____. *Juízes irresponsáveis?* Porto Alegre: Safe, 1989.

Couture, Eduardo. *Introdução ao estudo do processo civil*. Rio de Janeiro: Forense, 1998.

Dinamarco, Cândido Rangel. *Instituições de Direito Processual Civil*. São Paulo: Malheiros, 2001.

Liebman, Enrico Tullio. *Manual de Direito Processual Civil*. Vol. I. Rio de Janeiro: Forense, 1984.

Lopes, João Batista. *Curso de Direito Processual Civil*. São Paulo: Atlas, 2005.

Lopes Filho, Juraci Mourão. "A administração da Justiça no Estado Social." In: *Constituição e democracia. Estudos em homenagem a J.J. Gomes Canotilho*. Paulo Bonavides, Francisco Gérson Marques de Lima e Faygá Silveira Bedê (coords.). São Paulo: Malheiros, 2006.

Miranda, Vicente. *Embargos de declaração no processo civil brasileiro*. São Paulo: Saraiva, 1990.

Nery Junior, Nelson. *Princípios do processo civil na Constituição Federal*. São Paulo: Revista dos Tribunais, 1992.

Nojiri, Sérgio. *O dever de fundamentar as decisões judiciais*. São Paulo: Revista dos Tribunais, 2000.

Oliveira Neto, Olavo de. *Conexão por prejudicialidade*. São Paulo: Revista dos Tribunais, 1994.

Perelman, Chaïn. *Ética e direito*. São Paulo: Martins Fontes, 1996.

Portanova, Rui. *Princípios do processo civil*. Porto Alegre: Livraria do Advogado, 2003.

Rothenburg, Walter Claudius. *Princípios constitucionais*. Porto Alegre: Safe, 2003.

Santos, Moacyr Amaral. *Primeiras linhas de Direito Processual Civil*. 21ª ed., São Paulo: Saraiva, 2003.

Scarpinella Bueno, Cássio. *A nova etapa da reforma do Código de Processo Civil*. São Paulo: Saraiva, 2006.

Stern, Klaus. "O juiz e a aplicação do direito." In: *Direito Constitucional – estudos em homenagem a Paulo Bonavides*. Eros Roberto Grau e Willis Santiago Guerra Filho (coords.). São Paulo: Malheiros, 2003.

Theodoro Júnior, Humberto. *As novas reformas do Código de Processo Civil*. Rio de Janeiro: Forense, 2006.

Wambier, Luiz Rodrigues et al. *Breves comentários à nova sistemática processual civil*. São Paulo: Revista dos Tribunais, 2006.

Wambier, Teresa Arruda Alvim. *Nulidades do processo e da sentença*. São Paulo: Revista dos Tribunais, 1998.

_____. *Omissão judicial e embargos de declaração*. São Paulo: Revista dos Tribunais, 2005.

Zavarize, Rogério Bellentani. *A fundamentação das decisões judiciais*. Campinas: Milennium, 2004.

PRINCÍPIO DO DUPLO GRAU DE JURISDIÇÃO

*Alexandre Sormani**

> **Sumário:** Introdução. 1. Breve registro histórico. 2. Justificativas ao princípio do duplo grau de jurisdição. 3. A certeza jurídica e o princípio da segurança jurídica. 4. Restrições ao acesso à segunda instância. 5 Competência originária dos tribunais (foro privilegiado). 6. Restrições ao acesso à instância revisora. 7. Natureza constitucional do princípio do duplo grau de jurisdição. 8. Conclusão. 9. Bibliografia.

INTRODUÇÃO

O princípio do duplo grau de jurisdição consiste na possibilidade de submeter o litígio a mais de um exame, por juízos diferentes. Cuida-se de um princípio, porquanto se mostra como um valor nuclear de sistemas judiciário e processual. Em razão dele, que a legislação de organização judiciária e a processual fazem a previsão de instâncias recursais e estipulam os recursos como instrumentos aptos para o acesso às referidas instâncias.

1. BREVE REGISTRO HISTÓRICO

Historicamente, o princípio do duplo grau de jurisdição tem como antecedente mais próximo a Revolução Francesa de 1789. Não se quer dizer que a existência dos recursos somente veio a

---

* Juiz Federal e ex-Procurador Federal. Mestre em Direito pelo CPG – ITE – Bauru/SP. Professor universitário, Professor do Curso de Pós-Graduação da Universidade Federal do Mato Grosso do Sul de Três Lagoas/MS, do Curso de Pós-Graduação da Fadap de Tupã/SP, do Curso de Pós-Graduação da Univem de Marília/SP e do Curso da Escola da Magistratura do Paraná de Jacarezinho/PR.

lume com a citada revolução, pois é certo que a possibilidade de recursos já era de conhecimento dos romanos (*v.g.* a *appellatio*) e também do Direito Canônico; entretanto, foi com a reorganização judiciária estatal e com a fixação de garantia de instâncias recursais, frutos da Revolução Francesa, que o princípio do duplo grau de jurisdição tomou forma.

Diga-se de passagem, que, em razão da revolução, a tradição francesa cultivou, diferentemente da concepção brasileira, a idéia de um Judiciário como um órgão estatal subordinado e não como um "poder" independente, a exemplo do Legislativo e do Executivo.

> D'après la théorie de la séparation des pouvoirs, l'une des grandes fonctions étatiques est la fonction judiciaire ou juridictionnelle, qui consiste à trancher les contestations concernant l'application de la loi à des cas particuliers. On désigne parfois les organes chargés de cette fonction par l'expression « pouvoir judiciaire ». Néanmoins, il s'agit, selon la tradition française, d'une fonction subordonnée, précisément parce qu'elle consiste dans l'application de la loi.[1]

Entretanto, independentemente da subordinação do Judiciário francês em comparação com os outros dois Poderes, a supressão dos cargos hereditários no âmbito da magistratura e a recomposição do Judiciário sem a influência do poder monárquico, então afastado pelo movimento revolucionário, possibilitaram que o duplo grau de jurisdição galgasse a condição de princípio.

A localização do princípio do duplo grau de jurisdição no sistema jurídico, como de envergadura constitucional ou, então, de mera natureza infraconstitucional, será objeto de análise mais detida no presente estudo, cumprindo-se, antes de qualquer coisa, entender as justificativas para a sua existência.

2. JUSTIFICATIVAS AO PRINCÍPIO DO DUPLO GRAU DE JURISDIÇÃO

Comumente, a doutrina atribui duas ordens de justificativas para o princípio do duplo grau de jurisdição: a justificativa *jurídica* e a justificativa *política*. Diz a justificativa jurídica com os motivos de o sistema processual acolher como uma necessidade a

---

[1] Burdeau; Hamon e Troper, 1999, p. 726.

possibilidade de revisão de uma decisão, por um juízo diferente. A justificativa política, por outro lado, engloba os aspectos subjetivos dos sujeitos processuais que alicerçam o referido princípio.

A justificativa jurídica da existência do duplo grau fundamenta-se na garantia de justiça da decisão. Explica Barbosa Moreira que:

> Não fica circunscrita, em regra, a um único pronunciamento a apreciação, pelo organismo investido da função jurisdicional, da matéria que lhe compete julgar. Com o propósito de assegurar, na medida do possível, a justiça das decisões, contempla a lei a realização de dois ou mais exames sucessivos, ao passo que, por outro lado, a fim de evitar que se sacrifique a necessidade de segurança, cuida de limitar o número das revisões possíveis.[2]

Todavia, politicamente, a necessidade de um novo exame de uma mesma lide objetiva a satisfazer as necessidades psicológicas das partes do processo. Vencedor ou vencido não se sente plenamente satisfeito com uma única decisão. O vencido, obviamente, porque refuta a decisão que lhe é desfavorável e visa a um novo pronunciamento que lhe agrade. O vencedor se sentirá mais confortável se o seu êxito for coroado com a confirmação de um colegiado de juízes teoricamente mais experientes. Outrossim, a análise de um colegiado, com uma distância maior dos fatos da causa, possibilita uma visão global do processo, garantindo teoricamente uma boa solução.

Nesse aspecto, é importante salientar a observação de Wagner D. Giglio:

> A parte em lide judicial nunca se conforma com decisão desfavorável, preferindo acreditar num engano. Erros e injustiças de fato podem ocorrer, e por isso as sentenças devem ser submetidas à revisão de outros julgadores, através de recursos. Esse duplo grau de jurisdição vem atender aos anseios psicológicos dos jurisdicionados (v. Cap. XVIII, sub 1).[3]

É certo, entretanto, que se critica o duplo grau de jurisdição, porquanto uma boa decisão poderá ser substituída por uma má

---

[2] Barbosa Moreira, 1997, p. 113.
[3] Giglio, 1995, p. 361.

em razão do novo exame da questão. Porém, caso seja insofismável que o órgão revisor seja mais tecnicamente preparado, seria, obviamente, muito mais econômico e célere que a questão fosse diretamente apreciada pelo referido órgão.

Nesse mesmo sentido, complementa o já mencionado autor:

> Por outro lado, justiça tardia é quase uma injustiça. Os pronunciamentos judiciais, portanto, necessitam ser rápidos, além de justos. A proliferação dos recursos, entretanto, atrasa a obtenção do julgado final, embora propicie maior segurança.
>
> Ora, esse quadro de interesses antagônicos requer uma solução de equilíbrio. O ideal seria a instituição de um só recurso, possibilitando a revisão das decisões sem grande prejuízo para a rapidez da manifestação judicial.[4]

A crítica mencionada não reside exclusivamente na realidade brasileira. Ela permeia todos os países que adotam o princípio do duplo grau de jurisdição. Para que esse princípio seja bem aceito no seio social, há a necessidade de um equilíbrio entre essa crítica e a justificativa política. Em outras palavras, o ideal de uma estrutura jurisdicional eficiente é a harmonia entre o anseio de um novo julgamento e a certeza jurídica.

O anseio de um novo julgamento decorre da natureza humana, pois todo ser humano não se conforma com uma solução que lhe seja contrária. Busca, assim, sempre a revisão do que lhe é desfavorável. Como uma decisão judicial, pela sua própria natureza, sempre causa prejuízo a alguém, certamente o prejudicado (o autor, o réu, ou ambas as partes) procurará modificar a solução que não lhe agrade, submetendo-a ao órgão jurisdicional revisor.

Ademais, cada julgador traz consigo as suas próprias influências culturais, sociais e familiares que, direta ou indiretamente, interferem na qualidade e na variedade da decisão jurídica proferida. Logo, em um país com dimensões continentais como o Brasil, até mesmo as circunstâncias geográficas ampliam a possibilidade de decisões variadas, tanto quanto são variados os pontos de civilização no vasto território nacional. A diversidade de interpretações jurídicas e, assim, de decisões judiciais, certamen-

---

[4] Idem, Ibidem.

te, justifica a existência de tribunais específicos para harmonizar a jurisprudência de modo a conferir certeza jurídica aos jurisdicionados.

De outro lado, a hipótese de a questão não estar resolvida de forma definitiva, diante da possibilidade de novo julgamento, causa também incerteza jurídica, porquanto não haverá ainda previsibilidade dos efeitos jurídicos da conduta objeto de julgamento.

3. A CERTEZA JURÍDICA E O PRINCÍPIO DA SEGURANÇA JURÍDICA

A certeza jurídica é intimamente ligada ao princípio da segurança jurídica. O ideal de um ordenamento jurídico e, por conseguinte, da jurisprudência que o interpreta é a sua previsibilidade, na medida em que a imprecisão torna caótico e confuso ao indivíduo qual é o efeito jurídico de sua conduta. O princípio da segurança jurídica justamente busca essa previsibilidade. Certamente não se colhe como o ideal o exemplo literário de Lewis Carroll na conhecida história de *Alice no país das maravilhas* em que a Rainha de Copas mudava as regras da competição durante o seu trâmite surpreendendo os participantes do torneio. A criação de regras de prévio conhecimento dos destinatários e a restrição à retroatividade de novas regras conferem a estabilidade no ordenamento jurídico e, por conseqüência, motivam e possibilitam a estabilidade jurisprudencial.

A certeza jurídica é evidentemente de natureza subjetiva. Decorre de um ordenamento jurídico estável que causa aos indivíduos a segurança de como agir conforme o direito e, inclusive, possibilita a previsão por meio de normas de natureza estrutural de como as regras podem ser alteradas – já que estabilidade do ordenamento não se confunde com imutabilidade – e quais são os efeitos dessa alteração.

Parafraseando Antonio-Enrique Pérez Luño, a certeza jurídica é a face subjetiva do princípio da segurança jurídica:

> *En la primera, que responde a la seguridad jurídica stricto sensu, se manifiesta como una exigencia objetiva de regularidad estructural y funcional del sistema jurídico a través de sus normas e instituciones. En la*

> *segunda, que representa su faceta subjetiva, se presenta como certeza del Derecho, es decir, como proyección en las situaciones personales de la seguridad objetiva.*[5]

Aristóteles já advertia, com razão, os perigos da incerteza jurídica acarretada pela constante crítica aos atos dos magistrados:

> É, pois, evidente que há certas leis a mudar, em épocas determinadas. Todavia, se considerarmos esta questão sob outro aspecto, ela parece exigir bastante prudência. Porque quando a melhoria é de pouco vulto, e sendo perigoso habituar os cidadãos a mudar facilmente de leis, é claro que vale mais deixar subsistirem alguns erros dos legisladores e dos magistrados. Haverá menor vantagem em trocar de leis que perigo em fornecer ensejo a que os magistrados sejam desobedecidos.[6]

Portanto, uma boa aplicação do princípio do duplo grau deve levar em consideração esses dois aspectos, ou seja, o anseio de um novo julgamento e a certeza jurídica, equilibrando-as na medida do possível. A estrutura jurisdicional deve atender ao desejo de um novo julgamento, mas limitar os reexames para conferir certa margem de certeza jurídica.

Veja-se que se usou a expressão "limitar" e não "eliminar" os reexames. O afastamento de qualquer possibilidade de reexame deve sempre ser visto com muita cautela. Não só pelos aspectos psicológicos das partes processuais já analisados e que justificam politicamente o duplo grau de jurisdição, mas, também, em razão do risco de um órgão judicial irrecorrível tornar-se um órgão autoritário e, assim, ferir a democracia. Nos casos que, em razão da delimitação da estrutura judiciária do país, não cabe qualquer recurso a uma nova instância, como acontece com as ações de competência originária do Supremo Tribunal Federal, órgão jurisdicional de cúpula do Judiciário brasileiro, as decisões a serem proferidas devem ser as mais cautelosas e, ainda assim, os componentes dessa Corte devem ser escolhidos de forma mais democrática possível.

> Um tribunal que é final e irrecorrível precisa de escrutínio mais cuidadoso do que qualquer outro. Poder irrecorrível é o mais apto

---

[5] Luño, 1994, p. 29-30.
[6] Aristóteles, p. 54.

para auto-satisfazer-se e menos apto para engajar-se em imparciais auto-análises [...] Em um país como o nosso [Estados Unidos], nenhuma instituição pública, ou pessoal que a opera, pode estar acima do debate público.[7]

Por isso é que, em algumas ações e procedimentos originários do Supremo Tribunal Federal, tais como a ação direta de inconstitucionalidade, a ação declaratória de constitucionalidade, argüição de descumprimento de preceito fundamental e o procedimento para edição, revisão e cancelamento de Súmulas Vinculantes permite-se o ingresso de interessados (não os terceiros do processo tradicional) para que a questão jurídica debatida seja solucionada de forma mais democrática e justa possível.[8]

> Exemplifique-se com uma ação direta proposta por uma confederação sindical em face de uma lei que afeta sua categoria. Conforme o caso, o relator pode entender que a lei tem objetivos muito maiores, ao invés de só disciplinar a categoria postulante, de tal modo que a visão específica dela não será suficiente para apreciar o valor ou o desvalor do ato normativo em face da Constituição.[9]

Portanto, é de se verificar que a limitação ao uso dos recursos deve ser feita *cum grano salis*, mas alguma restrição deve haver, sob pena de se olvidar da certeza jurídica que, como exposto, é necessária. Cumpre-se, então, neste esforço de interpretação do princípio do duplo grau de jurisdição, colher as soluções legislativas brasileiras para harmonizar a necessidade de um novo julgamento e a certeza jurídica.

Uma forma de equilibrá-las é onerar financeiramente o acesso a um novo exame da questão, trata-se, assim, da fixação de valores mais elevados para o preparo de recursos aos tribunais. No Brasil, essa experiência mostra-se na legislação trabalhista, oportunidade em que o empregador para obter um novo julgamento da questão está obrigado ao pagamento do chamado depósito recursal

---

[7] Silveira, 1997, p. 137
[8] Confira os arts. 7º, § 2º; 9º, § 1º; 20, § 1º, da Lei nº 9.868/1999; art. 6º, §§ 1º e 2º, da Lei nº 9.882/1999; e art. 3º, § 2º, da Lei nº 11.417/2006.
[9] Sormani, 2004, p. 98, nota 479.

(art. 899, § 1º, da CLT).[10] Salienta Wagner D. Giglio que a imposição do depósito recursal tem o objetivo de coibir os recursos protelatórios, bem como o de assegurar, pelo menos, a satisfação parcial do julgado, porquanto o levantamento do depósito em favor do vencedor será imediatamente ordenado, por simples despacho judicial, após a ciência do trânsito em julgado da decisão.[11]

De igual forma, a Lei nº 5.250/1967 (Lei de Imprensa), no § 6º,[12] do art. 57, faz a previsão de depósito recursal, de quantia igual à importância total da condenação, para a admissibilidade do recurso em processos de indenização por responsabilidade civil. Quanto ao referido dispositivo legal, a 1ª Turma do Supremo Tribunal Federal posicionou-se pela não ocorrência de ofensa ao disposto no art. 5º, LV, da CF, pois, como se lê da ementa de julgamento, trata-se de

> (...)[e]xigência destinada a compensar o retardamento do desfecho da causa, determinado pelo processamento do recurso, com a possibilidade de uma rápida execução, de molde a obviar que o pretium dolores seja satisfeito antes que se desvaneça, de todo, pela ação do tempo, o sofrimento moral que se procurou ressarcir, como de ordinário ocorre (RE 254698 / DF "DISTRITO FEDERAL, Rel. Min. Ilmar Galvão; j. 09/05/2000, DJU 04/08/2000, p. 38).

Essa técnica (a de agravar financeiramente as custas para o ingresso dos recursos) não leva em consideração a realidade da sociedade brasileira, em que boa parte dos que necessitam de uma providência jurisdicional do Estado litigam sob os auspícios da Justiça Gratuita, dever estatal irrefutável (art. 5º, LXXIV, CF).

---

10 "§ 1º. Sendo a condenação de valor até 10 (dez) vezes o salário mínimo regional, nos dissídios individuais, só será admitido o recurso, inclusive o extraordinário, mediante prévio depósito da respectiva importância. Transitada em julgado a decisão recorrida, ordenar-se-á o levantamento imediato da importância de depósito, em favor da parte vencedora, por simples despacho do juiz."

11 Giglio, 1995, p. 451.

12 "§ 6º. Da sentença do Juiz caberá apelação, a qual somente será admitida mediante comprovação do depósito, pela apelante, de quantia igual à importância total da condenação. Com a petição de interposição do recurso o apelante pedirá expedição de guia para o depósito, sendo a apelação julgada deserta se, no prazo de sua interposição, não for comprovado o depósito."

De outra banda, os entes públicos, que estão normalmente isentos de tal exigência em razão da indisponibilidade do interesse em litígio, são aqueles que mais utilizam os recursos processuais, tornando a exigência de depósito recursal praticamente ineficiente para uma boa aplicação do princípio em estudo.

Ainda sobre o depósito recursal, questão interessante que surgiu nos pretórios residiu na sua exigência no âmbito administrativo. A jurisprudência do Supremo Tribunal Federal, na linha já exposta, entendeu que não havia qualquer inconstitucionalidade na exigência de depósito prévio para recursos no âmbito administrativo. Assim, em vários julgados, dizia a Corte sobre a validade de dispositivos como, por exemplo, os §§ 1º e 2º do art. 126 da Lei nº 8.213/1991, na versão da Lei nº 9.639/1998, que instituía a referida exigência no âmbito administrativo-previdenciário. Todavia, influenciada pela doutrina e com a modificação parcial de sua composição, a Corte procedeu a uma ruptura com a jurisprudência anterior, procedendo-se à sua revisão, iniciando-se pelos Recursos Extraordinários nºs 389.383 e 390.513, ambos de 2007 e da relatoria do ministro Marco Aurélio.

Com isso, ficou consignado na jurisprudência da Corte Suprema que a delimitação por meio de exigência pecuniária no âmbito administrativo fere o duplo grau de jurisdição, ocasionando ofensa às garantias do art. 5º, incisos LIV e LV, da CF, ou seja, explicitadas como a do *devido processo legal* e a do *contraditório e da ampla defesa*. Extrai tal ensinamento de trecho de voto condutor do ministro Celso de Mello, no RE 504.288-AgR / BA:[13]

> Com efeito, *não se pode desconhecer que o Estado,* em tema de restrição *à esfera jurídica* de qualquer *cidadão* ou *entidade,* não pode exercer *a sua autoridade de maneira abusiva* ou *arbitrária,* desconsiderando, *no exercício de sua atividade,* notadamente *em sede tributária,* o postulado *da plenitude de defesa,* pois – *cabe enfatizar* (e sempre *relembrar!*) – o reconhecimento *da legitimidade ético-jurídica* de qualquer *medida imposta pelo Poder Público,* de que resultem *conseqüências gravosas* no plano *dos direitos e garantias individuais,* exige a fiel observância *do*

---

[13] J. 29/05/2007.

princípio do devido processo legal (CF, art. 5º, LIV e LV), consoante adverte autorizado magistério doutrinário, que cumpre não ignorar (MANOEL GONÇALVES FERREIRA FILHO, "Comentários à Constituição Brasileira de 1988", vol. 1/68-69, 1990, Saraiva; PINTO FERREIRA, "Comentários à Constituição Brasileira", vol. 1/176 e 180, 1989, Saraiva; JESSÉ TORRES PEREIRA JÚNIOR, "O Direito à Defesa na Constituição de 1988", p. 71/73, item nº 17, 1991, Renovar; EDGARD SILVEIRA BUENO FILHO, "O Direito à Defesa na Constituição", p. 47/49, 1994, Saraiva; CELSO RIBEIRO BASTOS, "Comentários à Constituição do Brasil", vol. 2/268-269, 1989, Saraiva; MARIA SYLVIA ZANELLA DI PIETRO, "Direito Supremo Tribunal Federal RE 504.288-AgR / BA Administrativo", p. 401/402, 5ª ed., 1995, Atlas; LÚCIA VALLE FIGUEIREDO, "Curso de Direito Administrativo", p. 290 e 293/294, 2ª ed., 1995, Malheiros; HELY LOPES MEIRELLES, "Direito Administrativo Brasileiro", p. 102/103, item n. 2.3.9, 32ª ed., atualizada por Eurico de Andrade Azevedo, Délcio Balestero Aleixo e José Emmanuel Burle Filho, 2006, Malheiros, v.g.).

A revisão da jurisprudência da Corte veio em boa hora, pois não só passa-se a levar em consideração a realidade econômico-financeira do país em que exige o acesso à justiça das decisões, mesmo no âmbito do contencioso administrativo, sem peias de ordem pecuniária, como também adapta a jurisprudência do Excelso Pretório à exigência objetiva de punibilidade penal nos crimes materiais contra a ordem tributária,[14] isto é, afasta-se o paradoxo de impedir o direito de recorrer na seara administrativa àquele financeiramente hipossuficiente e permitir que esse seja criminalmente processado e punido por conta do trânsito em julgado na esfera administrativa, enquanto o sonegador – detentor de condições financeiras – pode protelar o exaurimento do contencioso administrativo, impedindo assim a persecução criminal em seu desfavor.

Todavia, a revisão da jurisprudência da Excelsa Corte no que concerne ao recurso administrativo não serve como argumento a impedir o uso de limites ao acesso recursal, pois, como já dito,

---

14 A jurisprudência do STF, em razão do julgamento do *habeas corpus* nº 81.611-DF, Min. Sepúlveda Pertence, j. 10/12/2003, assentou que a decisão definitiva no processo administrativo fiscal se consubstancia em condição objetiva de punibilidade nos crimes tributários materiais ou de resultado.

há a necessidade de um equilíbrio entre o desejo de um novo julgamento e a certeza jurídica, para a fiel aplicação do princípio do duplo grau de jurisdição.

4. RESTRIÇÕES AO ACESSO À SEGUNDA INSTÂNCIA

Outra solução, utilizada também no Brasil, é a restrição ao acesso à segunda instância, possibilitando-a apenas para as causas de valores econômicos mais expressivos, determinando-se, assim, as chamadas "causas de alçada". A justificativa teórica não diz com a menor importância que o Judiciário deva dar àquelas causas de valores econômicos de pouca monta, mas sim com o fato de que litígios que envolvam valores menos expressivos, normalmente, envolvem pessoas de poucas posses que necessitam de atendimento mais célere do Poder Judiciário e, assim, a demora ocasionaria ainda mais tormento àqueles que clamam por justiça.

Neste tópico, a experiência legislativa mostra, em causas de valores considerados ínfimos, hipótese de não cabimento de qualquer recurso; hipótese de cabimento de recurso ao próprio órgão prolator da decisão recorrida, mas sem a possibilidade de apreciação em segunda instância; e, por fim, hipóteses de julgamento por parte de um órgão judicial revisor composto de juízes de primeiro grau.

No processo trabalhista, no chamado procedimento sumário, existe a limitação de instância às causas que não exceder o importe de dois salários mínimos, vigentes na data do ajuizamento da ação, não cabendo qualquer recurso em face da sentença (art. 2º, § 4º, da Lei nº 5.584/1970, na versão da Lei nº 7.402/1985), salvo se o recurso versar sobre matéria constitucional. Quanto a isso, a doutrina processual trabalhista questionou se a eliminação de todos os recursos não ofenderia o princípio do duplo grau de jurisdição. Wagner D. Giglio salienta, no seu entender, que o princípio do duplo grau de jurisdição não é de observância absoluta, de forma que não fica o legislador constrangido a preconizar, sempre que entender, a desnecessidade de recurso.[15] Ha-

---

15 *Op. cit.*, p. 363.

vendo matéria constitucional, a possibilidade de recursos persiste, mas não sendo cabível o ingresso direto ao Supremo Tribunal Federal, porém se admitindo o recurso ordinário para o Tribunal Regional do Trabalho respectivo e de revista para o Tribunal Superior do Trabalho. Da decisão dessa última Corte, é que se mostra hipoteticamente possível o recurso extraordinário ao STF.[16]

No âmbito da competência da Justiça Federal comum, o art. 4º da Lei nº 6.825/1980 estabelecia o descabimento do recurso de apelação das sentenças proferidas em primeira instância, substituindo-o pelo recurso de embargos infringentes, esses dirigidos ao juízo de primeiro grau prolator da decisão recorrida, em causas de valor igual ou inferior a 50 Ortns. A referida lei foi revogada pela Lei nº 8.197/1991, todavia, no âmbito das execuções fiscais, permanece o referido parâmetro,[17] consoante art. 34 da Lei nº 6.830/1980. Portanto, no que diz respeito ao procedimento dessa última lei, não houve apenas a substituição de um recurso (apelação) por outro (embargos infringentes), mas efetiva exclusão da competência recursal dos tribunais nas causas consideradas de pequeno valor econômico.[18]

Mais recentemente, no âmbito dos Juizados Especiais, a Lei nº 9.099/1995 estabeleceu em seu art. 41, o cabimento de recurso apenas em face de sentença, desde que não homologatória de conciliação ou de laudo arbitral, dirigido para uma turma recursal do próprio juizado e, em seu art. 82, o cabimento de apelação, nos casos de rejeição da denúncia ou da queixa e de sentença, dirigida a uma turma recursal também do juizado. Diferentemente do que ocorre com a hipótese do art. 34 da Lei nº 6.830/1980 anteriormente mencionada, em que o recurso de embargos infringentes é di-

---

16 Confira-se STF, RE 104509 / SP, Segunda Turma, Min. Moreira Alves, j. 15/02/1985, D.J. 24/05/1985, p. 7985.

17 O valor em ORTN é convertido no seu equivalente em Ufir.

18 O STF entendeu ser constitucional o referido artigo (STF – Segunda Turma, Ag 114.709-1 – Ag.Rg-CE, Rel. Min. Aldir Passarinho, j. 29/05/1987, negaram provimento, vol.u., DJU 28/8/87, p. 17.578, 1ª col., em.).

rigido ao juízo prolator da sentença, no juizado, há uma instância revisora, porém composta de juízes togados de primeiro grau.

Tanto em um caso, como em outro, a jurisprudência tem admitido o uso do recurso extraordinário, em se tratando do preenchimento das hipóteses do inciso III, do art. 102, da CF, diretamente ao Supremo Tribunal Federal, após o julgamento do recurso ordinariamente previsto no art. 34 da Lei nº 6.830/1980 (embargos infringentes) ou nos arts. 41 e 82 da Lei nº 9.099/1995. Não cabe, todavia, o recurso especial, pois a redação do inciso III, do art. 105, da Constituição Federal estabelece que tal recurso é cabível nas "(...) causas decididas, em única ou última instância, pelos Tribunais Regionais Federais ou pelos tribunais dos Estados, do Distrito Federal e Territórios(...)", isto é, o cabimento do recurso especial fica circunscrito às decisões proferidas pelos referidos tribunais e não ao que for decidido em "(...) única ou última instância (...)", independentemente da denominação do órgão judicial, como ocorre com a previsão do art. 102, III, da CF relativamente ao recurso extraordinário.

> *A expressão "causas decididas em única instância" abrange as decisões de juiz singular que, por força da alçada, são de única instância. (RTJ 142/946; neste sentido: RTJ 144/953, 146/654, 152/610, 147/316, 148/903, STF – RT 703/229, 714/279, STF –RTJE 122/127). "Delas, pois, cabe diretamente recurso extraordinário para esta Corte" (RTJ 142/946, continuação), desde que não comportem qualquer recurso ordinário (RTJ 156/644).*[19]

Cumpre-se esclarecer que a jurisprudência tem aceitado a validade do disposto nos arts. 41 e 82 da Lei nº 9.099/1995, na mesma linha do que se decidiu a respeito do referido art. 34 da Lei nº 6.830/1980.

Portanto, essas hipóteses de restrição de instância, como solução eficaz para equilibrar o desejo de um novo julgamento com a certeza jurídica, encontram-se presentes na realidade nacional e, por isso, impõem o raciocínio de que a exigência do duplo grau de jurisdição, ao menos no Brasil, não é absoluta, porquanto, em hipóteses legalmente previstas, não é garantido ao recor-

---

[19] Negrão, 1997, p. 1297.

rente a possibilidade de existência de um recurso ou a possibilidade desse recurso ser apreciado por um tribunal.

A restrição recursal às causas de alçada é apenas um dos exemplos legislativos. Há, também, a hipótese de os recursos serem obstados em situações em que a matéria decidida já foi enfrentada pelos Tribunais Superiores e encontra-se pacificada conforme a jurisprudência predominante ou em razão de preceitos sumulados. Citem-se como exemplos desta natureza o § 1º-A e o *caput* do art. 557 do Código de Processo Civil, na versão da Lei nº 9.756/1998,[20] e os §§ 1º e 2º do art. 518 do mesmo Código, porém na versão da Lei nº 11.276/2006.[21]

O fundamento óbvio desses dispositivos é o de provocar um descongestionamento dos Tribunais, com o afastamento de recursos sobre questões já repisadas e debatidas pelas Cortes superiores, tornando mais célere a solução dos litígios e, assim, primando pela **certeza jurídica** em detrimento do interesse em um novo julgamento. O receio que motiva tal opção legislativa, que acabou por **fomentar** primeiramente a criação da *súmula vinculante* (art. 103-A da CF, na versão da Emenda Constitucional nº 45/2004) em **desprestígio** às edições específicas de *súmulas impeditivas de recurso*, é o cerceamento do duplo grau de jurisdição em demasia. Na súmula vinculante, as partes não se encontram proibidas de recorrer da decisão proferida em conformidade com ela; quem se encontra impedido de decidir de forma diversa do determinado na súmula vinculante são os juízes.

---

20 "Art. 557. O relator negará seguimento a recurso manifestamente inadmissível, improcedente, prejudicado ou em confronto com súmula ou com jurisprudência dominante do respectivo tribunal, do Supremo Tribunal Federal, ou de Tribunal Superior.

§ 1º – A. Se a decisão recorrida estiver em manifesto confronto com súmula ou com jurisprudência dominante do Supremo Tribunal Federal, ou de Tribunal Superior, o relator poderá dar provimento ao recurso."

21 "§ 1º. O juiz não receberá o recurso de apelação quando a sentença estiver em conformidade com súmula do Superior Tribunal de Justiça ou do Supremo Tribunal Federal.

§ 2º. Apresentada a resposta, é facultado ao juiz, em cinco dias, o reexame dos pressupostos de admissibilidade do recurso."

5. COMPETÊNCIA ORIGINÁRIA DOS TRIBUNAIS (FORO PRIVILEGIADO)

Veja-se, que de outro lado, nas chamadas ações de competência originária dos tribunais, o cabimento de recurso mostra-se, também, extremamente restrito. Os tribunais, muito embora tenham sido criados, a princípio, para servirem como órgãos revisores das decisões de primeiro grau, obtiveram também competências para julgamento de matérias ou de pessoas – o chamado *foro privilegiado* – que por questões de política judiciária não poderiam ou não deveriam ser apreciadas pelo juiz de primeira instância. Tem-se, por exemplo, o caso de processo movido contra juiz, em que certamente é extremamente constrangedor que um juiz julgue o colega de, por assim dizer, idêntica hierarquia. Em tal hipótese, é recomendável que a questão seja julgada pelo tribunal.

Porém, ainda que em razão de *foro privilegiado*, as ações de competência originária dos tribunais não possuem a mesma amplitude recursal que as julgadas em primeiro grau. Exemplificando, um mandado de segurança promovido contra ato de um juiz. Nesse caso, trata-se de ação originária do tribunal. Do acórdão proferido, se *concedida a* ordem de segurança, qual o recurso cabível? Não existe um recurso ordinário tal como a apelação para o propósito de levar a questão para outra Corte; caberão, portanto, recursos como embargos infringentes em caso de julgamento por maioria de votos e embargos de declaração, cuja natureza do reexame é evidentemente restrita (no primeiro, somente no âmbito daquilo em que o voto vencido divergiu da maioria; no segundo, somente para suprir os vícios de omissão, obscuridade ou contradição da decisão). Apenas no caso de haver *denegação* da segurança, é que se admite o recurso ordinário ao Superior Tribunal de Justiça (art. 105, II, *b*, CF).

É evidente, assim, que, em casos de ações de competência originária dos tribunais, há restrição ao acesso à revisão do julgamento, e a justificativa para isso é a própria estrutura judiciária do país. Certamente, não é possível que em todas as instâncias haja a possibilidade de duplo grau de jurisdição, pois, para isso, as instâncias recursais seriam infinitas. Logo, nos casos de ações de competência originária dos tribunais, a estrutura judiciária do país impõe a restrição ao acesso à revisão de uma decisão por órgão judicial distinto.

Nesse diapasão, nas causas de competência originária do plenário do Supremo Tribunal Federal, o recurso porventura cabível (*v.g.* embargos declaratórios) somente dirigir-se-á ao próprio tribunal. Existe recurso, porém de efeitos mais restritos, mas esse recurso não poderá ser julgado por outro órgão, pois não existe outro órgão jurisdicional acima do Supremo Tribunal Federal. Veja-se, assim, que a restrição decorre da própria estrutura judiciária.

Portanto, resumindo, as restrições ao acesso recursal a uma instância superior decorrem tanto da necessidade de se equilibrar o desejo de um novo julgamento e a certeza jurídica, como também da estrutura judiciária do País. É certo que o respeito à delimitação da estrutura judiciária do País é um contributo à certeza jurídica, pois permite aos destinatários do ordenamento jurídico saber até onde o julgamento poderá ser revisto judicialmente.

6. RESTRIÇÕES AO ACESSO À INSTÂNCIA REVISORA

Verifica-se, então, a existência de hipóteses legais restritivas ao acesso a uma segunda instância revisora, ou seja, causas que não terão uma segunda instância de revisão, todavia, em outra situação, não é de se causar espécie a possibilidade de uma causa ser apreciada por três ou quatro instâncias revisoras. O que justifica tal disparidade?

Na verdade, a disparidade é apenas aparente. Nem todos os julgamentos das instâncias revisoras circunscrevem-se ao mérito da causa, isso é um primeiro ponto. Em segundo lugar, existem questões que o constituinte elegeu como de suma importância na sociedade a merecer mais de uma revisão, como, por exemplo, o direito de liberdade de locomoção.

Analisam-se, a seguir, esses dois pontos de maneira mais detida:

Em primeiro lugar, o princípio do duplo grau de jurisdição cinge-se à instância ordinária, ou seja, ao enfrentamento do mérito da causa. Assim, o vencido tem direito a uma revisão da decisão, com as limitações ou restrições legais nas hipóteses de causas de alçada, como já visto, mas não tem direito a mais de uma revisão. Paulo Fernando Silveira adverte:

> De qualquer sorte, o alcance do devido processo legal [*procedural due process*], referentemente ao recurso, cinge-se à instância ordinária: decisão e revisão. O acesso a nível de instância especial não se acha amparado por ele, salvo nos casos e condições especiais estipulados na própria lei que propiciar essa fase recursal. Extrai-se dessa assertiva que o vencido não tem direito a mais de uma revisão. Pode vir a ter direito a um pronunciamento da instância especial, que fica hierarquicamente acima da ordinária, se demonstrar que atendeu aos pressupostos recursais estabelecidos em lei. Geralmente, a instância especial só reexamina a questão de direito, desprezando os aspectos fáticos, objeto de dilação probatória examinada na instância ordinária.[22]

Assim, a possibilidade de uma causa submeter-se a três ou quatro revisões não significa um desvirtuamento do princípio do duplo grau de jurisdição em desprestígio à já mencionada certeza jurídica. A justificativa teórica para que uma causa ingresse na instância especial (ou também denominada extraordinária) é a de permitir a harmonia da jurisprudência, em prol de um eficiente sistema jurisdicional, além de, abstratamente, dar solução às questões de alta relevância: como a questão federal de âmbito constitucional e a questão federal de âmbito infraconstitucional.

Ora, o Supremo Tribunal Federal tem como função primordial a harmonia pretoriana sobre questões federais de âmbito constitucional (art. 102, *caput*), enquanto o Superior Tribunal de Justiça o âmbito infraconstitucional (inciso III do art. 105). O Tribunal Superior do Trabalho cumprirá a harmonização da jurisprudência relativamente ao Direito do Trabalho e, assim, também

---

[22] Silveira, 1997, p. 122.

ocorre com os demais tribunais superiores, conforme suas específicas competências materiais.

Daniel John Meador explica que no Direito americano:

> (...)a parte vencida tem direito a uma revisão de mérito da decisão de primeira instância que será feita pelo tribunal de apelação. Mas a teoria não assegura ao sucumbente o direito a duas apelações. Qualquer revisão posterior só deveria ser admitida no interesse da construção pretoriana do Direito ou no interesse do sistema jurídico. Por isso, a Suprema Corte tem a liberdade de determinar quais casos, dentre as inúmeras petições apresentadas, merecem sua atenção, enquanto desenvolve seu papel institucional de formadora do Direito, deixando que a Corte intermediária se ocupe da maioria das apelações e exerça a função de corrigir erros.(...).[23]

Em sentido semelhante, diz Wagner D. Giglio no âmbito da Justiça do Trabalho:

> Fatores diversos impedem, contudo, seja atingido esse ideal [isto é, de um único recurso]. Em países de dimensões continentais como o Brasil, as próprias circunstâncias geográficas ensejam pronunciamentos divergentes dos Tribunais, e impõe-se a existência de uma Corte Superior, para unificar a jurisprudência e manter a integridade do Direito em tese. E daí deriva a necessidade de mais um recurso, o de revista, para o Tribunal Superior do Trabalho.[24]

Logo, o princípio do duplo grau de jurisdição afeto, como visto, à instância ordinária não é malferido com as eventuais restrições ao acesso à instância especial. Desta forma, a previsão taxativa de hipóteses, além das regras hodiernas do processo comum, para o ingresso do recurso extraordinário (art. 102, III, da CF) e do recurso especial (art. 105, III, da CF) não ofendem esse princípio do duplo grau, pois a ele não diz respeito.

Em razão disso, além das hipóteses já existentes, restringiu-se o ingresso de recurso de revista no âmbito do Tribunal Superior do Trabalho, obstando a sua apreciação pela Corte referida, quando a questão debatida no recurso não possuísse grande impacto econômico, político, social ou jurídico na orla trabalhista. São as

---

23 Silveira, op. cit., p. 122.
24 Op. cit., p. 362-63.

chamadas "questões transcendentes", ou o "critério de transcendência", preconizadas no art. 896-A[25] da Consolidação das Leis do Trabalho, na versão da Medida Provisória nº 2.226/2001.

Por identidade de razões, o art. 102, § 3º, da CF, na versão da Emenda Constitucional nº 45/2004, ressuscita[26] a argüição de relevância para o ingresso do recurso extraordinário, de modo que, além das hipóteses do art. 102, III, da Constituição, deverá o recorrente demonstrar que em seu recurso há "(...) repercussão geral das questões constitucionais discutidas no caso, nos termos da lei, a fim de que o Tribunal examine a admissão do recurso (...)".[27]

Portanto, as delimitações ao ingresso à instância especial não podem ofender o princípio do duplo grau de jurisdição, pois esse está destinado à instância ordinária.

Como já dito, é certo que questões de alta relevância, eleitas pelo constituinte, também gozam de mais possibilidades de revisão, inclusive, por meio de recursos de natureza ordinária. Veja-se que o direito de liberdade de locomoção pode ser julgado e revisto por três instâncias diferentes. As duas comuns e a do Superior Tribunal de Justiça (art. 105, II, *a*, CF). Ora, é inegável que tal direito, de natureza fundamental, merece uma análise cuidadosa e, em especial, nas hipóteses em que a decisão judicial for denegatória da pretensão de liberdade de locomoção.

O art. 105, II, *a*, CF somente admite o recurso ordinário se a decisão proferida no tribunal originário for *denegatória* ao pedido de *habeas corpus*. Caso a decisão for concessiva, não haveria motivo para mais uma revisão, pois a pretensão de liberdade já havia sido satisfeita na decisão do órgão judicial originário.

É certo que o constrangimento, ilegal ou com abuso de poder, à liberdade de locomoção – o referido valor de alta relevância – persistirá independentemente de o tribunal de origem denegar o

---

25 "Art. 896-A. O Tribunal Superior do Trabalho, no recurso de revista, examinará previamente se a causa oferece transcendência com relação aos reflexos gerais de natureza econômica, política, social ou jurídica."

26 A Emenda Constitucional nº 1, de 1969, previa tal argüição no art. 119, § 1º.

27 O referido dispositivo encontra-se regulamentado pela Lei nº 11.418/2006.

habeas corpus por ter enfrentado o seu mérito ou por algum vício ou nulidade processual que o leve a extingui-lo. Se a abertura de uma nova instância revisora se justifica em razão da importância do valor da liberdade, tal diferenciação técnica entre tais tipos de julgamentos (sem resolução ou com resolução de mérito) não deve fazer qualquer diferença para possibilitar o mencionado recurso ordinário ao Superior Tribunal de Justiça.

Por tal razão, o Supremo Tribunal Federal entendeu que a expressão "quando for denegatória a decisão" reveste-se de conteúdo amplo, porquanto visa a proteger o direito de liberdade de locomoção não satisfeito no tribunal de origem, ainda que *sem enfrentamento do mérito da ação*. Vale transcrever a excerto da ementa desse julgamento da Excelsa Corte:

> *O sentido da expressão constitucional decisão denegatória, comum tanto às ações de mandado de segurança quanto às ações de habeas corpus, reveste-se de conteúdo amplo, abrangendo, em seu domínio conceitual, os pronunciamentos jurisdicionais que apreciem o fundo da controvérsia jurídica suscitada ou que, sem julgamento do mérito, impliquem a extinção do processo. Precedentes: RTJ 72/51, Rel. Min. Xavier de Albuquerque; RTJ 132/718, rel. min. Celso de Mello (STF, AgAg 145395-9/SP, Rel. Min. Celso de Mello, Primeira Turma, decisão: 29/3/1994, DJ 1, de 25/11/1994, p. 32.304).*

Em suma, conclui-se que há possibilidade de mais de uma revisão de um julgamento ou, de outro lado, de nenhuma possibilidade de revisão, consoante as justificativas já apresentadas, preconizadas na Constituição e na legislação infraconstitucional.

7. NATUREZA CONSTITUCIONAL DO PRINCÍPIO DO DUPLO GRAU DE JURISDIÇÃO

À luz do que foi exposto nos itens anteriores, pode-se afirmar que o duplo grau de jurisdição no Brasil é delineado por *dispositivos constitucionais* e pela legislação *infraconstitucional* de modo a principalmente equilibrar as duas vertentes já mencionadas (desejo de um novo julgamento e certeza jurídica). Dessa constatação surge a indagação: esse princípio é verdadeiramente de natureza constitucional, ou busca fundamento primordialmente no âmbito infraconstitucional?

Alguns aspectos merecem consideração. Há doutrinadores que procuram situar o princípio do duplo grau de jurisdição como uma manifestação do *devido processo legal* em sua acepção processual, isto é, o *procedural due process*, assim, a localização constitucional do referido princípio situar-se-ia, principalmente, nas cláusulas dos incisos LIV e LV do art. 5º da CF. Outros, vendo o princípio como uma mera decorrência da previsão constitucional de existência de tribunais e de alguns recursos, não o colocam no âmbito de um valor constitucional.

Veja-se como manifestação da acepção processual do devido processo legal:

> A cláusula do devido processo legal procedimental assegura ao sucumbente o direito a um recurso à instância superior, que revisará, com base nas provas e no direito, o acerto da decisão proferida pelo juiz de primeiro grau. É o que se denomina de duplo grau de jurisdição.[28]

Como decorrência da previsão constitucional de tribunais e de alguns recursos:

> Menciona a Constituição Federal a existência de juízes e Tribunais, bem como prevê a existência de alguns recursos (ordinários constitucionais, especial, extraordinário), porém não existe a obrigatoriedade do duplo grau de jurisdição. Dessa forma, há competências originárias em que não haverá o chamado *duplo grau de jurisdição*, como, por exemplo, nas ações de competência originária dos Tribunais.[29]

Refutando a condição de garantia constitucional do princípio do duplo grau de jurisdição, disse o Supremo Tribunal Federal:

> O Senado, quando julga o Presidente da República, não procede como órgão legislativo, mas como órgão judicial, exercendo jurisdição recebida da Constituição, e de cujas decisões não há recurso para nenhum tribunal. Isto nada tem de inaudito. Da decisão do STF nas infrações penais comuns em que figure como acusado o Presidente

---

[28] Silveira, *op. cit.*, p. 121.

[29] Moraes, 2000, p. 201.

da República (bem como o Vice-presidente, os membros do Congresso, os seus próprios Ministros e o Procurador-geral da República), art. 102, I, a, da CF, também não há recurso algum, nem para outro tribunal, nem para o Senado (Pleno – MS nº 21.68901/DF 0 Rel. Min. Paulo Brossard, *Diário da Justiça*, Seção I, 7 abr. 1995, p. 18.871). No mesmo sentido, proclamou o Supremo Tribunal Federal que "o duplo grau de jurisdição, no âmbito da recorribilidade ordinária, não consubstancia garantia constitucional (STF – Segunda Turma – Agravo Reg. em Agravos de Instrumento nºs 209.954-1/SP e 210.048-0/SP – Rel. Min. Marco Aurélio, *Diário da Justiça*, Seção I, 4 dez. 1998, p. 15).[30]

Pois bem, é importante verificar que a principal crítica à colocação do referido princípio no âmbito constitucional é o fato de ele não ser absoluto. Ora, nem as garantias constitucionais *fundamentais*, de altíssima envergadura, são absolutas, pelo simples fato de que nenhum direito (em sentido amplo, abrangendo o conceito de garantia) é absoluto, sob pena de se transformar em excesso ou abuso de direito.

> Os Direitos Fundamentais, aliás em comunhão com os demais direitos, não são absolutos, mas limitáveis. Isso significa que, por vezes, o comando de sua aplicação concreta não pode resultar na aplicação da norma jurídica em toda sua extensão e alcance.[31]

Dessa forma, o fato de o Direito Recursal ser limitado, ainda que nos termos da lei, não retira o patamar constitucional do princípio do duplo grau de jurisdição. Saliente-se, como já visto, que a limitação pela lei não decorre de um simples cerceamento ao duplo grau por uma ordem infraconstitucional, mas, sim, consiste em uma medida eficaz para equilibrar o binômio *certeza jurídica e novo julgamento*. A limitação encontra justificativa suficiente para uma perfeita aplicação desse princípio no âmbito social. Logo, as limitações legais aos recursos não infirmam o princípio do duplo grau de jurisdição.

Outra crítica que se faz, essa relativa à importância desse princípio, é o fato de o mesmo não ser explícito no texto consti-

---

[30] Moraes, *op. cit.*, p. 202.
[31] Araujo e Nunes Júnior, 2007, p. 122.

tucional. Ora, ressalvando o disposto no art. 158 da Constituição imperial de 1824[32] que, de certa forma, preconizava expressamente o duplo grau de jurisdição ao determinar que os tribunais julgariam as causas em segunda e última instância, não há explícito dispositivo constitucional fixando o referido princípio.

Entende-se, assim, que o duplo grau de jurisdição somente é inferido em razão da previsão constitucional de tribunais e de alguns recursos constitucionais (ordinário, especial e extraordinário), logo, o princípio não teria a mesma magnitude da garantia do *due process of law*, explicitamente previsto no texto constitucional, pois inferido amplamente do art. 5º, XXXVII, LIII, LIV, LV, LVI, CF.

Ora, os princípios constitucionais, como valores nucleares que são, às vezes, não se mostram explícitos justamente porque as suas descrições não gozam de capacidade suficiente para apreender todos os seus conteúdos. Portanto, a ausência de disposição explícita do princípio do duplo grau de jurisdição no texto constitucional não o torna um valor infraconstitucional.

Veja-se, assim, que o duplo grau de jurisdição, perfeitamente compreendido nos contornos da certeza jurídica, busca a solução jurídica mais justa, conforme já dito. Assim, a sua exigência não tem justificativa unicamente procedimental para alocá-lo no *procedural due process*, isto é, no aspecto processual da garantia do devido processo legal, mas também tem cunho substantivo, porquanto a qualidade da decisão é diretamente influenciada pela garantia de sua revisão por um órgão judicial diverso.

Aliás, como diz Paulo Fernando Silveira, ao se exigir a fundamentação das decisões judiciais, busca-se principalmente conferir o acerto do raciocínio desenvolvido pelo julgador.[33] Em outras palavras, a garantia preconizada nos incisos IX e X do art. 93 da Constituição Federal, importante para a *qualidade material* de uma

---

32 "Para julgar as Causas em segunda, e ultima instancia haverá nas Provincias do Imperio as Relações, que forem necessarias para commodidade dos Povos."
33 *Op. cit.*, p. 121.

decisão judicial, é fundamento também para o duplo grau de jurisdição. A necessidade de fundamentação de uma decisão pressupõe que alguém terá poder de revisão sobre ela.

Amolda-se, assim, sem dificuldades, também no aspecto do *substantive due process*. Portanto, não restam dúvidas de que o duplo grau de jurisdição é um consectário do princípio do devido processo legal, gozando, assim, como ele, de qualidade constitucional.

> É postulado constitucional, consectário do devido processo legal (Nery, Recursos, n. 2.2., p. 43; Grinover, Princ. 143; Frederico Marques, Instit., IV, 1000, 210), e consiste na possibilidade de impugnar-se a decisão judicial, que seria reexaminada pelo mesmo ou outro órgão de jurisdição. Não é ilimitado, podendo a lei restringir o cabimento de recursos e suas hipóteses de incidência (Nery, Recursos, n. 2.2, p. 43/44).[34]

8. CONCLUSÃO

Com essas considerações, verifica-se que o duplo grau de jurisdição é princípio de natureza constitucional, decorrente da garantida do devido processo legal e, portanto, com alicerce na previsão constitucional de existência de órgãos jurisdicionais de segunda instância, como também nos incisos XXXVII, LIII, LIV, LV, LVI do art. 5º; e IX e X do art. 93 da Constituição Federal que dão contorno ao devido processo legal. A existência de limitações legais aos recursos não rebaixa o princípio cotejado à condição infraconstitucional, mas visam a atender a exigência da certeza jurídica, aspecto subjetivo da segurança jurídica, o que, indubitavelmente, mostra-se apropriado para a perfeita aplicação do princípio do duplo grau de jurisdição no âmbito social.

9. BIBLIOGRAFIA

Araujo, Luiz Alberto David; Nunes Júnior, Vidal Serrano. *Curso de Direito Constitucional*. 11ª ed. rev. e atual. São Paulo: Saraiva, 2007.

Barbosa Moreira, José Carlos. *O Novo Processo Civil Brasileiro: exposição sistemática do procedimento*. Ed. rev. e atual. Rio de Janeiro: Forense, 1997.

---

[34] Nery Junior e Andrade Nery, 2006, p. 703.

Brasil. *Código de Processo Civil e legislação processual em vigor*. Organização, seleção e notas Theotonio Negrão com a colaboração de José Roberto Ferreira Gouvêa. 28ª ed. São Paulo: Saraiva, 1997.

Burdeau, Georges; Hamon, Francis e Troper, Michel. *Droit Constitutionnel*. 26ª ed. Paris: Librairie Générale de Droit et de Jurisprudence, 1999.

Giglio, Wagner D. *Direito Processual do Trabalho*. 9ª ed. rev., ampl. e adap. São Paulo: LTr, 1995.

Luño, Antonio-Enrique Pérez. *La Seguridad Jurídica*. 2ª ed. rev. Barcelona: Editorial Ariel, 1994.

Moraes, Alexandre de. *Direitos Humanos Fundamentais: teoria geral, comentários aos arts. 1º a 5º da Constituição da República Federativa do Brasil, doutrina e jurisprudência*. 3ª ed. São Paulo: Atlas, 2000.

Nery Junior, Nelson; Andrade Nery, Rosa Maria. *Código de Processo Civil comentado e legislação extravagante*, 9ª ed. rev., atual. e ampl. São Paulo: Revista dos Tribunais, 2006.

Silveira, Paulo Fernando. *Devido Processo Legal: due process of law*. 2ª ed. rev. e amp. Belo Horizonte: Del Rey, 1997.

Sormani, Alexandre. *Inovações da Ação Direta de Inconstitucionalidade e da Ação Declaratória de Constitucionalidade: uma visão crítica da Lei nº 9.868l9/1999 sob o viés do princípio da segurança jurídica*. São Paulo: Juarez de Oliveira, 2004.

PRINCÍPIO DA EFETIVIDADE

Maria Elizabeth de Castro Lopes *e João Batista Lopes**

> **Sumário:** Introdução. 1. Conceito de efetividade. 2. Posição dos constitucionalistas. 3. Tutela jurisdicional, efetividade da jurisdição e técnica processual. 4. Efetividade e celeridade. 5. Efetividade do processo na doutrina brasileira. 6. Efetividade e direito à prova. 7. Efetividade e reformas processuais. 8. Efetividade e harmonia do sistema processual. 9. Efetividade das decisões judiciais. 10. Bibliografia.

INTRODUÇÃO

A *constitucionalização do processo civil*[1] constitui, inquestionavelmente, uma das principais tendências entre os estudiosos dessa disciplina.

Não se pretende, porém, criar uma nova disciplina, a par das tantas já existentes em nossas grades curriculares, mas apenas deixar claro que, como instrumento da jurisdição, o processo deve fazer atuar os princípios e valores consagrados na Constituição Federal.

Sem discutir, nesta sede, a existência ou não de hierarquia entre os princípios, pode-se afirmar que a *efetividade do processo* é um deles, e vem merecendo especial atenção dos constitucionalistas e dos processualistas.

---

*Doutora em Direito pela PUC/SP. Professora de Direito Processual Civil na FAAP. Membro do Instituto Brasileiro de Direito Processual. Membro Fundador do Cebepej. Advogada.

**Professor dos cursos de mestrado e doutorado da PUC/SP. Desembargador aposentado. Consultor jurídico. Membro do Instituto Brasileiro de Direito Processual. Membro Fundador do Cebepej.

1 Lopes, 2004, p. 29-39.

Muito se tem falado e escrito sobre *efetividade do processo*, mas a fixação de seu conceito ainda desafia os especialistas.

Nesta breve exposição não se pretende resolver tão difícil problema, mas apenas discutir alguns aspectos relevantes do tema e seus reflexos no dia-a-dia forense. Para tanto, serão invocados doutrinadores que se preocuparam especificamente com o tema, cujas lições serão transcritas de acordo com os textos originais para se guardar fidelidade às suas posições.

1. CONCEITO DE EFETIVIDADE

O termo *efetividade*, na linguagem comum, significa capacidade de produzir um efeito real ou capacidade de atingir o objetivo real. É o que se lê em conhecido dicionário:

> *Efetividade.* Caráter, virtude ou qualidade do que é efetivo. 1. faculdade de produzir um efeito real; 2. capacidade de produzir o seu efeito habitual, de funcionar normalmente; 3. capacidade de atingir o seu objetivo real; 4. realidade verificável; existência real; incontestabilidade.[2]

No sentido filosófico, o termo *efetivo* é assim explicado por Nicola Abbgnano:

> O mesmo que real. Em italiano e francês, esse termo ressalta o caráter que a realidade possui diante do que só é imaginado ou desejado; em inglês e alemão, ressalta o caráter que a realidade possui diante do que é somente possível.[3]

Em clássico dicionário, Francisco Fernandes registra o termo efetividade como sinônimo de realidade, existência, certeza, objetividade, e o substantivo efetivar com o sentido de realizar, efetuar, perfazer.[4]

Precisamente com esse sentido é que se fala em efetividade do processo, razão por que cumpre indagar quais os caminhos para se chegar a ela.

---

[2] Houaiss e Villar, 2001, p. 1102.
[3] Abbagnamo, 1998, p. 306.
[4] Fernandes, 1957, p. 292 e 669.

2. POSIÇÃO DOS CONSTITUCIONALISTAS

A Constituição de 1988 traz, no inciso XXXV do art. 5º, a seguinte disposição:

> A lei não excluirá da apreciação do Poder Judiciário lesão ou ameaça a direito.

Para além da literalidade do texto, o que se estabelece não é apenas o direito de ingressar em juízo ou de movimentar a máquina judiciária, mas a garantia de tutela jurisdicional qualificada, cumprida a função social do sistema jurídico.

Nesse sentido, vale registrar a lição de Luís Roberto Barroso:

> A efetividade significa, portanto, a realização do Direito, o desempenho concreto de sua função social. Ela representa a materialização, no mundo dos fatos, dos preceitos legais e simboliza a aproximação, tão íntima quanto possível, entre o *dever-ser* normativo e o *ser* da realidade social.[5]

Em outros dispositivos, fica também explícita a preocupação do constituinte de 1988 com a efetividade da jurisdição:

> Art. 5º.
>
> Inc. LIV: ninguém será privado da liberdade de seus bens sem o devido processo legal.
>
> Inc. LV: aos litigantes, em processo judicial ou administrativo, e aos acusados em geral são assegurados o contraditório e ampla defesa, com os meios e recursos a ela inerentes.

Com efeito, os princípios do devido processo legal, do contraditório e da ampla defesa estão diretamente ligados à efetividade da jurisdição, uma vez que eles são a garantia, para o cidadão, de obter do Estado a tutela de seus direitos.

3. TUTELA JURISDICIONAL, EFETIVIDADE DA JURISDIÇÃO E TÉCNICA PROCESSUAL

A tutela jurisdicional, no sentido de proteção aos direitos, não está divorciada da técnica processual, porque a solução dos conflitos não pode ser obtida de qualquer forma, mas segundo normas e critérios estabelecidos no sistema.

Em primoroso estudo sobre o tema, Tito Carnacini[6] demonstra ser o processo judicial um instrumento colocado a serviço

---

5 Barroso, 1996, p. 220.
6 Carnacini, 1951, p. 695ss.

das pessoas e por isso delas se exige submissão a seu mecanismo e a suas regras. Ressalta que, se as partes recorrem ao processo com a finalidade de conseguir seus objetivos, também devem dar ao processo sua contribuição, indicando a forma adequada do procedimento. Mostra, também, que as partes devem "dar a carne e o osso" do processo e que o princípio *ne procedat iudex ex officio* é uma das colunas mestras do Direito italiano, embora disponha o juiz de poderes instrutórios, já que este aspecto não se relaciona com o direito material, mas com a técnica processual. Importa, pois, distinguir entre o que se refere à proteção do Direito Material e o que concerne à organização interna e à técnica processo.[7]

A seu turno, Bedaque mostra a necessidade de observância das *normas processuais* e aponta os fins colimados pela *técnica processual*:

> A técnica processual tem dois grandes objetivos: a) conferir segurança ao instrumento, no sentido de proporcionar absoluta igualdade de tratamento aos sujeitos parciais do processo; b) garantir seja a tutela jurisdicional, na medida do possível, resposta idêntica à atuação espontânea da regra de direito material, quer do ponto de vista da justiça da decisão, quer pelo ângulo da tempestividade.[8]

Assim, a busca da efetividade do processo não pode prescindir da técnica processual, já que ambas devem caminhar juntas para que o processo realize seus fins.

4. EFETIVIDADE E CELERIDADE

Tem-se observado, em trabalhos acadêmicos, certa confusão entre *celeridade* e *efetividade*.

Talvez em razão da constante preocupação com a morosidade da Justiça, a efetividade muitas vezes é identificada com celeridade ou com presteza da atividade jurisdicional.

---

[7] A posição de Tito Carnacini é explicada mais detidamente por Maria Elizabeth de Castro Lopes, no livro *O juiz e o princípio dispositivo*, editado pela Revista dos Tribunais.
[8] Bedaque, 2006, p. 77-78.

Nada, porém, menos exato, já que a celeridade é apenas um aspecto da efetividade. Com maior rigor técnico e à luz da Emenda nº 45, aos jurisdicionados se deve garantir a *razoável duração do processo* que, entre outros critérios, terá de levar em consideração a complexidade da causa.[9] Por exemplo, se o desate da lide exigir prova pericial, e o juiz a dispensar, em nome da celeridade processual, a efetividade do processo estará irremediavelmente comprometida: o julgamento não será antecipado, mas precipitado...

Tem-se, pois, que a celeridade processual não pode vulnerar as garantias constitucionais entre as quais se colocam a ampla defesa e a produção de prova.

Sobre o ponto parece oportuno transcrever trecho da Exposição de Motivos da Ley de Enjuiciamiento Civil espanhola que bem situa a questão:

> *El derecho de todos a una tutela judicial efectiva, expresado en el apartado primero del artículo 24 de la Constitución, coincide con el anhelo y la necesidad social de una Justicia civil nueva, caracterizada precisamente por la efectividad.*
>
> *Justicia civil efectiva significa, por consustancial al concepto de Justicia, plenitud de garantías procesales. Pero tiene que significar, a la vez, una respuesta judicial más pronta, mucho más cercana en el tiempo a las demandas de tutela y con mayor capacidad de transformación real de las cosas. Significa, por tanto, un conjunto de instrumentos encaminados a lograr un acortamiento del tiempo necesario para una definitiva determinación de lo jurídico en los casos concretos, es decir, sentencias menos alejadas del comienzo del proceso, medidas cautelares más asequibles y eficaces, ejecución forzosa menos gravosa para quien necesita promoverla y con más posibilidades de éxito en la satisfacción real de los derechos e intereses legítimos.* [10]

Também oportuna a lição de Comoglio, Ferri e Taruffo sobre as garantias do que chamam processo *equo* ou *giusto*:

- *il riconoscimento e la garanzia dei diritti inviolabili dell'uomo* (art.2);

---

9 Hofman, 2005, p. 586.
10 Ley de Enjuiciamiento Civil, 2000, p. 45.

> – *la pari dignità sociale e l'eguaglianza di tutti i cittadini davanti alla lege, senza alcuna discriminazione irrazionale (di razza, di sesso, di lingua, di religione, di opinioni politiche, di condizioni personali e sociali: art. 3, comma 1);*
> – *la fondamentale esigenza di effettività, la quale rappresenta il denominatore comune (o, se si preferisce, la conditio sine qua non) dell'attuazione garantistica di qualsiasi valore primario individuale (arg. ex art.3, comma 2);*
> – *la adeguatezza qualitativa delle possibilità di farsi udire dal giudice, con l'esercizio di idonei poteri (di allegazione, di deduzione, di eccezzione e di prova) capaci di incidere sulla formazione del convincimento decisorio del giudice.*[11]

Em outra passagem, os autores peninsulares fazem distinção entre efetividade qualitativa e efetividade objetiva, reportando-se, quanto à primeira, à tutela em sentido constitucional, quando esta tem por finalidade a função de como agir em juízo, tendo em vista a tutela de um direito ou de um interesse substancial; e, quanto à segunda, a própria tutela jurisdicional, que corresponde ao agir em juízo do direito pretendido ou do interesse legítimo, ou seja, em função da situação individual, que tenha o seu reconhecimento e a proteção no mundo jurídico.[12]

5. EFETIVIDADE DO PROCESSO NA DOUTRINA BRASILEIRA

A efetividade do processo tem merecido da doutrina brasileira especial atenção como se pode comprovar com rápida consulta a revistas especializadas.

Dentre os processualistas que mais se interessaram pelo tema desponta Barbosa Moreira, que dedicou ao assunto vários estudos[13] e apresentou um programa básico em prol da campanha da efetividade, nestes termos:

> ... a) o processo deve dispor de instrumentos de tutela adequados, na medida do possível, a todos os direitos (e outras disposições

---

[11] Comoglio, 1995, p. 55 e 70.
[12] Comoglio, 1995, p. 62-63.
[13] Barbosa Moreira, 1995. Barbosa Moreira, 1994. Barbosa Moreira, 1997.

jurídicas de vantagem) contemplados no ordenamento, que resultam de expressa previsão normativa, que se possam inferir no sistema;

b) esses instrumentos devem ser praticamente utilizáveis, ao menos em princípio, sejam quais forem os supostos titulares dos direitos (e das outras posições jurídicas de vantagem) de cuja preservação ou reintegração se cogita, inclusive quando indeterminado ou indeterminável o círculo dos eventuais sujeitos;

c) impende assegurar condições propícias à exata e completa reconstituição dos fatos relevantes, a fim de que o convencimento do julgador corresponda, tanto quanto puder, à realidade;

d) em toda a extensão da possibilidade prática, o resultado do processo há de ser tal que assegure à parte vitoriosa o gozo pleno da específica utilidade a que faz jus segundo o ordenamento;

e) cumpre que se possa atingir semelhante resultado com o mínimo dispêndio de tempo e energias. [14]

Em tese de doutorado, Augusto Tavares Rosa Marcacini assim enfrentou a questão:

> ... é de se situar a efetividade como a realização prática, real, dos fins a que o processo se propõe. De certo modo, é nesta premissa que se assenta o conteúdo "efetividade do processo": o cumprimento das finalidades que ele promete alcançar. Falar, então, em "efetividade do processo" importa em confrontar os ideais buscados pelo sistema processual – ideais que irão variar no tempo e no espaço – com os resultados alcançados. O vocábulo *efetividade, como se vê, contém um significado aberto, a depender do que queremos realizar por meio do processo*.[15] (grifo nosso)

Presente tal diretriz, há que pôr em relevo a grande diversidade de concepções acerca da natureza jurídica do processo. Seria uma *relação jurídica*, uma *situação jurídica* ou uma *instituição*? Em qualquer dessas formulações, quais seriam seus escopos?

Responde Cândido Dinamarco:[16] a pacificação com justiça, a certeza, a segurança, a eticidade, o caráter pedagógico etc.

---

[14] Barbosa Moreira, 1997, p. 27.
[15] Marcacini, 1999, p. 38-39.
[16] Dinamarco, 1996, p. 149ss.

O que se colhe da doutrina até agora exposta é que *efetividade* não pode significar apenas a *justiça da decisão*, mas também o respeito às garantias constitucionais do processo. Exemplificando: mesmo em processo em que não haja lugar para oferecimento de defesa consistente, como na retomada com fundamento em denúncia vazia, não pode o juiz acolher o pedido sem observar estritamente o princípio do contraditório.

Por outras palavras, a "justiça a qualquer preço" com sacrifício das garantias constitucionais é puro arbítrio e conflita com os valores consagrados no sistema jurídico.

6. EFETIVIDADE E DIREITO À PROVA

Exame particular merece a relação existente entre a efetividade e o direito à prova.

A doutrina contemporânea considera o direito à prova um dos aspectos do princípio do contraditório e da ampla defesa, já que não é suficiente assegurar ao jurisdicionado oportunidade para se manifestar no processo: deve-se garantir-lhe o direito de provar suas alegações e de influenciar na formação do convencimento do juiz.

Roberto O. Berizonce expõe a exata dimensão do direito à prova

> *que corresponde a las partes, se le reconoce por su linaje constitucional la naturaleza de una verdadera garantía y, por ende, una considerable amplitud que desde la prerrogativa de servirse de todas las pruebas relevantes y de la consiguiente extendida posibilidad de iniciativa en el procedimiento probatorio, hasta el derecho de las partes al "contraditorio" sobre las pruebas. Respecto de la prueba propuesta por la contraria y, con más razones, en cuanto a la ordena oficiosamente, el método del contradictorio permite a las partes: a) contestar su relevancia y oportunidad; b) participar en su asunción; c) deducir pruebas contrarias (contraprueba); d) discutir la eficacia de las pruebas aun antes de las decisiones.*[17]

Para que o direito à prova atue com regularidade, cumpre ao juiz examinar com cuidado as alegações das partes, o que lhe

---

[17] Berizonce, 1999, p. 474.

permitirá fixar os pontos controversos da lide. Para tanto, deverá observar a regra do art. 331 do Código de Processo Civil, que dispõe sobre a audiência preliminar, indevidamente confundida com simples tentativa de conciliação. A fixação dos pontos controversos e a definição das provas pertinentes têm importância vital para o bom desenvolvimento da instrução e a solução adequada da lide. Ao cumprir essa tarefa, o juiz não poderá deixar de ouvir as partes sobre o *thema probandum*, presente o *princípio da colaboração*, prestigiado pela doutrina contemporânea.

Cumpre ressaltar, porém, que o direito à prova não é ilimitado uma vez que ao juiz compete observar a natureza da causa e indeferir as diligências inúteis. Por exemplo, na desapropriação, será impertinente produção de prova relacionada com o mérito do ato administrativo, e nas ações de despejo, com a titularidade dominial.

Como observa Luiz Guilherme Marinoni:

> Os procedimentos que limitam a defesa, obrigando à propositura de ação inversa, devem estar em consonância com as necessidades do Direito Substancial e de acordo com os valores da Constituição. Ou seja, a limitação do direito à cognição do conflito de interesses somente pode acontecer em razão de exigências do direito material e da realidade posta na Constituição.[18]

7. EFETIVIDADE E REFORMAS PROCESSUAIS

As recentes reformas processuais obrigam-nos a uma reflexão: estaríamos aprimorando o sistema no sentido da busca da efetividade da jurisdição?

Importa ressaltar, de início, que toda reforma faz presumir a intenção de corrigir defeitos e aperfeiçoar a legislação. E, não se pode deixar de reconhecer o avanço, em vários aspectos, na disciplina dos recursos e da execução.

Entretanto, nosso sistema de recursos ainda é complexo, e tem sido visto como entrave à concretização da garantia da razoável duração do processo.

---

[18] Marinoni, 1994, p. 71-72.

Quando se fala em simplificação do sistema recursal para garantir sua efetividade a pergunta que se põe é a seguinte: que recursos dos atualmente existentes poderiam ser abolidos? Para logo, excluem-se o recurso especial e o recurso extraordinário, que ostentam *status* constitucional. Da apelação também não se cogita, já que se cuida do "recurso por excelência" (Barbosa Moreira). Igualmente problemática seria a eliminação do agravo, que implicaria retorno do mandado de segurança anômalo. Restariam os embargos infringentes, os embargos de declaração e os embargos de divergência, cuja abolição certamente não acarretaria alteração substancial no quadro atual de lentidão da Justiça.

Em verdade, o problema é mais difícil, e não pode ser resolvido com simples alterações legislativas, já que está intimamente relacionado com o mau funcionamento da máquina judiciária, matéria que exigiria outra exposição.

O mesmo pode ser dito da execução civil.

Sem embargo do esforço revelado para simplificar a legislação, o fato é que as recentes reformas comprometeram a harmonia do sistema, geraram dúvidas e dissídio na doutrina e na jurisprudência (*v.g.*, sobre o termo inicial do prazo para exigência da multa de 10%; sobre a eficácia executiva das sentenças declaratórias; sobre a aplicabilidade da reforma à execução de alimentos; sobre a natureza da impugnação do executado etc.).

Tem-se, pois, que as reformas processuais não têm o condão de garantir a efetividade do processo enquanto persistirem o anacronismo da máquina judiciária; a falta (ou má utilização) de recursos financeiros; a "burocracia dos carimbos"; a mentalidade cartorial; a insuficiência do número de juízes; a ausência de planejamento; a adoção de modelo de gerenciamento ultrapassado; as facilidades para a utilização indevida dos benefícios da assistência judiciária; a falta de técnica de muitos textos legais etc.

8. EFETIVIDADE E HARMONIA DO SISTEMA PROCESSUAL

Em primeiro lugar, cumpre indagar se nossa legislação processual civil pode ser considerada um sistema no sentido técnico-jurídico.

Com todas as modificações legislativas após o advento da Constituição de 1988, é lícito questionar a subsistência do sistema processual introduzido em 1973 (Código Buzaid). É que não basta a reunião ou soma de textos e dispositivos legais para a formação de um *sistema*, uma vez que, para tanto, exigem-se os atributos da organização, unidade e interação.[19]

Importa indagar, também, se a *harmonia* é um dos requisitos para a existência do sistema, ao lado da unidade, organização e interação.

A resposta é negativa, pois a harmonia não é elemento indispensável para a existência do sistema, conquanto seja essencial para que ele tenha efetividade.

Com efeito, ainda que o sistema possa subsistir sem harmonia, isto é, marcado pela conflituosidade e pela divergência, o desejável é que as normas formem um conjunto harmônico e coerente que possa conferir segurança aos jurisdicionados.

Longe estamos, porém, desse ideal, como vimos no item 8, *retro*.

9. EFETIVIDADE DAS DECISÕES JUDICIAIS

Até agora discorremos sobre a efetividade do processo em sentido genérico, isto é, saber como o processo pode realizar seus escopos.

Aspecto particular, igualmente relevante, concerne à efetividade das decisões judiciais: cuida-se de saber como garantir o cumprimento das decisões judiciais para que seus efeitos se concretizem não só no plano jurídico, mas também na realidade fática.

Quem milita nas lides forense vê-se freqüentemente às voltas com o descumprimento de decisões judiciais sob variados pretextos. Os exemplos são muitos (precatórios, decisões mandamentais, liminares em geral etc.).

Sem examinar, neste passo, os vários aspectos que a questão envolve, é inquestionável a necessidade de maior rigor legal para punir o descumprimento de decisões judiciais.

---

[19] Watslawick; Jackson e Beavin, 2000.

É inconcebível que o particular ou o Estado deixem de cumprir decisões judiciais, assumindo comportamento às vezes acintoso, escorados na impunidade.

O tema está a merecer atenção do legislador para que se estude a criminalização de algumas dessas condutas.

Enquanto tal não ocorrer, é de rigor que alguns mecanismos já existentes, como a punição à litigância de má-fé, à resistência e à fraude processual sejam aplicados com maior freqüência, com o que se poderá contribuir para o fortalecimento da autoridade judicial.

10. BIBLIOGRAFIA

Abbagnamo, Nicola. *Dicionário de filosofia*. 3ª ed. São Paulo: Livraria Martins Fontes, 1998.

Barbosa Moreira, José Carlos. "Notas sobre o problema da efetividade do processo." In: *Temas de Direito Processual*. Sexta série. São Paulo: Saraiva, 1997.

_____. "Efetividade do processo e técnica processual." In: *Revista Forense*. Vol. 329. Rio de Janeiro: Forense, 1995.

_____. "A efetividade no processo de conhecimento." In: *Revista de Processo 74*. São Paulo: Revista dos Tribunais, 1994.

Barroso, Luís Roberto. *Interpretação e aplicação da Constituição*. São Paulo: Saraiva, 1996.

Bedaque, José Roberto dos Santos. *Efetividade do processo e técnica processual*. São Paulo: Malheiros, 2006.

Berizonce, Roberto O. *Derecho procesal civil actual*. Buenos Aires: Abeledo-Perrot, 1999.

Carnacini, Tito. "Tutela giurisdizionale e tecnica del processo." In: *Studi in onore di Enrico Denti*. Vol. II. Milão: Giuffrè, 1951.

Comoglio, Luigi Paolo; Ferri, Corrado e Taruffo, Michele. *Lezioni sul processo civile*. Bolonha: Il Mulino, 1995.

Dinamarco, Cândido Rangel. *A instrumentalidade do processo*. 5ª ed. São Paulo: Malheiros, 1996.

Fernandes, Francisco. *Dicionário de sinônimos e antônimos*. 11ª ed. Rio de Janeiro: Globo, 1957.

Hoffman, Paulo. "O direito à razoável duração do processo e a experiência italiana." In: *Reforma do Judiciário*. São Paulo: Revista dos Tribunais, 2005.

Houaiss, Antônio e Villar, Mauro de Salles. *Dicionário Houaiss da língua portuguesa*. Rio de Janeiro: Objetiva, 2001.

Ley de Enjuiciamiento Civil, 1ª ed. Madri: Civitas, 2000.

Lopes, João Batista. "Efetividade da tutela jurisdicional à luz da constitucionalização do processo civil." In: *Revista de Processo*, nº 116. São Paulo: Revista dos Tribunais, 2004.

Lopes, Maria Elizabeth de Castro. *O juiz e o princípio dispositivo*. São Paulo: Revista dos Tribunais, 2006.

Marcacini, Augusto Tavares Rosa. *Estudo sobre a efetividade do processo civil*. Tese defendida na Universidade de São Paulo, 1999.

Marinoni, Luiz Guilherme. *Efetividade do processo e tutela de urgência*. Porto Alegre: Sérgio Fabris, 1994.

Watslawick, Paul; Jackson, Don D. e Beavin, Janet Helmick. *Pragmática da comunicação humana* (trad. de Álvaro Cabral). 11ª ed. São Paulo: Cultrix, 2000.

PRINCÍPIO DA PROIBIÇÃO DA PROVA ILÍCITA

*Sérgio Shimura**

> **Sumário**: 1. Generalidades. 2. Conceito e finalidade. 3. Objeto. 3.1. Prova do direito. 4. Poderes investigatórios do juiz. 5. Princípio da proibição da prova ilícita. 5.1. Interceptação telefônica. 5.1.1. Prova emprestada. 5.2. Gravação telefônica. 5.3. Comunicação em sistemas de informática e telemática. 5.4. Dados ou registros telefônicos. 5.5. Comissão Parlamentar de Inquérito. 5.6. Direito à intimidade e retirada de material para exame médico. 6. Bibliografia.

1. GENERALIDADES

A idéia de *jurisdição*, como regra, está ligada à função estatal de declarar e realizar, de forma concreta e prática, a vontade da lei diante de uma situação jurídica controvertida. Na manifestação do poder jurisdicional, o Estado, via Poder Judiciário, por vezes, conhece dos fatos e decide sobre situações litigiosas por meio do chamado processo de conhecimento; outras vezes, dá efetividade ao direito já declarado ou reconhecido em documento, pela via do processo de execução; ainda, insere-se na jurisdição a análise do processo cautelar, o qual tem a finalidade de prevenir litígios ou acautelar situações que possam assegurar provas, coisas ou pessoas. É a estrutura prevista no art. 270, CPC.

A jurisdição atua sobre um caso concreto, levado ao conhecimento e julgamento perante o Poder Judiciário, diante de uma

---

* Membro do Ministério Público do Estado de São Paulo, Mestre, Doutor e Livre-Docente pela PUC/SP, Professor nos programas de graduação e pós-graduação da PUC/SP e do Unifieo – Centro Universitário Fieo, Professor da Escola Superior do Ministério Público.

hipótese fática específica. O instrumento de que se vale a jurisdição é o *processo*.

Em outras palavras, *processo* significa a seqüência de atos ou situações tendentes a uma solução ou resultado. Daí se falar, por exemplo, em *processo legislativo*, *processo democrático*, *processo administrativo*, *processo judicial*.

Em suma, consiste no veículo em que se praticam atos com vistas à solução da *lide*,[1] tal como deduzida pela parte, diante do Estado. O juiz resolve a lide, mas não os conflitos existentes na sociedade, que muitas vezes sequer chegam ao conhecimento do Poder Judiciário.

A jurisdição atua sobre um caso concreto, diante de uma hipótese fática específica. Por isso, o autor deve na petição inicial indicar os fatos que dão suporte ao pedido (art. 282 do CPC). Todo pedido ou pretensão se baseia em algum *fato* afirmado pelo autor. E do lado contrário, cabe ao réu se opor, negando o fato ou alegar outros, impeditivos, modificativos ou extintivos (art. 326 do CPC).

Por exemplo, na *ação* – direito de, preenchidos certos requisitos previstos em lei, obter um provimento jurisdicional, exercitável por meio do processo –, o autor invoca o *fato* do acidente, do descumprimento de um contrato, do não pagamento do aluguel, para postular a respectiva providência jurisdicional; em contrapartida, o réu pode invocar o fato de não ter sido ele o causador do evento danoso, de ter cumprido o contrato, de ter pago o aluguel.

De conseguinte, na ação é possível separar idealmente dois aspectos: *fato* e *direito*. Por exemplo, na ação em que se pede indenização, o fato pode ser o acidente aéreo, ocorrido no dia tal; o direito provém da previsão legal abstrata (art. 927 do CC). Daí por que, ao julgar, o juiz desenvolve o seguinte silogismo: constata

---

[1] No item 6 da Exposição de Motivos do CPC, lide designa mérito (*lide* = conflito de interesses qualificado por uma pretensão resistida, conforme lição de Carnelutti). Assim, os arts. 5º, 22, 46, I, 47, 110, 126, 132 etc., do CPC. Mas, há situações em que a expressão *lide* pode estar no sentido de ação ou processo (arts. 70, 132, do CPC).

premissa menor (fato), analisa a premissa maior (norma jurídica) e chega a uma conclusão (sentença).

Com isso não se quer dizer que as questões deduzidas pelas partes sempre reclamem discussão sobre fatos. Há situações em que o pedido se lastreia em questão unicamente de direito, permitindo, inclusive, o julgamento antecipado da lide (art. 330, I, do CPC).

Nessa linha, João Batista Lopes ensina que, se as questões estiverem escoradas em fatos (isto é, acontecimentos da vida de que decorrem conseqüências jurídicas), poderá ser necessário demonstrar-lhes a existência, quando negada. À demonstração dos fatos (ou melhor, das alegações sobre fatos), dá-se o nome de prova. Na formação de sua convicção, deve o juiz valer-se dos elementos constantes dos autos, não podendo basear-se exclusivamente em suas impressões pessoais, nem se servir de provas obtidas fora do processo. O juiz, a par do bom senso, intuição e máximas de experiência, tem o dever de indicar os motivos e as provas que determinaram o seu convencimento, tudo como expressão da garantia dos jurisdicionados (art. 93, IX, CF; art. 165 do CPC).[2]

Portanto, a atividade probatória versa sobre a situação fática. Só excepcionalmente, há necessidade de se provar o *direito* (*teor* e *vigência*, conforme art. 337 do CPC; art. 14 do LICC).

2. CONCEITO E FINALIDADE

Prova é todo elemento que pode levar o conhecimento de um fato a alguém. No processo, significa todo meio destinado a convencer o juízo (órgão judiciário) a respeito da ocorrência de um fato. Assim, a prova tem a finalidade de demonstrar uma situação fática dentro do processo, reunindo elementos para um juízo de certeza (ou verossimilhança).

Portanto, o destinatário *direto* da prova é o juízo (órgão Judiciário). Todavia, é preciso que tal prova seja produzida no processo. Quer dizer, mesmo que o juiz esteja convencido a respeito de

---

[2] Lopes, 2000, p. 21-23.

determinado fato (exceto o fato notório e presumido, art. 334 do CPC), é preciso que a prova seja produzida no processo, pois se destina também aos órgãos judiciários superiores.

3. OBJETO

A prova há de ser feita sobre fatos relevantes, pertinentes e controvertidos. Com efeito, na audiência preliminar, é preciso que o juiz fixe os *pontos controvertidos* (art. 331, § 2º, do CPC). De conseguinte, a prova tem por objeto esclarecer e demonstrar *o que* aconteceu, *quando, como, onde, quem* o praticou.

Portanto, à luz do art. 334 do CPC, não dependem de prova os seguintes fatos: a) notório; b) confessado; c) incontroverso; e d) presumido.

Fato *notório* é aquele que é de conhecimento geral, em determinada localidade ou região, sobre os quais nenhum dos sujeitos processuais tem dúvida sobre a sua ocorrência (ex.: tal dia foi feriado local).

Fato *confessado* consiste na admissão de um fato que prejudica uma parte e beneficia a outra (art. 348 do CPC) (ex.: em ação indenizatória contra o hospital, o réu admite que ficou internado 3 dias). Cabe lembrar que é ineficaz a confissão se provinda de quem não seja capaz de dispor do direito a que se referem os fatos confessados (art. 213 do CC). E, se feita a confissão por um representante, somente é eficaz nos limites em que este pode vincular o representado. A confissão é irrevogável, mas pode ser anulada se decorreu de erro de fato ou de coação (art. 214 do CC). É caso de ação anulatória, se ainda pendente o processo em que foi feita. Se já passado em julgado a sentença de mérito e se a confissão foi o único fundamento da decisão, a hipótese é de ação rescisória (art. 352 do CPC).

Fato *incontroverso* é o não contrariado ou impugnado pela parte contrária. Dispensa outra prova, se o direito ou a prova forem disponíveis (arts. 320, II, 366 do CPC). Interessa, nesse ponto, anotar a Súmula nº 231-STF: "O revel, em processo cível, pode produzir provas, desde que compareça em tempo oportuno."

Fato *presumido* é aquele resultante da conclusão de um fato conhecido e provado. Vale dizer, a presunção importa em forma de raciocínio do juiz, que, a partir de um fato provado, chega à conclusão da existência de outro. Revela o art. 212, IV, CC, que "O ato jurídico pode ser provado mediante presunção." Por seu turno, o art. 334, IV, CPC, preceitua que "Não dependem de prova os fatos em cujo favor milita presunção legal de existência ou de veracidade."

Em regra, a presunção é relativa (*juris tantum*), autorizando a prova em contrário. Exemplos: "**Em ação investigatória, a recusa do suposto pai a submeter-se ao exame de DNA induz presunção** *juris tantum* **de paternidade**" (Súmula nº 301-STJ); presumem-se fraudatórias dos direitos dos outros credores as garantias de dívidas que o devedor insolvente tiver dado a algum credor (art. 163 do CC); presumem-se, porém, de boa-fé e valem os negócios ordinários indispensáveis à manutenção de estabelecimento mercantil, rural, ou industrial, ou à subsistência do devedor e de sua família (art. 164 do CC).[3]

---

3 Outras hipóteses de presunção (relativa), previstas no Código Civil:

Art. 219. As declarações constantes de documentos assinados presumem-se verdadeiras em relação aos signatários.

Art. 322. Quando o pagamento for em quotas periódicas, a quitação da última estabelece, até prova em contrário, a presunção de estarem solvidas as anteriores.

Art. 324. A entrega do título ao devedor firma a presunção do pagamento.

Art. 658. O mandato presume-se gratuito quando não houver sido estipulada retribuição, exceto se o seu objeto corresponder ao daqueles que o mandatário trata por ofício ou profissão lucrativa.

Art. 1.201. É de boa-fé a posse, se o possuidor ignora o vício, ou o obstáculo que impede a aquisição da coisa.

Parágrafo único. O possuidor com justo título tem por si a presunção de boa-fé, salvo prova em contrário, ou quando a lei expressamente não admite esta presunção.

Art. 1.282. A árvore, cujo tronco estiver na linha divisória, presume-se pertencer em comum aos donos dos prédios confinantes.

Art. 1.597. Presumem-se concebidos na constância do casamento os filhos:

I – nascidos cento e oitenta dias, pelo menos, depois de estabelecida a convivência conjugal;

II – nascidos nos trezentos dias subseqüentes à dissolução da sociedade conjugal, por morte, separação judicial, nulidade e anulação do casamento;

Excepcionalmente, a lei prevê a presunção absoluta. Exemplos: É incapaz o menor de 18 anos (art. 5º do CC); é nulo negócio jurídico quando celebrado por pessoa absolutamente incapaz (art. 166 do CC); não dispondo a lei em contrário, a escritura pública é essencial à validade dos negócios jurídicos que visem a constituição, transferência, modificação ou renúncia de direitos reais sobre imóveis de valor superior a trinta vezes o maior salário mínimo vigente no País (art. 108 do CC); o registro da penhora de imóvel gera presunção absoluta de conhecimento por terceiros (art. 659, § 4º, do CPC).

3.1. Prova do direito

O *direito* não precisa ser provado. Todos têm a obrigação de conhecer a lei (art. 3º do LICC). Ninguém se escusa de cumprir a lei, alegando **desconhecimento**. Com mais razão, o juiz deve conhecer o Direito (art. 5º, do LICC, e art. 126, do CPC: o juiz não se exime de sentenciar). Mas qual direito cabe ao juiz conhecer? Federal, estadual e **municipal,** onde exerce a judicatura (*Iura novit curia*).

Excepcional**mente,** exige-se que se prove o texto legal e a respectiva *vigência* (art. 337, do CPC; art. 14, do LICC). Apesar da

---

III – havidos por fecundação artificial homóloga, mesmo que falecido o marido;

IV – havidos, a qualquer tempo, quando se tratar de embriões excedentários, decorrentes de concepção artificial homóloga;

V – havidos por inseminação artificial heteróloga, desde que tenha prévia autorização do marido.

Art. 1.598. Salvo prova em contrário, se, antes de decorrido o prazo previsto no inciso II do art. 1.523, a mulher contrair novas núpcias e lhe nascer algum filho, este se presume do primeiro marido, se nascido dentro dos trezentos dias a contar da data do falecimento deste e, do segundo, se o nascimento ocorrer após esse período e já decorrido o prazo a que se refere o inciso I do art. 1.597.

Art. 1.599. A prova da impotência do cônjuge para gerar, à época da concepção, ilide a presunção da paternidade.

Art. 1.600. Não basta o adultério da mulher, ainda que confessado, para ilidir a presunção legal da paternidade.

Art. 1.662. No regime da comunhão parcial, presumem-se adquiridos na constância do casamento os bens móveis, quando não se provar que o foram em data anterior.

menção à "vigência", em verdade, cabe ao juiz a interpretação da norma. A prova pode ser feita com cópia da imprensa oficial ou mesmo com a extração do texto por meios eletrônicos.

Ilustrativamente, o Estatuto da Criança e do Adolescente (Lei nº 8.069/1990), edita o art. 51 que:

> Cuidando-se de pedido de adoção formulado por estrangeiro residente ou domiciliado fora do País, observar-se-á o disposto no art. 31. § 1º – O candidato deverá comprovar, mediante documento expedido pela autoridade competente do respectivo domicílio, estar devidamente habilitado à adoção, consoante as leis do seu país, bem como apresentar estudo psicossocial elaborado por agência especializada e credenciada no país de origem. § 2º – A autoridade judiciária, de ofício ou a requerimento do Ministério Público, poderá determinar a apresentação do *texto pertinente à legislação estrangeira*, acompanhado de prova da respectiva vigência.

4. PODERES INVESTIGATÓRIOS DO JUIZ

O juiz não está circunscrito às provas propostas pelas partes. Pode não as admitir, porque desnecessárias, impossíveis ou protelatórias, como também determinar, até de ofício, a produção de outras. De feito, o art. 130, do CPC, é claro em dispor que "Caberá ao juiz, de ofício ou a requerimento da parte, determinar as provas necessárias à instrução do processo, indeferindo as diligências inúteis ou meramente protelatórias."

Tal preceito é desdobramento do *princípio da indeclinabilidade*, pelo qual "O juiz não se exime de sentenciar ou despachar alegando lacuna ou obscuridade da lei. No julgamento da lide caber-lhe-á aplicar as normas legais; não as havendo, recorrerá à analogia, aos costumes e aos princípios gerais de direito" (art. 130, do CPC; art. 4º, do LICC).

Há quem sustente que o juiz deve agir apenas subsidiariamente, de forma complementar, supletivamente à atividade normal das partes, que têm, cada qual, o ônus da prova dos fatos alegados. No entanto, cremos que os poderes instrutórios do juiz permitem uma postura mais ativa e interventiva do juiz, deixando de lado a posição de mero expectador dos atos das partes.

Por exemplo, cabe ao juiz determinar nova perícia (art. 437, do CPC), determinar o comparecimento pessoal das partes, a fim de interrogá-las sobre os fatos da causa (arts. 342 e 343, do CPC), colher o depoimento de testemunhas referidas (art. 418, do CPC), proceder à acareação de testemunhas ou delas com as partes (art. 418, do CPC), requisitar documentos (art. 399, do CPC) etc.

5. PRINCÍPIO DA PROIBIÇÃO DA PROVA ILÍCITA

Pela redação do art. 5º, LV, CF, "aos litigantes, em processo judicial ou administrativo, e aos acusados em geral são assegurados o contraditório e a ampla defesa, com os meios e recursos a ela inerentes". E o inciso LVI estabelece que "são inadmissíveis, no processo, as provas obtidas por meios ilícitos". A seu turno, o art. 332, do CPC, reza que "Todos os meios legais, bem como os moralmente legítimos, ainda que não especificados neste Código, são hábeis para provar a verdade dos fatos, em que se funda a ação ou a defesa."

A Convenção Americana Sobre Direitos Humanos (Pacto de San Jose da Costa Rica) dispõe que "ninguém poderá ser objeto de ingerências arbitrárias ou abusivas em sua vida privada, na de sua família, em seu domicílio ou em sua correspondência, nem de ofensas ilegais à sua honra ou reputação" (art. 9º).

Do mesmo teor é a Declaração Universal dos Direitos Humanos, da qual o Brasil é signatário: "ninguém sofrerá intromissões arbitrárias na sua vida privada, na sua família, no seu domicílio ou na sua correspondência, nem ataques à sua honra e reputação" (art. 12º).

Uma primeira idéia que se pode inferir é a de que todo e qualquer meio de prova é hábil para a demonstração de um fato ou para a formação da convicção do juízo (documentos, testemunhas, perícia etc.), justamente em razão do princípio do contraditório e da ampla defesa. A segunda idéia é de limitação dos instrumentos e meios probatórios.

A Constituição Federal alude à *obtenção* da prova por "*meios ilícitos*". O Código de Processo Civil refere-se a "*meios legais*" e "*moralmente legítimos*".

Da conjugação desses dispositivos, pode-se extrair, de acordo com a doutrina dominante, que *prova ilegal* é a que viola o ordenamento jurídico como um todo (leis, princípios gerais), quer sejam de natureza material ou processual.[4] É o gênero das espécies: prova ilícita e prova ilegítima.
   a) *prova ilícita* é a que, ao ser colhida, contraria norma de Direito Material;
   b) *prova ilegítima* é a que fere disposição de caráter processual.

Nessa linha, Maria Elizabeth de Castro Lopes sublinha que a prova será

> ilegítima quando ofende norma de direito processual e a sua ilegalidade se concretiza no momento da sua produção dentro do processo. Por sua vez, a prova ilícita ocorre fora do processo e é produzida com ofensa à norma de direito material. Portanto, a prova ilegal poderá ser *ilegítima* ou *ilícita*, ou seja, os fatores que marcam as diferenças entre uma e outra se circunscrevem a como é obtida e em que momento é oferecida ou produzida.[5]

Com efeito, a prova ilícita vem marcada com ilegalidade ocorrida em momento anterior à sua produção em juízo, isto é, diz com o momento de sua obtenção. O documento, por exemplo, por si só, é um dos meios de prova, porém se obtido pela prática de furto, tortura, violação de correspondência ou de domicílio, a prova mostra-se viciada, por desrespeito à norma de Direito Material; quando levada a processo, a prova já se apresenta contaminada, porque transgressora do ordenamento jurídico. E como exemplo de *ilegítima*, pode-se mencionar o testemunho sob coação ou ameaça. De todo modo, ilícita ou ilegítima, ambas são vedadas porque ilegais, levando à inaptidão de seu uso no processo, seja civil, penal ou administrativo.

A vedação do uso de provas ilegais (*lato sensu*) serve de baliza à atividade estatal, máxime em respeito a outros princípios e garantias constitucionais, como o direito à intimidade, vida pri-

---

4 Nery Junior, 2000, p. 163.
5 Castro Lopes, 2006, p. 47. No mesmo sentido: Nuvolone, 1966, p. 442.

vada, honra, imagem, domicílio, além da garantia do sigilo de correspondência, de comunicações e liberdades individuais.

O Brasil viveu uma época de regime autoritário, em que eram freqüentes violações de direitos fundamentais, como invasões em domicílio, violação ao sigilo de correspondência, diligências policiais arbitrárias, grampeamento de telefone etc. A Carta da República de 1988, consciente do período traumático por que passou o País, e para prevenir contra possível recaída e retorno à prática desse tipo de violências, veio adotar radicalmente a tese proibitiva das provas obtidas por meios ilícitos (art. 5º, LVI, do CF).

No entanto, se a Constituição Federal veda a *prova obtida por meio ilícito* (art. 5º, LVI, do CF) e o Código de Processo Civil proíbe os meios ilegais e moralmente ilegítimos (art. 332, do CPC, a contrário senso), é certo que, tanto no plano doutrinário, quanto no jurisprudencial, não há uniformidade de posições no que toca à *caracterização* da prova ilícita e a sua aceitação.

Uma primeira corrente (*proibitiva* ou *obstativa*) pugna pela vedação absoluta da prova ilegal ou obtida por meio ilícito. O fundamento dessa posição deita raízes nos direitos e garantias individuais, como o direito a intimidade, honra, imagem, domicílio, sigilo de correspondência e de comunicações.[6]

Uma segunda corrente, mais flexível, vale-se do princípio da proporcionalidade, conhecida como a do *interesse predominante*, admitindo a prova, conquanto ilícita ou ilegal, tudo a depender dos valores jurídicos e morais em discussão no caso concreto. No campo penal, imagine-se a hipótese de o réu, para provar a sua inocência, venha a violar a correspondência alheia ou interceptar a conversa telefônica entre terceiros, caso em que se poderia cogitar na mitigação da proibição da prova ilícita. Também a admite quando a prova (ilícita) não seja o único fundamento nem o principal para o acolhimento ou rejeição do pedido.

E no rumo dessa segunda posição, há os que sustentam a validade da prova, tendo em vista que a finalidade do processo é

---

[6] RTJ 84/609, 100/78. No mesmo sentido: RT 185/156, 187/666, RTJ 110/798.

a verdade, sem prejuízo de a parte poder ser responsabilizada, até penalmente, pela produção da prova ilícita.

O critério da proporcionalidade passou a ser adotado inicialmente pela Justiça alemã, idéia que se alastrou para os Estados Unidos da América (*princípio da razoabilidade*), com a função de evitar ou prevenir injustiças que a aplicação da vedação absoluta das provas ilícitas poderia acarretar. Temperam-se outros valores ou princípios, igualmente dotados de credencial constitucional.

Adverte Gomes Canotilho que

> a pretensão de validade absoluta de certos princípios com sacrifício de outros originaria a criação de princípios reciprocamente incompatíveis, com a conseqüente destruição da tendencial unidade axiológico-normativa da Lei Fundamental. Daí o reconhecimento de momentos de tensão ou antagonismo entre os vários princípios e a necessidade, atrás exposta, de aceitar que os princípios não obedecem, em caso de conflito, a uma "lógica do tudo ou nada", antes podem ser objeto de ponderação e concordância prática, consoante o seu "peso" e as "circunstâncias do caso".[7]

Alguns exemplos podem ser citados: interceptar conversa de detento que esteja planejando a morte de juiz; filmar a intimidade de alguém, que esteja violando direitos da criança; abrir correspondência de alguém, para demonstrar a inaptidão ou o perigo de continuar com o pátrio poder. Nessas hipóteses, o autor da prova poderia ser até processado criminalmente, mas a prova deveria ser levada em consideração, em nome de outro direito ou garantia, igualmente constitucionais.

Em voto, o ministro Celso de Mello deixou assentado que

> não há, no sistema constitucional brasileiro, direitos ou garantias que se revistam de caráter absoluto, mesmo porque razões de relevante interesse público ou exigências derivadas do princípio de convivência das liberdades legitimam, ainda que excepcionalmente, a adoção, por parte dos órgãos estatais, de medidas restritivas das prerrogativas individuais ou coletivas, desde que respeitados os termos estabelecidos pela própria Constituição. O estatuto constitucional das liberdades públicas, ao delinear o regime jurídico a

---

[7] Canotilho, 1994, p. 1.056.

que estas estão sujeitas – e considerado o substrato ético que as informa – permite que sobre elas incidam limitações de ordem jurídica, destinadas, de um lado, a proteger a integridade do interesse social e, de outro, a assegurar a coexistência harmoniosa das liberdades, pois nenhum direito ou garantia pode ser exercido em detrimento da ordem pública ou com desrespeito aos direitos e garantias de terceiros.[8]

Dentro do tema "provas ilícitas", permitimo-nos centrar o foco na questão da *interceptação telefônica*, diante da polêmica que tem gerado, notadamente pelos fatos veiculados pela mídia em geral.

5.1. Interceptação telefônica

Pelo art. 5º, XII, CF, "é inviolável o sigilo da correspondência e das comunicações telegráficas, de dados e das comunicações telefônicas, salvo, no último caso, por ordem judicial, nas hipóteses e na forma que a lei estabelecer para fins de investigação criminal ou instrução processual penal".

O sigilo das comunicações telefônicas constitui-se em garantia constitucional, porém não absoluta, vez pode ser *quebrado* mediante autorização judicial, na forma que a lei estabelecer.

Antes do advento da Lei nº 9.296/1996, que veio regulamentar a interceptação telefônica, o Pleno do STF definiu, por maioria, que a interceptação telefônica necessitava regulação infraconstitucional até então inexistente. Enquanto o legislador ordinário não tivesse regulamentado o art. 5º, XII, do CF, o juiz não estaria autorizado a permitir a produção de prova mediante escuta telefônica, não se aplicando, sequer, os arts. 56 e 57 do CBT (Código Brasileiro de Telecomunicações – Lei nº 4.117/1962). Além disso, sendo ilícita a prova, o vício contaminava as demais, oriundas *direta ou indiretamente* de informações através dela obtidas. Poderia invalidar outras provas que poderiam ser normalmente lícitas (ilicitude por derivação); de conseguinte, nenhum juiz poderia

---

[8] MS 23452 – RJ – Pleno do STF – Rel. Min. Celso de Mello – j. 16/09/1999 – DJU 12/05/2000 – Unânime.

autorizá-la e quem a fizesse, estaria praticando o crime previsto no art. 151, § 1º, II, do CP (violação de comunicação telefônica).[9]

E a Lei nº 9.296/1996, em seu art. 1º, fixa que

> A interceptação de comunicações telefônicas, de qualquer natureza, para prova em investigação criminal e em instrução processual penal, observará o disposto nesta Lei e dependerá de ordem do juiz competente da ação principal, sob segredo de justiça.
>
> Parágrafo único. O disposto nesta Lei aplica-se à interceptação do fluxo de comunicações em sistemas de informática e telemática.

Pode-se conceituar a *interceptação telefônica* como sendo a captação da comunicação telefônica feita por um terceiro, sem o conhecimento dos comunicadores.[10]

A *escuta telefônica* consiste na captação da comunicação feita por um terceiro, mas com a ciência e consentimento de um dos comunicadores (ex.: a polícia grava a conversa entre a família da vítima do seqüestro e os seqüestradores).

Tanto a escuta como a interceptação telefônica sujeitam-se ao regime da Lei nº 9.296/1996.[11] Logo, em ambos os casos (interceptação e escuta telefônica), mediante autorização judicial,

---

9 *Habeas Corpus* 96912 – RS, Rel. Min. SEPULVEDA PERTENCE, j. 16/12/1993. Outra hipótese, também anterior à Lei nº 9.296/1996: STF (Ação Penal nº 307-DF – Réus: Fernando Collor de Melo e Paulo César Farias, j. 07/12/1994). A defesa alegou a inadmissibilidade de duas provas: 1) a gravação telefônica feita por uma das testemunhas, sem o conhecimento dos outros interlocutores; 2) os registros da memória dos computadores da empresa Verax. O Rel. Min. Ilmar Galvão acolheu as duas teses da defesa, com base em ausência de lei regulamentadora. Além disso, disse que a degravação de conversa telefônica violou o direito à privacidade (art. 5º, X, CF) e a degravação dos registros do computador violou o direito à inviolabilidade do domicílio e intimidade (Theotonio Negrão e José Roberto F. Gouvêa, *CPC*, nota ao art. 332). Esse caso também foi mencionado por José Carlos Barbosa Moreira ("A Constituição e as provas ilicitamente adquiridas", *Ajuris* 68/22-22, novembro/1996) e Luiz Flávio Gomes e Raúl Cervini (*Interceptação telefônica*, São Paulo: Revista dos Tribunais, 1997, p. 108).

10 Gomes e Cervini, 1997, p. 95.

11 Gomes e Cervini, 1997, p. 104-105. Nery Junior e Nery, *CPC op. cit.*, nota à Lei nº 9.296/1996.

Contra: Vicente Greco Filho entende que a *escuta telefônica* não é regida pela Lei nº 9.296/1996 (1996, p. 5).

torna-se cabível esse tipo de prova, sendo certo que ter por finalidade a demonstração do fato em sede de investigação criminal e em instrução processual penal.[12]

Exige-se competência do juízo, que é aquele para a ação principal, sob pena de nulidade da prova.[13] Ilustrativamente, sendo crime afeto à Justiça Estadual, descabe à Federal autorizar a interceptação telefônica.[14]

Constitui crime realizar interceptação de comunicações telefônicas, de informática ou telemática, ou quebrar segredo da Justiça, sem autorização judicial ou com objetivos não autorizados em lei. Pena: reclusão, de dois a quatro anos, e multa. (art. 10, Lei nº 9.296/1996).

Aqui impende registrar os *requisitos legais* para a autorização judicial de interceptação telefônica: a) existência de indícios razoáveis da autoria ou participação em infração penal; b) com-

---

[12] STF, AI 503.617-AgRg. Rel. Min. Carlos Velloso, DJ 04/03/2005.

[13] HABEAS CORPUS. PROCESSUAL PENAL. Conexão. Continência. Foro privilegiado. Ausente prerrogativa de função. I – Inexistindo prerrogativa de função é da competência do juiz de primeiro grau o processamento e julgamento do feito. II – O juiz competente para a ação principal é quem deve autorizar ou não a interceptação das comunicações telefônicas. III – Considera-se nula a autorização judicial para interceptação telefônica concedida por juiz incompetente. Writ deferido, para que se declare a competência do Juízo de primeiro grau para processamento e julgamento do feito e anular os atos até então praticados pelo Juízo incompetente. HC 10243/RJ – DJ 23/04/2001 – PG 00164 – Rel. Min. Edson Vidigal – Rel. p/ Acórdão Min. Felix Fischer – j. 18/12/2000 – Quinta Turma do STJ – Por maioria.

[14] 1. Recurso Ordinário em *Habeas corpus*. 2. Acórdão do Superior Tribunal de Justiça que declarou a nulidade do processo criminal, *ab initio*, inclusive da denúncia, por incompetência da Justiça Federal. 3. Atos investigatórios mantidos, a serem apreciados pela Justiça Estadual. 4. Decerto, os atos investigatórios constantes do inquérito policial, da fase indiciária, não são nulos, *ut art.* 567 do CPP, porque não se revestem de caráter decisório, salvo aqueles de natureza constritiva de direito, que, possuindo essa índole, provêm de decisão judicial. 5. Recurso parcialmente provido para ampliar o deferimento do *habeas corpus* e considerar nula a decisão do Juiz Federal incompetente, quanto à autorização para a interceptação telefônica e quebra dos sigilos bancário e telefônico, sem prejuízo das demais provas constantes do inquérito policial que, autônomas, possam fundamentar a denúncia do Ministério Público Estadual (RHC 80197 – GO – Segunda Turma do STF – Rel. min. Néri da Silveira – j. 08/08/2000, DJU 29/09/2000 – Unânime).

petência em razão da matéria ou da hierarquia;[15] c) o fato investigado constituir infração penal punida, no máximo, com pena de reclusão.

O legislador infelizmente perdeu a oportunidade de autorizar a interceptação telefônica para os casos apenados com *detenção*, como aborto, maus-tratos, calúnia, constrangimento ilegal etc. Aliás, não se percebe com nitidez a razão porque o Constituinte, ao tratar do sigilo, transferiu somente a questão das "comunicações telefônicas" ao legislador infraconstitucional.

De todo modo, todavia, em face do princípio da proporcionalidade, por vezes é possível a interceptação telefônica quando se está diante da violação de outro direito, como, por exemplo, o direito à vida e à liberdade, já que, no próprio *caput* do art. 5º, do CF, vem previsto antes mesmo dos demais direitos fundamentais. Assim, se a vida estiver sendo ameaçada por telefonemas, o direito à intimidade e à inviolabilidade da comunicação telefônica daquele que vem praticando a ameaça deve ser sacrificado em favor do direito maior, que é o à vida.[16]

---

15 OPERAÇÃO ANACONDA (HC 33.176-SP, Rel. Min. José Arnaldo da Fonseca, j. 27/4/2004). Em *habeas corpus* impetrado em favor de juiz, preso preventivamente, devido à denúncia de envolvimento na operação denominada Anaconda, ressaltou o Min. Relator, rebatendo, entre outras alegações do acusado, a de que a Lei nº 9.296/1996 não autoriza prorrogação de interceptação telefônica por mais de uma vez, que: 1) inviável em sede de *habeas corpus* examinar o tempo das interceptações frente aos fatos complexos narrados na denúncia e razoáveis ao se levar em conta o número elevado de partícipes como consta da denúncia; 2) acresce, ainda, aferir-se que a acusação não se louvou tão-só nas interceptações telefônicas, mas também em considerável relação de dados e elementos que evidenciam os indícios de prática de crimes de falsidade ideológica, peculato, prevaricação, corrupção passiva e formação de quadrilha; 3) o que vale saber é se essas interceptações telefônicas foram devidamente motivadas, e consta dos autos que no decorrer das interceptações foi sendo delimitada as atividades criminosas. *Por último, o fato de essas interceptações terem sido autorizadas por juízo que posteriormente declinou de sua competência, por si só não tem de invalidar a prova judicial e regular em que foram obtidas*, inclusive, provas suficientes para embasar a acusação, conforme a jurisprudência do STF e STJ. A Turma denegou a ordem, considerando não haver ilegalidade no decreto de prisão preventiva que está bem fundamentado, o que conduziu à necessidade de mantê-lo preso (HC 33.176-SP, Rel. Min. José Arnaldo da Fonseca, j. 27/4/2004).

16 Nery Junior, p. 172.

Ademais, é possível a interceptação telefônica relacionada com crime de detenção, quando conexo com outro, apenado com reclusão. Entendimento contrário levaria ao absurdo de nunca ser possível tal tipo de prova, quando o delito estivesse, mesmo que remotamente, ligado a crime sancionado com mera detenção.[17]

A autorização judicial deve preceder à investigação criminal, justamente para que haja o controle pelo Poder Judiciário. Em outras palavras, descabe interceptar e *depois* pedir o referendo ou homologação da prova em juízo.

5.1.1. Prova emprestada

No tocante à *prova emprestada*, originada da interceptação ou escuta telefônica, nada obsta a que, uma vez produzida em sede penal, a prova seja trasladada para o processo civil. Não é incomum que o mesmo fato da vida se subsuma à norma de Direito Penal e Civil; às vezes, o aspecto civil é até pior que as conseqüências de cunho penal.

Como alerta Nelson Nery Junior, "a natureza da causa civil é irrelevante para a admissão da prova. Desde que a escuta tenha sido autorizada para servir de prova direta na esfera criminal, pode essa prova ser emprestada para o processo civil".[18]

Foi o que sucedeu no Inquérito nº 2.424, em trâmite pelo STF, relativamente à chamada operação "hurricane" (furacão), autorizada pelo ministro Cezar Peluso, na qual a Polícia Federal procedeu à interceptação telefônica de autoridades públicas, dentre elas os desembargadores do Tribunal Regional Federal da 2ª Região, procurador Regional da República no Rio de Janeiro, um ministro do STJ, além de juiz do Trabalho da 15ª Região, envolvidos com vendas de sentenças ligadas à exploração de jogo ilegal (caça-níqueis).

---

[17] Moraes, 2006, nota ao art. 5º, XII, nº 5.33., com alusão ao HC 83.515-RS, Rel. Min. Nélson Jobim, Informativo STF nº 365.
[18] Nery Junior, 2002, p. 167. No mesmo sentido: Barbosa Moreira, novembro/1996. CONTRA: Gomes e Cervini, 1997, p. 118; Greco Filho, 1996, p. 23-24.

Nesse caso, em 25/04/2007, o Plenário do Supremo Tribunal Federal, por maioria, autorizou o envio de cópias do acervo de provas reunidas nos autos do Inquérito nº 2.424, atendendo aos requerimentos de informações do Superior Tribunal de Justiça (STJ) e do Conselho Nacional de Justiça (CNJ) para terem acesso aos documentos e provas, com a finalidade de formar "juízo sobre a instauração ou não de *processo administrativo* destinado a apurar infrações disciplinares imputáveis a magistrados sujeitos a seu controle administrativo".

O ministro Cezar Peluso levantou a questão de ordem tendo em vista que os autos do inquérito contêm interceptações telefônicas realizadas, de forma lícita, pela Polícia Federal. Segundo o ministro, a Constituição Federal, bem como a Lei nº 9.296/1996, não permitiriam o empréstimo de prova contendo interceptação telefônica para qualquer outra investigação ou processo penal.

Ao serem atendidos os requerimentos do STJ e do CNJ, Peluso disse acreditar que as provas obtidas pela interceptação estariam sendo usadas para "provar os mesmos atos, contra as mesmas pessoas ou agentes, pelo mesmo Estado". O que se faria no caso é "tirar da mesma fonte de prova a capacidade de servir de meio de convencimento do mesmo fato, desde que se trate de procedimento não penal", resumiu o ministro.

Em seu voto, o ministro afirmou que não insulta a Constituição nem a Lei

> o entendimento de que a prova oriunda de interceptação lícita, autorizada em investigação criminal, contra certa pessoa, na condição de suspeito indiciado ou réu pode ser-lhe oposta na esfera própria pelo mesmo Estado encarnando por órgão administrativo ou judiciário a que esteja o agente submisso como prova do mesmíssimo ato, visto sobre a qualificação jurídica de ilícito administrativo ou disciplina.

Nesta hipótese, continuou o ministro, "tenho que se desvanecem as objeções. Está nela, por pressuposto, afastada a idéia de *fraus legis* ou *fraus constituiciones*, que o juízo da prova poderia, em caso contrário, abortar".

Assim, o ministro Peluso votou para que o Supremo autorize, sob dever de resguardo do segredo de justiça, a remessa de cópias do Inquérito nº 2.424 ao STJ e ao CNJ, bem como ao Tribunal Regional Federal da 2ª Região (Rio de Janeiro) e ao Tribunal Regional do Trabalho de Campinas, se estes últimos vierem a fazer a mesma solicitação. Mais uma vez, o ministro ressaltou que as provas obtidas por interceptação telefônica não devem ser usadas em procedimentos penais.

Assim, por maioria, vencido o ministro Marco Aurélio, o Plenário do Supremo Tribunal Federal resolveu a questão de ordem e autorizou o envio de cópia das provas constantes nos autos ao Superior Tribunal de Justiça e ao Conselho Nacional de Justiça, conforme o voto do relator. Seguiram o voto de Cezar Peluso os ministros Cármen Lúcia Antunes Rocha, Ricardo Lewandowski, Eros Grau, Carlos Ayres Britto, Gilmar Mendes, Celso de Mello, Sepúlveda Pertence e Ellen Gracie. O ministro Joaquim Barbosa não participou do julgamento da questão de ordem alegando impedimento por razões de foro íntimo.[19]

5.2. Gravação telefônica

A gravação não se confunde com a interceptação telefônica. A *gravação* é a captação da comunicação feita diretamente por um dos comunicadores ou interlocutores.[20] Além de não ser crime, uma vez que o art. 10 da Lei nº 9.296/1996 se reporta apenas à "interceptação telefônica", a gravação é ato lícito, sendo, pois, direito da parte no uso dos meios de prova.

---

19 Sítio Revista Consultor Jurídico, acesso em 13 abr. 2007. Em outro julgado, acolheu-se a prova emprestada: a interceptação telefônica só é admitida como prova se houver autorização judicial para a sua realização. Não havendo essa autorização, a prova será ilícita e estará configurado o constrangimento ilegal se a base da condenação for ela. No entanto, se esta prova foi emprestada de outro processo, em que houve determinação judicial para sua produção, a prova se torna lícita, não havendo nenhuma ilegalidade no seu uso (STJ, *Habeas Corpus* 27.145 – SP, de 25/08/2003).

20 Gomes e Cervini, 1997, p. 96.

Como exemplo, vale invocar a hipótese do repórter que gravava a conversa com outrem, ou quando a própria parte interessada procede à gravação telefônica com a parte adversa.[21]

Com efeito, do direito de liberdade de expressão estabelecido no preceptivo constitucional é correlato o direito de escolha

---

[21] PROCESSUAL. GRAVAÇÃO DE CONVERSA AUTORIZADA POR UM DOS INTERLOCUTORES. CONTROVÉRSIA. 1. A jurisprudência desta Corte tem firmado o entendimento de que a gravação de conversa por um dos interlocutores não configura interceptação telefônica, sendo lícita como prova no processo penal. 2. Para se verificar se houve a efetiva autorização ou não por parte do ora paciente, necessária seria a realização de dilação probatória, o que não se admite nesta via constitucional. 3. Não conheço do *Habeas Corpus* (HC 14336/RJ – Quinta Turma do STJ – Rel. Min. Edson Vidigal – j. 28/11/2000 – DJU 18/12/2000 – Unânime)

No mesmo sentido: PENAL. PROCESSUAL. GRAVAÇÃO DE CONVERSA TELEFÔNICA POR UM DOS INTERLOCUTORES. PROVA LÍCITA. PRINCÍPIO DA PROPORCIONALIDADE. "HABEAS CORPUS". RECURSO. 1. A gravação de conversa por um dos interlocutores não é interceptação telefônica, sendo lícita como prova no processo penal. 2. Pelo Princípio da Proporcionalidade, as normas constitucionais se articulam num sistema, cujo harmonia impõe que, em certa medida, tolere-se o detrimento a alguns direitos por ela conferidos, no caso, o direito à intimidade. 3. Precedentes do STF. 4. Recurso conhecido mas não provido (RHC 7216/SP – DJ 25/05/1998 – Rel. Min. Edson Vidigal – j. 28/04/1998 – Quinta Turma do STJ – Unânime. "(...) REPÓRTER QUE SE IDENTIFICA COMO TERCEIRO. GRAVAÇÃO DE CONVERSA TELEFÔNICA. Divulgação pela imprensa. Validade da prova. Não comprovação do efetivo prejuízo sofrido pelas partes ou por terceiros. (...) Este Superior Tribunal de Justiça vem prestigiando a tese de que a gravação de conversa telefônica por um dos interlocutores não é interceptação telefônica, sendo lícita como prova no processo penal. Não há similitude entre os arestos em confronto, pois o caso *sub judice* possui uma peculiaridade. O repórter se apresentou como uma outra pessoa, (conhecida do interlocutor e opositor àquele ao qual pertencia outro co-réu). Dissídio não demonstrado. Recurso não conhecido (RESP 214089/SP – DJ – 17/04/2000 – RDTJRJ, Vol. 44, p. 72, Rel. Min. José Arnaldo da Fonseca j. 16/03/2000 – Quinta Turma do STJ – Unânime).

Ainda: *Habeas corpus*. Utilização de gravação de conversa telefônica feita por terceiro com a autorização de um dos interlocutores sem o conhecimento do outro quando há, para essa utilização, excludente da antijuridicidade. Afastada a ilicitude de tal conduta "a de, por legítima defesa, fazer gravar e divulgar conversa telefônica ainda que não haja o conhecimento do terceiro que está praticando crime", é ela, por via de conseqüência, lícita e, também consequentemente, essa gravação não pode ser tida como prova ilícita, para invocar-se o art. 5º, LVI, da Constituição com fundamento em que houve violação da intimidade (art. 5º, X, da Carta Magna). "*Habeas corpus*" indeferido (HC 74678 – SP – Primeira Turma do STF – Rel. Min. Moreira Alves – j. 10/06/1997 – DJU 15/08/1997 – Unânime. Paciente: Luiz Marcos Klein. Impetrante: Miguel Reale Júnior e outros. Coator: STJ).

do destinatário da comunicação. O pensamento há de ser transmitido à pessoa escolhida pelo emitente, sem qualquer interrupção. Enquanto a conversa está sendo travada entre aqueles que aceitam o destinatário como comunicador, sem problemas a gravação. O que deveria estar apenas na memória do destinatário, passa a figurar em fita magnética ou meio eletrônico, guardando o diálogo e mantendo a salvo o seu conteúdo.[22]

Nessa linha, o art. 383, do CPC, diz que "Qualquer reprodução mecânica, como a fotográfica, cinematográfica, fonográfica ou de outra espécie, faz prova dos fatos ou das coisas representadas, se aquele contra quem foi produzida lhe admitir a conformidade". A simples reprodução de conversa mantida pelas partes e gravada por uma delas há de ser admitida.[23]

O STF tem entendido que não há qualquer violação constitucional ao direito de privacidade quando "a gravação de conversa telefônica for feita por *um dos interlocutores* ou com sua autorização e sem o conhecimento do outro, quando há investida criminosa deste último". Assim, o Supremo Tribunal Federal tem aceitado como lícitas as provas colhidas através de escuta telefônica, mesmo sem autorização judicial, em alguns casos, desde que a conversa tenha sido gravada por um dos interlocutores.[24]

5.3. Comunicação em sistemas de informática e telemática

O inciso XII do art. 5º da CF fala somente em "comunicação telefônica". E a Lei nº 9.296/1996, no parágrafo único do art. 1º, estende a possibilidade de interceptação telefônica do fluxo de "comunicações em sistemas de informática e telemática".

Informática é a ciência que visa ao tratamento da informação através do uso de equipamentos e procedimentos da área de processamento de dados. *Telemática* é a ciência que trata da manipulação e utilização da informação através do uso combinado de computador e meios de telecomunicação (*Dicionário Aurélio*).

---

22 Oliveira, 643/25.
23 Nery Junior, 2002, p. 165.
24 HC 75.338/RJ, Rel. Min. Nélson Jobim, *DJU* 25/09/1998.

O parágrafo único, do art. 1º, da Lei nº 9.296/1996 teria extrapolado o limite outorgado pela Constituição Federal? Há quem entenda que a Lei nº 9.296/1996, na parte que autoriza a "interceptação do fluxo de comunicações em sistemas de informática e telemática", seria inconstitucional.[25] Todavia, como observa Alexandre de Moraes, o fato de a ementa da lei afirmar que "regulamenta o Inciso XII, Parte Final, do art. 5º, da Constituição Federal", de forma alguma impede que o texto legal discipline outros assuntos, uma vez que a lei que veicula matéria estranha ao enunciado constante de sua ementa, por só esse motivo, não ofende nenhum postulado constitucional, não vulnerando tampouco as regras de processo legislativo constitucional, pelo que excluída da possibilidade de declaração de inconstitucionalidade (STF, Pleno, ADin. nº 1.096-4, Rel. Min. Celso de Mello, DJ de 22/09/1995, p. 30.589), pois inexistente no vigente sistema de Direito Constitucional brasileiro regra idêntica à prevista pelo art. 49 da Constituição Federal de 1934 ("Os projectos de lei serão apresentados com a respectiva ementa, enunciando, de fórma succinta, o seu objectivo, e não poderão conter matéria estranha ao seu enunciado".) Nesse sentido, o STF indeferiu a ADin nº 1.488-9-DF, Rel. Min. Néri da Silveira, DJ 26/11/1999; medida cautelar requerida por Associação dos Delegados de Polícia do Brasil – Adepol).[26]

Assim, qualquer comunicação feita pelo sistema de informática ou telemática, incluindo o chamado *e-mail*, encontra-se albergada pela Lei nº 9.296/1996.

5.4. Dados ou registros telefônicos

A Lei nº 9.296/1996 cuida da *interceptação telefônica*, não servindo de base normativa para a obtenção de dados ou registros telefônicos. Por exemplo: número do telefone chamado, data, horário, duração do uso, valor, interurbanos.

---

[25] Barbosa Moreira Lima Neto, José *IBCCrim* 56, julho/1997; Greco Filho, 1996, p. 12.
[26] Moraes, 2006, nota ao art. 5º, XII, nº 5.33. No mesmo sentido: Gomes e Cervini, 1997, p. 173.

Tais registros de dados armazenados pela companhia telefônica estão relacionados com chamadas telefônicas pretéritas, sendo, portanto, plenamente utilizáveis em qualquer tipo de processo, civil ou penal, não sofrendo as restrições da interceptação telefônica.[27]

A requisição de dados insere-se dentro dos poderes instrutórios do juiz (art. 399, do CPC; art. 198, do CTN).[28]

Nessa linha, cumpre lembrar que nos procedimentos investigatórios que versarem crime resultante de ações de quadrilha ou bando, permite-se o acesso a dados, documentos e informações fiscais, bancárias, financeiras e eleitorais. E se envolver violação de sigilo preservado pela Constituição ou por lei, a diligência será realizada pessoalmente pelo juiz (arts. 2º e 3º da Lei nº 9.034/1995).

Ressalte-se o direito e a prerrogativa do advogado – não suspeito de atividade ilícita –, no tocante à inviolabilidade de seu escritório, arquivos e dados, correspondência, comunicações, inclusive *telefônicas*, salvo caso de busca e apreensão determinada por magistrado e acompanhada de representante da OAB (art. 7º, II, Lei nº 8.906/1994).

O mesmo tanto se diga quanto à empresa de auditoria e contabilidade. Nessa linha,

> O sigilo profissional é exigência fundamental da vida social que deve ser respeitado como princípio de ordem pública, por isso mesmo que o Poder Judiciário não dispõe de força cogente para impor a sua

---

[27] O STF já decidiu que: "o sigilo bancário, o sigilo fiscal e o sigilo telefônico (sigilo este que incide sobre os dados/registros telefônicos e que não se identifica com a inviolabilidade das comunicações telefônicas) " ainda que representem projeções específicas do direito à intimidade, fundado no art. 5º, X, da Carta Política " não se revelam oponíveis, em nosso sistema jurídico, às Comissões Parlamentares de Inquérito, eis que o ato que lhes decreta a quebra traduz natural derivação dos poderes de investigação que foram conferidos, pela própria Constituição da República, aos órgãos de investigação parlamentar" (MS-23452 / RJ – Rel. Min. Celso de Mello – DJ 12/05/2000 PP-00020 – j. 16/09/1999 – Tribunal Pleno STF – Unânime).

[28] Nesse sentido: STJ, EDcl no RMS 17.732-MT, Rel. Min. Gilson Dipp, j. 23/08/2005, DJ 19/09/2005, p. 353; REsp. 214089-SP, Rel. Min. José Arnaldo da Fonseca, j. 16/3/2000, DJ 17/04/2000; REsp. 9.012-RJ, Rel. Min. Nilson Naves, j. 24/02/1997, DJ 14/4/1997.

revelação, salvo na hipótese de existir específica norma de lei formal autorizando a possibilidade de sua quebra, o que não se verifica na espécie. O interesse público do sigilo profissional decorre do fato de se constituir em um elemento essencial à existência e à dignidade de certas categorias, e à necessidade de se tutelar a confiança nelas depositadas, sem o que, seria inviável o desempenho de suas funções, bem como por se revelar em uma exigência da vida e da paz social. Hipótese em que se exigiu da recorrente "ela que tem notória especialização em serviços contábeis e de auditoria e não é parte na causa" a revelação de segredos profissionais obtidos quando anteriormente prestou serviços à ré da ação. Recurso provido, com a concessão da segurança.[29]

Situação diversa é aquela em que o próprio profissional é o autor, mentor ou partícipe do ilícito, caso em que se admitem tanto a interceptação telefônica como a requisição de dados telefônicos.[30]

5.5. Comissão Parlamentar de Inquérito

Estabelece o art. 58, § 3º, da CF que:

> As comissões parlamentares de inquérito, que terão poderes de investigação próprios das autoridades judiciais, além de outros previstos nos regimentos das respectivas Casas, serão criadas pela Câmara dos Deputados e pelo Senado Federal, em conjunto ou separadamente, mediante requerimento de um terço de seus membros, para a apuração de fato determinado e por prazo certo, sendo suas conclusões, se for o caso, encaminhadas ao Ministério Público, para que promova a responsabilidade civil ou criminal dos infratores.

---

29 RMS 9.612/SP – Quarta Turma do STJ – j. 03/09/1998 – Rel. Min. César Asfor Rocha. In: *Revista de Direito Bancário e do Mercado de Capitais* nº 05, maio/agosto de 1999, p. 207. Arnoldo Wald (coord).

30 ROMS. SIGILO TELEFÔNICO. ADVOGADO. QUEBRA. I - Decisão judicial fundamentada, com apoio na Lei nº 9.296/1996, determinando a interceptação telefônica, não afronta a Constituição Federal. II – A proteção à inviolabilidade das comunicações telefônicas do advogado não consubstancia direito absoluto, cedendo passo quando presentes circunstâncias que denotem a existência de um interesse público superior, especificamente, a fundada suspeita da prática da infração penal. Recurso desprovido. (ROMS 10857/SP – DJ 02/05/2000 – Rel. Min. Felix Fischer – J. 16/03/2000 – Quinta Turma do STJ).

As CPIs não processam nem julgam. Portanto, não podem requerer nem decretar indisponibilidade de bens ou antecipação de tutela jurisdicional. Quanto à prisão, podem decretar apenas em caso de flagrante delito. Porém, têm poderes investigatórios. Nesse campo, ostentam legitimidade e poder para decidir sobre a quebra do sigilo telefônico, bancário e fiscal.

Assim, a quebra do sigilo fiscal, bancário e telefônico de qualquer pessoa não fica excluída da investigação pelo Poder Legislativo, por meio da Comissão Parlamentar de Inquérito, desde que se obedeçam às formalidades e ao objetivo proposto, com esteio na necessidade objetiva da adoção dessa medida no caso concreto que se apresente.

O sigilo bancário, o sigilo fiscal e o sigilo telefônico (sigilo este que incide sobre os dados/registros telefônicos e que não se identifica com a inviolabilidade das comunicações telefônicas) "ainda que representem projeções específicas do direito à intimidade, fundado no art. 5º, X, da Carta Política "não se revelam oponíveis, em nosso sistema jurídico, às Comissões Parlamentares de Inquérito, eis que o ato que lhes decreta a quebra traduz natural derivação dos poderes de investigação que foram conferidos, pela própria Constituição da República, aos órgãos de investigação parlamentar. As Comissões Parlamentares de Inquérito, no entanto, para decretarem, legitimamente, por autoridade própria, a quebra do sigilo bancário, do sigilo fiscal e/ou do sigilo telefônico, relativamente a pessoas por elas investigadas, devem demonstrar, a partir de meros indícios, a existência concreta de causa provável que legitime a medida excepcional (ruptura da esfera de intimidade de quem se acha sob investigação), justificando a necessidade de sua efetivação no procedimento de ampla investigação dos fatos determinados que deram causa à instauração do inquérito parlamentar, sem prejuízo de ulterior controle jurisdicional dos atos em referência" (CF, art. 5º, XXXV). "As deliberações de qualquer Comissão Parlamentar de Inquérito, à semelhança do que também ocorre com as decisões judiciais (RTJ 140/514), quando destituídas de motivação, mostram-se írritas e despojadas de eficácia jurídica, pois nenhuma medida restritiva de direitos pode ser adotada pelo Poder Público, sem que o ato que a decreta seja adequadamente fundamentado pela autoridade estatal."

Ressaltou o ministro Celso de Mello que

> a essência do postulado da divisão funcional do poder, além de derivar da necessidade de conter os excessos dos órgãos que compõem o aparelho de Estado, representa o princípio conservador das liberdades do cidadão e constitui o meio mais adequado para tornar efetivos e reais os direitos e garantias proclamados pela Constituição. Esse princípio, que tem assento no art. 2º da Carta Política, não pode constituir e nem qualificar-se como um inaceitável manto protetor de comportamentos abusivos e arbitrários, por parte de qualquer agente do Poder Público ou de qualquer instituição estatal. O Poder Judiciário, quando intervém para assegurar as franquias constitucionais e para garantir a integridade e a supremacia da Constituição, desempenha, de maneira plenamente legítima, as atribuições que lhe conferiu a própria Carta da República. O regular exercício da função jurisdicional, por isso mesmo, desde que pautado pelo respeito à Constituição, não transgride o princípio da separação de poderes. Desse modo, não se revela lícito afirmar, na hipótese de desvios jurídico-constitucionais nas quais incida uma Comissão Parlamentar de Inquérito, que o exercício da atividade de controle jurisdicional possa traduzir situação de ilegítima interferência na esfera de outro Poder da República.[31]

5.6. Direito à intimidade e retirada de material para exame médico

O art. 5º, X, do CF, resguarda o direito à intimidade e à vida privada. No entanto, por vezes, é necessário a colheita de material para a realização de exame médico (ex.: DNA). Nesse contexto, não se permite obrigar alguém a fornecer o próprio corpo ou parte dele para a produção de prova, notadamente quando esta possa vir a incriminá-lo. Só se admite se o sujeito assim concordar.

---

[31] MS-23452 – RJ – Rel. Min. Celso de Mello – DJ 12/05/2000 PP-00020 – j. 16/09/1999 – Tribunal Pleno STF – Unânime.

Porém, diante da negativa em se sujeitar ao exame, a parte não pode se aproveitar de sua recusa (art. 231, do CC), além do que outras provas poderão ser realizadas, sem prejuízo da presunção (relativa) de veracidade dos fatos afirmados pela parte contrária (art. 232, do CC; Súmula nº 301-STJ).[32]

Dois casos chamaram a atenção da imprensa: o caso Roberta Jamilly Margins Borges e o Glória Trevi.

O primeiro caso está relacionado com o seqüestro de Aparecida Fernanda Ribeiro da Silva (registrada como Roberta Jamilly Martins Borges), em 1980, por Vilma Martins Costa, que também seqüestrou outra criança da maternidade, Pedro Júnior Rosalino Braule Pinto Júnior (o Pedrinho), em 1979. O Tribunal de Justiça de Goiás manteve a sentença penal condenatória que condenou Vilma Martins Costa, que se lastreou no exame de DNA, obtido a partir de ponta de cigarro depositada por Roberta Jamilly na lixeira, tendo restado demonstrado que Roberta Jamilly nunca foi sua filha.

O segundo caso refere-se à cantora mexicana Glória Trevi, que ficou detida na carceragem da Polícia Federal, em Brasília, que acabou engravidando, vindo a dar à luz o filho em hospital público. O exame de DNA foi autorizado pelo STF (Plenário, RCL 2.040-DF, Néri da Silveira, j. 21/02/2002, Informativo STF 257, de 27/02/2002, p. 2) "com a utilização do material biológico da placenta retirada da extraditanda, para se saber quem seria o pai da criança".

Em ambos os casos, não se violou direito à intimidade, pois o material utilizado já havia se separado do corpo da pessoa, tendo a prova produzida de modo lícito e plenamente regular.

6. BIBLIOGRAFIA

Arruda Alvim, José Manoel de. *Manual de Direito Processual Civil*. Revista dos Tribunais 2006.

Avolio, Luiz Francisco Torquato. *Provas ilícitas*. Revista dos Tribunais, 1995.

Bueno, Cássio Scarpinella. *Curso sistematizado de Direito Processual Civil*. São Paulo: Saraiva, 2007.

---

[32] Súmula nº 301-STJ: **"Em ação investigatória, a recusa do suposto pai a submeter-se ao exame de DNA induz presunção** juris tantum **de paternidade."**

Canotilho, J.J. Gomes. *Constituição Dirigente e Vinculação do Legislador.* Coimbra, 1994.

Gomes, Luiz Flávio e Cervini, Raúl. *Interceptação telefônica.* Revista dos Tribunais, 1997.

Gomes, Sergio Alves. *Os poderes do juiz na direção e instrução do processo civil.* Rio de Janeiro: Forense, 1995.

Greco Filho, Vicente. *Interceptação telefônica.* São Paulo: Saraiva, 1996.

Lopes, João Batista. *A prova no Direito Processual Civil.* Revista dos Tribunais, 2000.

Lopes, Maria Elizabeth de Castro. *O juiz e o princípio dispositivo.* Revista dos Tribunais, 2006.

Mendonça, Rachel Pinheiro de Andrade. *Provas ilícitas: limites à licitude probatória.* Rio de Janeiro: Lumen Júris, 2001.

Moraes, Alexandre de. *Constituição do Brasil interpretada.* São Paulo: Atlas, 2006.

Nery Junior, Nelson. *Princípios do processo civil na Constituição Federal.* 7ª ed. São Paulo: Revista dos Tribunais, 2002.

Nuvolone, Pietro. "Le prove vietate nel processo penale nei paesi di diritto latino." In: *Rivista di Diritto Processuale,* XXI, 1966, Padova.

Oliveira, Carlos Alberto Álvaro de (coord.). *Prova cível.* Rio de Janeiro: Forense, 1999.

Oliveira, Régis Fernandes de. *A prova colhida em fita magnética.* Revista dos Tribunais 643/25.

Pacífico, Luiz Eduardo Boaventura. *O ônus da prova no direito processual civil.* Revista dos Tribunais, 2000.

Silva, César Dario Mariano. *Provas ilícitas.* Rio de Janeiro: Forense, 2004.

PRINCÍPIO DA PROPORCIONALIDADE

Walter Claudius Rothenburg*

> **Sumário**: 1. O caso Cicarelli. 2. De onde vem a proporcionalidade? (fundamentação jurídico-positiva). 3. O que é a proporcionalidade: não um princípio, mas um critério. 4. Como é a proporcionalidade: os momentos do critério da proporcionalidade (adequação e necessidade). 4.1. Divisão tripartida. 4.2. Divisão quadripartida. 4.3. Divisão bipartida. 5. Nem só de restrições vive a proporcionalidade: a proibição de proteção insuficiente. 6. Proporcionalidade, razoabilidade e caso concreto: fundamentação e argumentação. 7. Conclusão. 8. Bibliografia.

1. O CASO CICARELLI[1]

Há um direito fundamental de fazer amor na praia ou no mar e ser deixado em paz. Essa é uma manifestação da liberdade das pessoas, com implicações na privacidade. Quem "ousa" fazer amor na praia ou no mar expõe-se deliberadamente em certa medida e, assim, tem diminuída sua esfera de privacidade, mas dela não abdica completamente. Mesmo que o espaço seja público, não se pode devassar completamente a privacidade das pessoas, que guardam em algum grau a possibilidade de determinação sobre o que querem expor. No mais, importa verificar se há conflito

---

* Procurador Regional da República, Mestre e Doutor em Direito pela UFPR. Pós-graduado em Direito Constitucional pela Universidade de Paris II. Professor do Programa de Pós-graduação em Direito da Instituição Toledo de Ensino (ITE) de Bauru-SP

1 O presente texto retoma e desenvolve minha exposição no IV Congresso Brasileiro de Direito Constitucional e Cidadania, originalmente intitulado "O tempero da proporcionalidade no caldo dos direitos fundamentais", promovido pelo Instituto de Direito Constitucional e Cidadania – IDCC e coordenado pelo Prof. Dr. Zulmar Fachin, ocorrido em Londrina (PR), março de 2007.

com outros direitos fundamentais ou determinações jurídicas, como seria – mas não foi – se outras pessoas que por ali estivessem pudessem justificar um atentado ao pudor (especialmente se houvesse crianças no local).

Num país de longo e exuberante litoral, como o Brasil, onde há uma "cultura da praia", cenas de amor à beira ou dentro do mar não são bizarras. É certo que o episódio folhetinesco, cujo enquadramento jurídico – numa interpretação pessoal (existe outra forma de interpretação?), adiantei – deu-se (e a utilização desse verbo é proposital, evocativa) numa praia da Espanha, porém com personagens brasileiras: o "caso Daniela Cicarelli", conhecida modelo e apresentadora de programa de televisão, que teve a filmagem das cenas de carícias trocadas com o namorado divulgada na internet.

O caso, como tantos outros, envolve conflito de direitos e pode ser resolvido com o emprego da proporcionalidade, esse importante critério jurídico, especialmente útil à solução de problemas que envolvam concorrência ou colisão de direitos fundamentais.[2]

Importa, inicialmente, identificar os direitos fundamentais em jogo e seu respectivo âmbito normativo.[3] No caso, há o direito fundamental à *privacidade* (encontrado em diversos dispositivos da Constituição brasileira e de modo evidente no art. 5º, X: "são invioláveis a intimidade, a vida privada, a honra e a imagem das pessoas, assegurado o direito à indenização pelo dano material ou moral decorrente de sua violação") e o direito fundamental à *imagem* (art. 5º, V: "é assegurado o direito de resposta, proporcional ao agravo, além da indenização por dano material, moral ou à imagem"),[4] por um lado; e por outro, o direito fundamental de *informação* (art. 5º, XIV: "é assegurado a todos o acesso à informação e resguardado o sigilo da fonte, quando necessário ao exercício profissional") e de *comunicação* (art. 5º, IX: "é livre a

---

[2] Clève e Freire, 2003, p. 232-234.
[3] Sarmento, 2000, p. 99-102.
[4] Araújo e Nunes Júnior, 2005, p. 143-144.

expressão da atividade intelectual, artística, científica e de comunicação, independentemente de censura ou licença") – que se relacionam ao direito fundamental de *expressão* (art. 5º, IV: "é livre a manifestação do pensamento, sendo vedado o anonimato"). Sem prejuízo de outros enquadramentos possíveis, eventualmente mais genéricos, como o fundamento da dignidade da pessoa humana (art. 1º, III), o objetivo de uma sociedade livre (art. 3º, I) e que promova o bem de todos (art. 3º, IV).

As pessoas famosas, especialmente os artistas que buscam e se beneficiam da notoriedade, expõem-se deliberadamente e provocam um interesse maior da população em geral.[5] O âmbito de sua privacidade é parcialmente diverso e protegido com menos rigor do que o das pessoas comuns: "Esses indivíduos, oportuno advertir [com certa severidade, Domingos Franciulli Netto e Thiago Luís Santos Sombra], conservam o direito à intimidade e à imagem em relação a sua esfera íntima, embora recebam uma profunda invasão de privacidade."[6] É certo que o direito à reserva não desaparece e depende muito, para configurar-se, do contexto.

Um aspecto a levar em conta é a intenção dos sujeitos, que não perdem a capacidade de determinação quanto àquilo que querem conservar privado. Deve ser mantida na esfera de disponibilidade própria uma avaliação quanto ao conteúdo das informações (no caso, cenas de sexo), à forma de captação (cenas gravadas), ao meio e intensidade de divulgação (rede mundial de informática – internet, com fortíssima exposição).

O tipo de atividade desempenhada também conta; assim, os lugares e fazeres que guardem pertinência com a profissão (no caso dos artistas, que tenham relação com o mundo artístico) estão mais afetados, quer dizer, têm uma proteção de privacidade menos intensa. Deve-se considerar ainda o objeto da divulgação: um fato da "vida pública", como um flerte ou uma discussão em uma festa, são muito mais suscetíveis de divulgação do que um fato da "vida privada", como buscar os filhos na

---

[5] Pereira, 2002, p. 99-103.
[6] Franciulli Netto e Sombra, 2005, p.115.

escola. Outro aspecto que nem sempre merece a devida consideração é a forma da divulgação: uma nota nos meios de comunicação é muito mais tolerável do que uma fotografia; cenas filmadas e divulgadas para o mundo todo via internet são muito mais agressivas. Ernesto Benda, com base no conceito norte-americano de *privacy*, enfatiza "a reserva dos diferentes âmbitos de existência face à sociedade em volta",[7] do que podemos extrair que as pessoas querem e podem ter expectativas de privacidade diferentes conforme as situações em que se encontrem. Por conseguinte, são aspectos específicos que definem a possibilidade e a extensão da divulgação.

Para solucionar o problema em foco, o critério da proporcionalidade propõe o enfrentamento de questões tais como se a pretendida proibição de divulgação das imagens contribui para a proteção da privacidade; se há outro meio de eficácia semelhante para proteger a privacidade, e que restringe menos o direito de informação e a liberdade de comunicação; se é razoável o grau de restrição da liberdade de comunicação (a não-exibição das cenas, até com o bloqueio dos provedores, se necessário) em função do grau de proteção da privacidade.

A sentença do "caso Cicarelli" foi de improcedência do pedido (ação inibitória "que objetiva obrigar os réus a cessarem imediatamente, sob pena de multa diária, a exibição do vídeo e das fotos dele extraídas"),[8] infelizmente. A antecipação de tutela solicitada fora indeferida pelo juiz, mas, por meio de agravo de instrumento, foi liminarmente concedida pelo Tribunal de Justiça e em seguida confirmada. Por causa do descumprimento do acórdão do agravo, um dos autores pediu o bloqueio de acesso à pagina eletrônica de um dos provedores, o que também foi indeferido pelo juiz. Por força de novo agravo de instrumento, determinou-se a instalação de "filtros impeditivos do acesso ao vídeo..., com o esclarecimento posterior de que, na impossibilidade técnica de

---

[7] Benda, 1996, p. 130.

[8] Processo nº 583.00.2006.204563-4, 23ª Vara Cível Central de São Paulo, Juiz Gustavo Santini Teodoro, 18/06/2007.

cumprimento da medida, não deveria haver bloqueio do acesso ao site todo" (conforme a sentença). Os réus argumentaram que "os autores, quando resolveram namorar à luz do dia em famosa praia da Espanha, abriram mão do direito à intimidade e à privacidade, em prol talvez de uma fantasia ou algo do gênero", como se também as fantasias dos amantes não pudessem ser protegidas de superexposição. Fundamentou o magistrado que, "com os recursos atuais da tecnologia, os autores deveriam saber que suas imagens poderiam ser captadas por qualquer um e colocadas na internet. Deixaram que sua intimidade fosse observada em local público, razão pela qual não podem argumentar com violação da privacidade, honra ou imagem para cominar polpudas multas justamente aos co-réus". Porque nenhum segredo haveria a guardar, também revogou-se o segredo de justiça inicialmente determinado ao processo. Infelizmente.

2. DE ONDE VEM A PROPORCIONALIDADE? (FUNDAMENTAÇÃO JURÍDICO-POSITIVA)

Diante da franca admissão e ampla utilização do critério da proporcionalidade, a discussão a respeito de seu fundamento jurídico-normativo perde importância e destina-se mais a satisfazer um apelo formal. Não nego que o ordenamento jurídico seja por excelência a fonte das normas, nem que a aceitação acrítica de postulados simplesmente porque são "admitidos na prática" é perigosa. Parece-me apenas que um postulado admitido e utilizado largamente no Direito de sociedades democráticas tenha evidente fundamentação jurídica. Todavia, que a evidência não seja assim tão tranqüila, revela-o a polêmica a propósito de qual seria esse fundamento.

O princípio do Estado de Direito seria a matriz da proporcionalidade, segundo a jurisprudência do Tribunal Constitucional Federal alemão.[9] Dimitri Dimoulis e Leonardo Martins, igualmente embasados em fontes alemãs, consideram esse princípio sob o

---

[9] Heck, 1995, p.176.

ângulo formal, reduzido à legalidade, e, assim, "insuficiente para descrever o efeito e fundamentar a validade da proporcionalidade".[10] Entretanto, uma compreensão mais substantiva do princípio do Estado de Direito, que inclua a promoção dos direitos fundamentais, oferece esteio jurídico para a proporcionalidade.

Nessa linha, o critério da proporcionalidade derivaria da disposição constitucional que vincula o legislador – e não somente ele, também o Executivo e o Judiciário – aos direitos fundamentais. O art. 1.3 da Constituição da Alemanha dispõe que "[o]s direitos fundamentais relacionados a seguir vinculam os Poderes Legislativo, Executivo e Judiciário como direito imediatamente aplicável". O art. 18.1 da Constituição de Portugal é ainda mais amplo: "Os preceitos constitucionais respeitantes aos direitos, liberdades e garantias são directamente aplicáveis e vinculam as entidades públicas e privadas." Num crescendo, a Constituição do Brasil dispõe amplamente que "[a]s normas definidoras dos direitos e garantias fundamentais têm aplicação imediata" (art. 5º, § 1º), sem excluir destinatários. "[A] proporcionalidade se deduz – deduzem Dimitri Dimoulis e Leonardo Martins –, como muitas vezes se afirma na Alemanha, da própria essência do sistema dos direitos fundamentais, garantindo seu respeito por meio de sua limitação racionalmente controlada."[11] Ocorre que o critério da proporcionalidade é de tão larga aplicação que não se resume aos direitos fundamentais (embora seja no âmbito destes que a proporcionalidade encontre maior relevância). Por exemplo, as prerrogativas de certos agentes públicos (juízes e parlamentares, para ilustrar) devem ser fixadas levando-se em conta a adequação e a necessidade ponderadas.

Permitido seja abrir um parêntese para notar que a proporcionalidade tem como destinatário qualquer sujeito que deva fazer valer direitos (às mais das vezes, fundamentais). Conquanto

---

10 Dimoulis e Martins, 2007, p.180.
11 Dimoulis e Martins, 2007, p. 193.

a referência mais freqüente seja aos legisladores, que, ao editarem normas restritivas de direitos fundamentais, devem observar a proporcionalidade das restrições, os demais órgãos do Poder Público – administradores, juízes etc. – também deverão empregar a proporcionalidade ao enfrentarem questões de direitos fundamentais. E quando em jogo direitos fundamentais na esfera particular (por exemplo, questões de família, contratuais, trabalhistas – como a participação dos empregados nos lucros ou resultados da empresa: Constituição, art. 7º, XI), de modo semelhante, a proporcionalidade funcionará como critério de solução, conforme apontam os citados dispositivos das Constituições portuguesa e brasileira. Finalmente, será abordado adiante não apenas como a defesa de direitos fundamentais, em atitude de garantia contra ações indevidas, mas ainda a promoção de direitos fundamentais, em atitude de prestação contra omissões indevidas, desafia a utilização da proporcionalidade.

De volta à discussão sobre o fundamento jurídico-positivo da proporcionalidade, a derivação a partir dos direitos fundamentais leva Paulo Bonavides ao princípio da igualdade, "sobretudo em se atentando para a passagem da igualdade-identidade à igualdade-proporcionalidade, tão característica da derradeira fase do Estado de direito".[12] Radicalizando, pode-se chegar ao fundamento último do critério da proporcionalidade, situado na cláusula da dignidade humana. Essa identificação parece ser fundamentalmente verdadeira, porém – nessa generalização – pouco elucidativa, "dado o alto grau de abstração e imprecisão" do "sobreprincípio" da dignidade humana, conforme adverte Wilson Antônio Steinmetz.[13]

O princípio do devido processo legal, no sentido de "garantias previstas juridicamente" (André Ramos Tavares),[14] é apontado por importante doutrina e jurisprudência brasileiras como outra

---

[12] Bonavides, 1996, p. 395.
[13] Steinmetz, 2001, p. 165.
[14] Ramos Tavares, 2006, p. 626.

fonte possível do critério da proporcionalidade.[15] Enfatiza-se uma concepção procedimental, calcada no "estabelecimento de formas de participação suficientemente intensiva e extensa de representantes dos mais diversos pontos de vista a respeito da questão a ser decidida", segundo Willis Santiago Guerra Filho.[16] Com efeito, o critério da proporcionalidade reclama um procedimento judicioso para sua aplicação, com especial cuidado na proteção dos direitos fundamentais em jogo.

Outros dispositivos constitucionais específicos são invocados: inafastabilidade do controle jurisdicional (art. 5º, XXXV), princípio republicano (art. 1º, *caput*), cidadania (art. 1º, II), *habeas corpus* (art. 5º, LXVIII), mandado de segurança (art. 5º, LXIX), *habeas data* (art. 5º, LXII), direito de petição (art. 5º, XXXIV, "a")...[17]

Outras cláusulas gerais contidas em documentos legislativos oferecem guarida à proporcionalidade. Referindo-se ao Direito Internacional, André de Carvalho Ramos aponta "três grandes fundamentos implícitos reconhecidos pela Corte [Européia de Direitos Humanos]": as hipóteses previstas de restrições aos direitos humanos baseadas no "interesse público", as "necessárias a uma sociedade democrática" e aquelas derivadas de outros direitos contidos na Convenção Européia de Direitos Humanos.[18]

Ainda que a abundância de disposições expressas nos textos constitucionais, por mais ou menos genéricas que sejam, não oferecesse suporte ao critério da proporcionalidade, restaria reconhecê-la como "princípio implícito, que serve para densificar, reforçar, outros princípios que estão agasalhados na Lei Maior", como pontua Walber de Moura Agra. (2007, p. 124)

Atribuímos ao critério da proporcionalidade uma natureza precipuamente formal, a fornecer uma metodologia de aplicação em casos de conflito de direitos (às mais das vezes, fundamentais). Dessa caracterização da proporcionalidade antes como "cri-

---

[15] Ferreira Mendes, 1999, p. 71-87.
[16] Guerra Filho, 1999, p. 81.
[17] Silva, 2002, p. 42, referindo diversos autores.
[18] Ramos, 2005, p. 142-144.

tério" (formal) do que como "princípio" (material) decorre a desnecessidade de fundamentação no plano do Direito positivo, pois estamos no plano da aplicação do Direito (da Ciência do Direito). Ressalvada a relatividade dessa distinção, que tem mais apelo explicativo do que correspondência à realidade, podemos situar o fundamento do critério da proporcionalidade na natureza das normas que ele tem como objeto, normas de tipo principiológico. Essa a lição de Robert Alexy, para quem "a máxima da proporcionalidade... infere-se logicamente do caráter de princípio, quer dizer, dele é dedutível".[19]

Não há por que sustentar uma derivação única. Ao contrário, a pluralidade de fundamentos normativos[20] reforça a presença do critério da proporcionalidade no ordenamento jurídico. A busca de fundamento(s) normativo(s) para a proporcionalidade em dispositivos explícitos e implícitos de uma determinada Constituição é válida, contudo, como exercício de justificação.

A discussão acerca da derivação juspositiva do critério da proporcionalidade é superada pela consagração textual em documentos jurídicos. A Constituição do estado de São Paulo, por exemplo, preceitua que a Administração Pública deverá obedecer, dentre outros, ao princípio da razoabilidade (art. 111), homólogo da proporcionalidade. A Carta dos Direitos Fundamentais da União Européia dispõe expressamente no art. 52.1, sobre o âmbito dos direitos garantidos:

> Qualquer restrição ao exercício dos direitos e liberdades reconhecidos pela presente Carta deve ser prevista por lei e respeitar o conteúdo essencial desses direitos e liberdades. Na observância do princípio da proporcionalidade, essas restrições só podem ser introduzidas se forem necessárias e corresponderem efetivamente a objetivos de interesse geral reconhecidos pela União, ou à necessidade de proteção dos direitos e liberdades de terceiros.[21]

---

19 Alexy, 1993, p. 111-112.
20 Steinmetz, 2001, p. 167; Streck, 2004, p. 520.
21 Ramos, 2005, p. 146.

A Carta foi incorporada ao Tratado que estabelece uma Constituição para a Europa, de 2004 (art. II-112.1).[22]

Em resumo, seja extraindo a proporcionalidade de algum dispositivo expresso em Constituições (ou documentos internacionais), ou de algum princípio implícito; seja extraindo-a de vários; seja extraindo a proporcionalidade de cláusulas gerais restritivas de direitos; seja extraindo-a da estrutura e dinâmica das normas principiológicas; seja a consagração textual do próprio "princípio" da proporcionalidade, o importante é reconhecer-lhe fundamento no Direito vigente e na hermenêutica jurídica, o que é hoje admitido tranqüilamente.

3. O QUE É A PROPORCIONALIDADE: NÃO UM PRINCÍPIO, MAS UM CRITÉRIO

Não considero que a proporcionalidade seja um princípio jurídico, e isso por três razões:

a) de *conteúdo*: a proporcionalidade nada diz sobre um valor fundamental projetado no ordenamento jurídico, apenas se dirige a relações que se estabelecem entre normas jurídicas de conteúdo "material", quer dizer, que consagram importantes valores sociais (tais normas jurídicas é que são autênticos princípios). Estamos a falar de um preceito de natureza formal: como aduz Wilson Antônio Steinmetz, a proporcionalidade "caracteriza-se por ser uma estrutura formal de aplicação das normas-princípios".[23] O conteúdo da proporcionalidade não se refere a valores que devem orientar o comportamento das pessoas; portanto, não contém uma determinação de comportamento aos destinatários do Direito. O conteúdo da proporcionalidade refere-se a como certas normas devem ser aplicadas; portanto, contém uma determinação aos intérpretes do Direito. Princípios mes-

---

[22] Duhamel, 2005, p. 326.
[23] Steinmetz, 2001, p. 172.

mo são aqueles que dizem algo "diretamente": livre iniciativa, boa-fé, presunção de inocência... A proporcionalidade apenas diz como devemos proceder quando houver conflito entre determinados direitos. Acho alguma virtude explicativa nessa distinção, mas lhe atribuo uma importância menor, mais teórica do que prática, e ainda assim relativa, pois a proporcionalidade tem um conteúdo mais ou menos definido e impõe-se juridicamente ao intérprete do Direito, tanto que a não-observância da proporcionalidade pode conduzir à anulação do ato, da decisão. Trata-se, pois, de um critério, uma régua, uma ferramenta;

b) de *objeto*: enquanto as normas jurídicas referem-se a comportamentos em geral (ex.: Código Comercial de 1850, art. 500: "O capitão que seduzir ou desencaminhar marinheiro matriculado em outra embarcação será punido com a multa de 100$000 (cem mil-réis) por cada indivíduo que desencaminhar, e obrigado a entregar o marinheiro seduzido, existindo a bordo do seu navio; e se a embarcação por esta falta deixar de fazer-se à vela, será responsável pelas estadias da demora."), a proporcionalidade refere-se às normas jurídicas, às relações entre elas no momento de aplicá-las (a proporcionalidade é critério de aplicação de normas, especialmente de princípios): a proporcionalidade é um preceito ("metanorma") que estabelece "a estrutura de aplicação de outras normas", no dizer de Humberto Ávila.[24] Por conseguinte, as normas referem-se diretamente a comportamentos e a proporcionalidade refere-se indiretamente a comportamentos, pois se refere diretamente às normas jurídicas que estabelecem os comportamentos (se bem que essa também é uma distinção relativa, eis que a proporcionalidade refere-se impositivamente –

---

24 Ávila, 2003, p. 79-80.

como norma jurídica específica – ao comportamento que o aplicador das normas jurídicas em geral deve ter);

c) de *pertinência*: enquanto os princípios, em sua qualidade de normas jurídicas "de primeiro grau", funcionam como comandos impositivos de condutas (são do Direito), a proporcionalidade funciona como regra de interpretação/aplicação do Direito (são da Ciência do Direito).[25] Essa precisão conceitual, que se reflete no plano da linguagem, não passou despercebida a Robert Alexy (1993, p. 112) que recusa a qualificação da proporcionalidade como princípio, entendendo tratar-se de "regra". Humberto Ávila qualifica essa categoria de "postulado normativo aplicativo".[26]

Luís Virgílio Afonso da Silva acrescenta mais uma razão, relativa à

d) *incidência*:

> O chamado princípio da proporcionalidade não pode ser considerado um princípio, pelo menos não com base na classificação de Alexy, pois não tem como produzir efeitos em variadas medidas, já que é aplicado de forma constante, sem variações.[27]

Assim, a proporcionalidade teria o caráter de regra jurídica, não de princípio. Fica reforçada a distinção.

De nossa parte, preferimos atribuir à proporcionalidade a designação de "critério" simplesmente.

4. COMO É A PROPORCIONALIDADE: OS MOMENTOS DO CRITÉRIO DA PROPORCIONALIDADE (ADEQUAÇÃO E NECESSIDADE)

A compreensão e utilização da proporcionalidade dão-se por intermédio de sua análise em momentos (aspectos, máximas ou princípios parciais, subprincípios, níveis). Essa decomposição advém da jurisprudência do Tribunal Constitucional Federal alemão, com aportes doutrinários. Preferimos a designação "momen-

---

25 Rothenburg, 2003, p. 88.
26 Ávila, 2003, p. 79-80.
27 Silva, 2002, p. 25.

tos", pois o termo dá idéia de etapas sucessivas e prejudiciais, que devem ser vencidas pelo intérprete, uma após a outra. Como afirma Wilson Antônio Steinmetz, há entre os momentos "uma progressão de tipo lógico".[28]

O que se busca é uma decomposição analítica da relação fundamental entre meio e fim (semelhante à relação causa-efeito), para verificar se a intervenção jurídica (às mais das vezes, uma restrição a direito fundamental) é coerente e razoável em face da finalidade pretendida. Quem compreende bem os termos dessa relação consegue empreender uma utilização correta da proporcionalidade, ainda que não siga o padrão de raciocínio.

4.1. Divisão tripartida

Os momentos da proporcionalidade variam em número e seqüência, segundo entendimentos ligeiramente divergentes. A formulação mais conhecida apresenta três momentos sucessivos:

1º) *Adequação* (idoneidade, conformidade) – a capacidade de proporcionar, ou pelo menos contribuir para, o objetivo pretendido. Não se exige aptidão para *alcançar efetivamente* os objetivos previstos (idoneidade essa que uma prognose dificilmente consegue assegurar com certeza), bastando a *possibilidade de promover ou fomentar* o objetivo,[29] ou seja, a provável idoneidade da restrição para proporcionar a finalidade almejada.

A aplicação da adequação ao "caso Cicarelli" permite sustentar que a proibição de veiculação das cenas de sexo entre os namorados (esse o meio, restritivo dos direitos de informação e comunicação) mostrar-se-ia hábil a proteger-lhes a privacidade (esse o fim).

Talvez seja o aspecto mais fácil de ser cumprido e mais difícil de ser criticado. Um exemplo da jurisprudência do Supremo Tribunal Federal: este considerou inconstitucional a exigência

---

28 Steinmetz, 2001, p. 154.
29 Silva, 2002, p. 36.

de atributo físico (altura mínima de 1,60 metro) para concurso público de escrivão de polícia, pois o meio empregado (exigência de altura mínima) não guarda pertinência lógica com o objetivo (selecionar escrivães de polícia).[30] Por outro lado e mais recentemente, o Supremo Tribunal Federal admitiu limite de idade (35 anos) para ingresso na Polícia Militar, instituído por lei do estado de Roraima, tendo achado "razoável a faixa etária fixada".[31]

Quando o Supremo Tribunal Federal declarou a inconstitucionalidade da Lei nº 1.949/1999, do Estado do Mato Grosso do Sul, que instituía pensão mensal para crianças geradas a partir de estupro, julgou que o meio eleito (concessão de dinheiro) não guardava pertinência lógica ao fim pretendido (manter a gravidez), se levado em conta o universo de atingidos (todas as mulheres vítimas de estupro), pois o benefício financeiro seria irrelevante – embora devido – às vítimas abastadas. Veja-se a decisão:

> Ato normativo que, ao erigir em pressuposto de benefício assistencial não o estado de necessidade dos beneficiários, mas sim as circunstâncias em que foram eles gerados, contraria o princípio da razoabilidade, consagrado no mencionado dispositivo constitucional.[32]

Penso que o legislador teve em perspectiva, acertadamente, a maioria das vítimas de estupro. Ademais, é pouco provável que mulheres abastadas viessem a reivindicar tal benefício. Assim, a legislação seria constitucional. Mas esta crítica ao resultado da decisão não invalida a discussão quanto a seu fundamento, que reside na avaliação da adequação.

Outra questão que atormentava os juristas mereceu uma releitura do Supremo Tribunal Federal, que entendeu inconstitucional a exigência de prévio depósito de dinheiro ou arrolamento de bens e direitos, para a admissão de recurso em processo

---

[30] Recurso Extraordinário 150.455-2/MS, Rel. Min. Marco Aurélio, 15/12/1998.
[31] Ação Direta de Inconstitucionalidade 3.774 MC/RR, Rel. Min. Joaquim Barbosa, 25/10/2006.
[32] Ação Direta de Inconstitucionalidade 2.019-6/MS, Rel. Min. Ilmar Galvão, 02/08/2001.

administrativo.³³ Foi mencionada pela Corte a violação ao "princípio" da proporcionalidade e, com efeito, parece-me que esse meio (o depósito prévio ou o arrolamento) não guarda pertinência lógica com o fim (interposição de recurso administrativo), pois a restrição representada pelo depósito prévio ou arrolamento não é potencialmente capaz de promover a interposição de recursos administrativos mais sensatos e mais bem fundamentados: mesmo uma evidente incorreção da Administração, combatida por um excelente recurso, requereria o depósito prévio. Se o objetivo perseguido fosse simplesmente obstar a interposição de recursos administrativos, seria um objetivo ilícito, violador da garantia constitucional de "meios e recursos" inerentes à ampla defesa (art. 5º, LV).

2º) *Necessidade* (exigibilidade, indispensabilidade, menor ingerência possível, intervenção mínima) – o meio utilizado deve trazer o menor sacrifício possível para se alcançar com semelhante eficácia o objetivo pretendido. Perceba-se que a averiguação da necessidade do meio em relação ao fim é complexa, pois reclama o exame concomitante de dois aspectos: a menor restrição ao direito e a maior eficácia de resultado. Será preciso, em concreto, proceder a "uma comparação entre outras hipóteses igualmente adequadas" (Rodrigo Meyer Bornholdt).³⁴ Subjacente à idéia de necessidade, especialmente no tocante aos direitos fundamentais, está a suposta equivalência básica entre eles,³⁵ que exige o menor sacrifício de uns na estrita medida da melhor promoção de outros.

No "caso Cicarelli", os provedores de internet que armazenavam as imagens foram instados a tirá-las de veiculação, mas afirmaram que não havia como fazê-lo, porque inúmeras e diversas fontes reinseriam as imagens em circulação. Portanto, a

---

33 Ação Direta de Inconstitucionalidade 1.976/DF, Rel. Min. Joaquim Barbosa, *DJU* 18/05/2007.

34 Bornholdt, 2005, p. 168.

35 Sarlet, 2005, p.105.

retirada dos próprios provedores seria a única alternativa vislumbrada (daí por que não se poder pretender um sacrifício menor) para obter o resultado com semelhante grau de eficácia.

Ao declarar a inconstitucionalidade da legislação eleitoral que vedava a divulgação de pesquisas eleitorais por qualquer meio de comunicação, a partir do décimo quinto dia anterior até às dezoito horas do dia do pleito (Lei nº 11.300/2006, art. 35-A), o Supremo Tribunal Federal deve ter considerado que outros meios menos gravosos, como o controle sobre as pesquisas, seriam suficientemente eficientes. Colhe-se da decisão que essa proibição, além de estimular a divulgação de boatos e dados apócrifos, provocando manipulações indevidas que levariam ao descrédito do povo no processo eleitoral, seria, à luz dos princípios da razoabilidade e da proporcionalidade, inadequada, desnecessária e desproporcional quando confrontada com o objetivo pretendido pela legislação eleitoral que é, em última análise, o de permitir que o cidadão, antes de votar, forme sua convicção da maneira mais ampla e livre possível.[36]

O Supremo Tribunal Federal teve por descabido o acesso a informações bancárias ("quebra do sigilo bancário") relativas a contas CC-5 (depósitos mantidos por não-residentes em bancos brasileiros, e que podem caracterizar evasão de divisas), por não se haverem esgotado outros meios de prova – no caso, o exame de material fornecido pelo próprio indiciado.[37] Existiam, pois, segundo a Corte, alternativas menos gravosas, com o que o meio empregado (acesso a informações bancárias) revelou-se desnecessário.

A decisão da Justiça do Trabalho em Pernambuco que não aceitava o limite de R$ 900,00, fixado pelo município de Petrolina, para precatórios de pequeno valor (Constituição, art. 100, §§ 3º e 5º), foi cassada pelo Supremo Tribunal Federal, que entendeu ser

---

36 Ações Diretas de Inconstitucionalidade 3.741/DF, 3.742/DF e 3.743/DF, Rel. Min. Ricardo Lewandowski, 06/09/2006.

37 Inquérito 2.206 AgR/DF, Rel. Min. Marco Aurélio, 10/11/2006, com menção a razoabilidade e proporcionalidade.

essa uma competência do Município, que deveria "respeitar o princípio da proporcionalidade" (expressão do relator), aferível, entre outros fatores, em função da capacidade orçamentária.[38] Avaliou-se, penso, a necessidade da medida: o meio menos gravoso (ao Município) e suficientemente eficaz (ao credor). É possível criticar o mérito da decisão, pois se desconsideraram outros parâmetros, como o do art. 87 do ADCT, de 30 salários mínimos para os municípios enquanto não fossem publicadas as respectivas leis, e o da Constituição do estado do Piauí (que é mais pobre do que Pernambuco), de cinco salários mínimos. A consideração desses parâmetros; o valor do limite fixado (R$ 900,00) em relação ao salário mínimo (que era então de R$ 360,00, ou seja, aquele limite correspondia a menos de três salários mínimos); e a capacidade de um dos principais municípios de Pernambuco autorizariam decidir pela violação da proporcionalidade, por não ser necessária a fixação de limite tão estreito.

3º) *Proporcionalidade em sentido estrito* – deve ser razoável, proporcionada, a restrição imposta, em relação ao objetivo pretendido,[39] exigindo-se "um sopesamento entre a intensidade da restrição ao direito fundamental atingido e a importância da realização do direito fundamental que com ele colide e que fundamenta a adoção da medida restritiva", sopesamento que "busca atingir um grau ótimo de realização para todos" (Luís Virgílio Afonso da Silva);[40] trata-se do "princípio da justa medida" (Wilson Antônio Steinmetz),[41] que visa ao "equilíbrio da intervenção estatal em determinado direito fundamental" (André de Carvalho Ramos).[42]

Essa avaliação para o "caso Cicarelli" levaria à discussão sobre se o grau de afronta ao direito de privacidade das pessoas

---

[38] Reclamação 4.987 MC/PE, Rel. Min. Gilmar Mendes, 07/03/2007.
[39] Mendes, 1999, p. 72 e 87.
[40] Silva, 2002, p. 40 e 44.
[41] Steinmetz, 2001, p. 154.
[42] Ramos, 2005, p. 136.

envolvidas (invasão de privacidade em grau máximo, por revelar cenas de sexo) é suportável em relação ao grau de restrição do direito à expressão e informação pública (restrição também em grau máximo, pois significaria a proibição de divulgação das cenas mediante a suspensão de exibição dos próprios provedores).

O Supremo Tribunal Federal considerou "desproporcional" a fixação do prazo de prisão por até um ano de depositário infiel que, estando preso há mais de 90 dias, havia vendido o bem: a prisão por tanto tempo seria inútil para compelir o devedor a apresentar o bem.[43]

Em polêmica decisão que representou a mudança de jurisprudência da Corte, declarou-se inconstitucional a proibição contida no art. 2º, § 1º, da Lei nº 8.072/1990, sobre crimes hediondos, de progressão no regime de cumprimento da pena privativa de liberdade, que deveria, portanto, ser executada integralmente no regime fechado. Dentre outros fundamentos, o Supremo Tribunal Federal considerou desrespeitada a proporcionalidade com que se deveria medir o princípio da individualização da pena: art. 5º, XLVI, da Constituição.[44]

4.2. Divisão quadripartida

Uma divisão mais detalhada e muito didática, "em quatro passos sucessivos", é oferecida por Dimitri Dimoulis e Leonardo Martins, preocupados com a precisa qualificação da proporcionalidade como critério jurídico seguro e o mais objetivo possível para solucionar questões de direitos fundamentais.[45]

1º) *Constitucionalidade do fim* – importa verificar se o propósito perseguido pela restrição a direito fundamental é compatível com o ordenamento jurídico, ou seja, a "licitude do propósito perseguido"; do contrário, o que se tem é um "objetivo constitucionalmente inaceitável".

---

43 *Habeas Corpus* 87.638/MT, Rel. Min. Ellen Gracie, 04/04/2006.
44 *Habeas Corpus* 82.959/SP, Rel. Min. Marco Aurélio, 23/02/2006.
45 Dimoulis e Martins, 2007, p. 198-223.

Ofereço como exemplo a legislação sobre impenhorabilidade do chamado "bem de família" (Lei nº 8.009/1990), que protege um "patrimônio mínimo" – essencial à vida digna (Luiz Edson Fachin[46]) – da execução de credores, sendo compatível com a Constituição: dignidade (art. 1º, III), direito à moradia (art. 6º), impenhorabilidade da pequena propriedade rural (art. 5º, XXVI), proteção à família (art. 226). Em sentido contrário, a proibição privada de que homossexuais freqüentassem academias de musculação: ainda que, de fato, se verificasse que eles afastassem prováveis usuários (o que é altamente duvidoso), as academias não poderiam negar-se a admiti-los, pois isso contrariaria a vedação de discriminação contida no princípio da isonomia (art. 5º, *caput* e XLI).

A virtude, em termos de racionalidade, de se admitir um primeiro momento de exame relativo à licitude do fim está em rechaçar desde o início propósitos incompatíveis com o Direito vigente. Mas esse exame tende a ser muito óbvio. Quando não, ou seja, quando a desconformidade do objetivo da restrição para com o ordenamento jurídico não for tão evidente, ela somente revelar-se-á como *resultado* do exame completo da proporcionalidade; portanto, surgirá ao final do "teste" de proporcionalidade e não desde o início. Essencialmente, a compatibilidade com o Direito vigente é uma relação que tem de estar presente em cada momento do exame da proporcionalidade. Assim, para ilustrar, não se pode dizer juridicamente adequada uma medida restritiva (por exemplo, o impedimento de que índios circulem por área onde são realizadas pesquisas agrícolas, que corresponde ao território por eles tradicionalmente ocupado), ainda que seja certo que essa medida promova de maneira ótima uma finalidade constitucionalmente almejada (aumentar a produtividade agrícola com "incentivo à pesquisa e à tecnologia": art. 187, III), se o (outro) propósito da Constituição é, claramente, garantir aos índios os direitos originários sobre essas terras (art. 231).

---

[46] Fachin, 2001, p. 3.

2º) *Constitucionalidade do meio* – consiste em verificar se as formas empregadas na restrição a direito fundamental são compatíveis com o ordenamento jurídico, ou seja, a "licitude do meio utilizado". São simples os exemplos: utilização de provas ilícitas para combater a impunidade (violação ao art. 5º, LVI, da Constituição); utilização da tortura para obter confissão ou como punição (violação ao art. 5º, XLIII e XLVII, "e"), estabelecimento da pena de morte para reduzir a criminalidade (violação ao art. 5º, XLVII, *a*) – todas elas medidas efetivamente aptas a alcançar finalidades previstas no Direito vigente, mas incompatíveis com os padrões jurídicos.

Reitera-se a crítica anterior: esse exame da compatibilidade do meio restritivo com o ordenamento jurídico ou é óbvio – e então pouco importante – ou não é evidente – e então é mais complexo e envolve uma avaliação global da proporcionalidade. Sendo assim, também a compatibilidade do meio restritivo com o ordenamento jurídico tende a revelar-se como *resultado* do exame completo da proporcionalidade e não uma etapa inicial; a "licitude" deve ser verificada em cada momento do "teste" da proporcionalidade e não apenas nas fases iniciais. A relação entre o meio empregado e a finalidade almejada é a própria adequação; portanto, o exame da conformidade dos "elementos" desta ao ordenamento jurídico (licitude do fim e licitude do meio) é indissociável do – quando não esgota o – exame da própria adequação.

3º) *Adequação* – para Dimoulis e Martins, importa se, comprovadamente, a restrição é capaz de proporcionar o resultado pretendido; eles destacam o caráter prático que esse exame deve ter, ao buscar "uma conexão fundada em hipóteses comprovadas sobre a realidade empírica entre o estado de coisas perseguido pela intervenção e o estado de coisas no qual o propósito puder ser considerado realizado".[47] Ressaltam também que, "em caso de dúvida sobre a adequação da medida

---

[47] Dimoulis e Martins, 2007, p. 206-207.

deve ser respeitada a vontade do legislador ordinário, ainda que não seja possível, em razão das circunstâncias, comprovar com certeza quase matemática a adequação". De modo mais geral, o interessante e avançado nessa perspectiva é o crédito que se dá à realização de experiências jurídicas.

4º) *Necessidade* – é avaliado se não há outro meio de realizar a restrição com menor sacrifício e igual eficiência. Dimoulis e Martins apontam para uma vantagem desse exame, que "traz dinâmica ao controle de constitucionalidade e relaciona-o aos fatos reais e à mudança social". Advertem também que se tem de proceder a uma "exaustiva pesquisa e descrição" dos meios adequados e de seu impacto, para se poder "decidir sobre a necessidade de adotar o meio escolhido".[48]

4.3. Divisão bipartida

Perceba-se que Dimitri Dimoulis e Leonardo Martins não incluem a proporcionalidade em sentido estrito entre os momentos do critério da proporcionalidade. Concordam eles que "falta uma medida objetiva, cientificamente comprovada para a ponderação", e que a legitimação preferencial dos legisladores (o espaço de conformação normativa) não deve ser usurpada pelo Poder Judiciário, visto que nem ele, nem a doutrina, "são detentores de uma balança de precisão que permitiria medir e ponderar direitos".[49]

Discordo desses fundamentos, pois acho que é possível, necessário mesmo, que se faça a ponderação dos direitos em jogo, pelos operadores jurídicos. Acho também que a democracia comporta e recomenda uma relação dialética de "desmentidos" entre Legislativo e Judiciário.[50] A possibilidade de avaliação da atuação de outros atores constitucionais apresenta problemas de fun-

---

48 Dimoulis e Martins, 2007, p. 216 e 219.
49 Dimoulis e Martins, 2007, p. 226-232.
50 Rothenburg, 2007, p. 430-439.

cionamento e de legitimidade, no contexto do relacionamento entre os Poderes de Estado, mas é uma (nova) realidade que precisa ser francamente enfrentada, conforme adverte Néviton Guedes.[51] Somente a dinâmica do processo democrático e a seriedade das instituições, com interferências recíprocas, oferecem possibilidade de soluções aceitáveis.

Concordo, contudo, com a veemente advertência que Dimoulis e Martins fazem quanto a tais "perigos". E concordo ainda – o que mais importa ao presente ensaio – com a desconsideração da proporcionalidade em sentido estrito, que não se sustenta como categoria autônoma.

Os momentos da adequação e da necessidade dão conta de todos os aspectos da proporcionalidade. Outras pretendidas divisões não passam de desdobramentos dessas duas ou inserem-se em alguma delas. Sendo a adequação uma análise da relação entre meio e fim, a compatibilidade do propósito perseguido com a Constituição (licitude do fim) aí se insere. Assim também a compatibilidade do meio empregado com a Constituição (licitude do meio), e que pode ainda ser proposta em relação à necessidade, que avalia comparativamente (em função do propósito almejado) o grau de afetação dos direitos em jogo, provocada pelo meio restritivo. Não creio, pois, que o aspecto da proporcionalidade em sentido estrito tenha autonomia. Trata-se de um fator relacional, de sopesamento, que mede a intensidade e, assim, já é considerado em cada um dos momentos "anteriores" (da adequação e da necessidade).

A adequação, em sua formulação negativa, aponta para uma pretensa inidoneidade absoluta (o meio nunca seria adequado para a promoção do objetivo); e, em sua formulação positiva, requer a apresentação de diversas alternativas. Em ambas as formulações, trata-se de uma avaliação ponderada, como reconhecem diversos estudiosos, pois importa "encontrar formas para medir sua relação [do meio] com o fim almejado (grau de adequação)"

---

[51] Guedes, 2003, p. 87-88.

(Dimitri Dimoulis e Leonardo Martins);[52] é o que também assevera André Ramos Tavares: "São 'pesadas' e comparadas, numa perspectiva jurídica, as desvantagens do meio em relação às vantagens do fim."[53] Ora, essa necessária ponderação entre meio e fim é própria do que boa parte da doutrina considera "proporcionalidade em sentido estrito", mas que se realiza no momento mesmo da adequação.

Suponhamos, para ilustrar, que o escoamento da produção agrícola de uma região do interior possa fazer-se por vários meios de transporte, mas desde já se exclui a aviação (com construção de aeroporto), que exige um investimento muito alto, não é capaz de transportar um volume grande de carga e provoca severo impacto ambiental. Restam as estradas, que já existem mas devem ser ampliadas, a ferrovia, que existe mas está desativada, e um ambicioso projeto de hidrovia. Uma avaliação da finalidade revelaria conflito entre a livre iniciativa e a política agrícola, por um lado, e a proteção ambiental, de outro, todos eles ligados a direitos fundamentais e todos objetivos lícitos. Uma avaliação dos meios partiria do descarte das alternativas aérea e aquática (esta, por demandar uma radical inovação de elevados custos, inclusive de tempo). Desde logo foi preciso comparar e ponderar. Ainda é preciso decidir se o transporte será rodoviário ou ferroviário, a partir do resultado anterior, segundo o qual ambas as modalidades são adequadas. Avaliar agora qual é o meio menos gravoso e mais eficiente já é ingressar no exame da necessidade.

Também e talvez mais fortemente, a necessidade não consiga ser satisfeita sem que se proceda a uma medida de grau. "Na realização do exame da necessidade", apontam Dimoulis e Martins, "há o problema da mensuração do impacto ou gravidade dos meios. (...) [Um dos problemas é] saber qual entre os meios propostos é o menos gravoso para o titular do direito (grau de intensidade)."[54] Somente deverá ser considerado necessário o

---

[52] Dimoulis e Martins, 2007, p. 220.
[53] Tavares, 2006a, p. 666.
[54] Dimoulis e Martins, 2007, p. 220.

meio que menos afete os direitos em jogo e que alcance o objetivo com uma eficácia satisfatória, e nessa ponderação já se concentra a proporcionalidade em sentido estrito.

Se o que se pretende com o exame da proporcionalidade em sentido estrito é oferecer uma pauta racional de aplicação do Direito em caso de conflito, então a proporcionalidade em sentido estrito nada acrescenta, pois a exigência de realização de "testes" sucessivos para uma avaliação rigorosa da relação entre meios restritivos e finalidades almejadas é satisfeita com o emprego dos momentos da adequação e da necessidade. Ademais, a proporcionalidade em geral (em sentido amplo) não se resume a uma estrita avaliação de meios em relação a fins: ela compreende sobretudo – na lúcida observação de Juarez Freitas – "que estamos obrigados a sacrificar o mínimo para preservar o máximo de direitos".[55]

Se o objetivo é eliminar o quanto possível avaliações subjetivas, então a proporcionalidade em sentido estrito prova contra si mesma, pois é o mais "aberto" (suscetível de apreciação subjetiva) dos aspectos. O problema não está no subjetivismo, que é humano, necessário:

> "Não se pode, está dito, erradicar jamais uma salutar dose de subjetividade, porquanto a liberdade, felizmente, é traço inextirpável no ato humano de julgar" (Juarez Freitas).[56] Mas o problema acentua-se quando se concentra num aspecto (a proporcionalidade em sentido estrito) a maior carga de subjetivismo, ao invés de diluí-lo e acompanhá-lo de outras considerações mais objetivas (adequação e necessidade).

Tem-se, portanto, de realizar ponderação (sopesamento), que deve ser feita no caso concreto, mesmo que isso acentue o espaço de conformação do Direito pelo aplicador, especialmente o Judiciário. A atribuição de pesos (valores) diversos aos direitos em jogo é indispensável, mas ocorre já na avaliação da adequação e, sobretudo, da necessidade da medida adotada. Essa avaliação é

---

55 Freitas, 2001, p. 232.
56 Op. cit., p. 238.

sempre concreta e dinâmica, como observam Clémerson Merlin Clève e Alexandre Reis Siqueira Freire: "por se estar diante de relação axiológica mutável que outorga primazia axiológica a uma relação específica, podendo inverter-se em situação diversa".[57]

O direito à privacidade de Daniela Cicarelli e seu namorado deveria prevalecer, por ser mais importante na espécie, com sacrifício do direito de expressão e informação. Circunstâncias diferentes possibilitariam uma ponderação diversa: por exemplo, se fossem fotos mais discretas, o direito à privacidade deveria ceder; se os provedores oferecessem uma alternativa eficaz para evitar a divulgação, não deveriam ser retirados do ar.

Robert Alexy afirma que, enquanto a adequação e a necessidade seriam avaliações feitas "com relação às possibilidades fáticas" ("*las máximas de la necessidad y de la adecuación se siguen del carácter de los principios como mandatos de optimización con relación a las posibilidades fácticas*"), a proporcionalidade em sentido estrito seria uma avaliação feita "com relação às possibilidades jurídicas" ("*De la máxima de proporcionalidad en sentido estricto se sigue que los principios son mandatos de optimización con relación a las posibilidades jurídicas.*").[58] "O âmbito das possibilidades jurídicas – esclarece Alexy – é determinado pelos princípios e regras opostos."[59] Arrisco com alguma leviandade a seguinte objeção: por se tratar de problemas concretos de conflito entre direitos (fundamentais, às mais das vezes), será artificial a distinção entre os planos fático e jurídico, pois será sempre necessário considerar a realidade fática (que, de todo modo, integra o fenômeno jurídico). Mas essa realidade fática será "filtrada" pela dimensão "jurídica".[60] E, assim, já no plano conceitual, não se sustenta a distinção. Especificamente quando se considera a adequação, importa que a medida (por exemplo, restrições à divulgação de informações a respeito de alguém), além de "objetivamente" (faticamente) hábil

---

[57] Clève e Freire, 2003, p. 242.
[58] Alexy, 1993, p. 112-113.
[59] *Op. cit.*, p. 86.
[60] Muller, 2005, p. 42-45; Tavares, 2006b, p. 63-67.

a propiciar ou promover determinada finalidade (no caso, a tutela da privacidade), seja lícita (juridicamente viável). Antes disso, a própria promoção da finalidade deve ser avaliada em termos jurídicos: a adoção de uma criança por um jovem que se mostra zeloso e responsável, mas é menor de idade, promove "objetivamente" os interesses da criança, porém essa não é uma promoção juridicamente válida.

Diga-se isso também da necessidade, um aspecto ao mesmo tempo fático e jurídico. Talvez o único modo viável de evitar as chuvas torrenciais em determinada região fosse uma intervenção drástica no ambiente natural (a terraplanagem de uma serra ou a devastação de uma mata); o reassentamento forçado da população parece inconcebível. Todavia, embora factível, seria juridicamente vedada uma intervenção daquelas, que teria conseqüências desastrosas para a natureza e violaria o direito fundamental ao ambiente ecologicamente equilibrado (Constituição, art. 225).

Em suma, não há como separar as possibilidades fáticas das jurídicas e, então, não é válida a distinção entre os momentos da adequação e da necessidade – que estariam referidos às possibilidades fáticas, na perspectiva de Alexy –, por um lado, e o momento da proporcionalidade em sentido estrito, por outro.

Na prática, nem sempre é possível distinguir analiticamente os momentos da adequação e da necessidade, que se imbricam. Eles apresentam-se com mais facilidade no plano acadêmico, como método de explicação, do que no plano concreto, como método de aplicação. Os "testes" aos quais as medidas restritivas de direitos devem submeter-se, e que servem de fundamentação satisfatória para as decisões, podem ocorrer "globalmente", e o mais importante é que sejam feitos rigorosamente, mesmo que não se consiga situá-los precisamente em determinado "momento". Dou como exemplo a decisão do Supremo Tribunal Federal que, por maioria, não achou inconstitucionalidade na Lei nº 8.906/1994 – Estatuto da Advocacia, art. 1º, § 2º ("Os atos e contratos constitutivos de pessoas jurídicas, sob pena de nulidade, só podem ser admitidos a registro, nos órgãos competentes, quando visados por advogados."), por considerar que a referida norma visa à proteção e segurança dos atos constitutivos das pessoas jurídicas, salvaguardando-os de eventuais prejuízos decorrentes de irregularidades cometidas por profissionais estranhos ao exercício da advocacia, além de minimizar a possibilidade de enganos ou fraudes. Interessam aqui os votos vencidos[61] e, a meu juízo, acertados, os quais tinham por inconstitucional o dispositivo impugnado, que teria caráter eminentemente corporativista e violaria o princípio da proporcionalidade, porquanto a medida interventiva nele prevista mostrar-se-ia inadequada, haja vista a ausência de qualquer relação plausível entre o meio utilizado e objetivos pretendidos pelo legislador, bem como desnecessária, em razão da existência de inúmeras outras alternativas menos gravosas para os interessados, no que diz respeito à boa elaboração dos atos constitutivos das pessoas jurídicas.[62]

Ora, se nem adequação e necessidade são tão diferentes assim, para que acrescentar ao caldo um complicador desnecessário, a proporcionalidade em sentido estrito?

5. NEM SÓ DE RESTRIÇÕES VIVE A PROPORCIONALIDADE: A PROIBIÇÃO DE PROTEÇÃO INSUFICIENTE

O critério da proporcionalidade foi concebido como técnica de solução de conflito entre direitos (sobretudo os fundamentais) que implica restrição. Essa importante perspectiva tem um acento "negativo", pois o que se busca é uma proibição de excesso, quer dizer, a maior promoção possível do(s) direitos(s) em jogo, em face de uma restrição a menor possível. O "negativo" está na proibição de atuação desmedida.

A proporcionalidade pode mais, no entanto. Uma dimensão "positiva", expressa pela proibição de proteção insuficiente (*Untermaâverbot*), liga-se à exigência de atuação bastante. Estamos no

---

[61] Ministros Marco Aurélio, Gilmar Mendes, Joaquim Barbosa, Carlos Britto e Cezar Peluso.

[62] Ação Direta de Inconstitucionalidade 1.194/DF, Rel. Min. Maurício Corrêa, 18/10/2006.

contexto de algum dirigismo constitucional, em que são impostas atuações em prol de direitos (às mais das vezes, fundamentais), importando que se busquem mecanismos jurídicos de combate e superação à indevida omissão (inconstitucional). A dimensão positiva (de proibição de proteção insuficiente) da proporcionalidade já é suficiente para diferenciá-la da mera idéia de proibição de excesso.[63]

Assim, os promotores dos direitos em jogo (principalmente as autoridades públicas, legisladores à cabeceira) estão obrigados a uma ação, não podem deixar de "alcançar limites mínimos" (Paulo Gilberto Cogo Leivas)[64] e, em certas situações, devem esforçar-se por atingir medidas ótimas. Exemplificando: não seria proporcionada, nesse sentido, apenas a matrícula dos filhos em boa escola, se os pais, em situação de conforto econômico, não oferecessem reforço especializado de aprendizado, desde que este se mostrasse necessário; o edital para restauro de um prédio histórico que deve transformar-se em museu poderia ser impugnado por violação à proporcionalidade, se não previsse condições de acesso a pessoas com mobilidade reduzida.

Trata-se, portanto, de estender o alcance do critério da proporcionalidade a situações que demandem, não uma técnica focada no controle das restrições a direitos, mas uma técnica focada no controle da promoção a direitos. A perspectiva "negativa", centrada no combate a atuações indevidas, é completada pela perspectiva "positiva", centrada no combate a omissões indevidas.

Com efeito, como ressalta Dieter Grimm, isso representa "uma adaptação do princípio da proporcionalidade à função positiva dos direitos fundamentais", já que "a proibição de ir longe demais (*Übermaâverbot*) e a proibição de fazer muito pouco (*Untermaâverbot*) são o mesmo mecanismo, visto por diferentes ângulos".[65]

---

[63] Silva, 2002, p. 27.
[64] Leivas, 2006, p. 76.
[65] Leivas, 2007, p. 161-162.

Encontra-se uma menção ao duplo viés da proporcionalidade, que inclui, ao lado da proibição de excesso, a proibição de proteção deficiente, no voto do ministro Ricardo Lewandowski (relator), do Supremo Tribunal Federal, que afirmou a constitucionalidade da Lei nº 9.534/1997, ao estabelecer a todos a gratuidade do registro civil de nascimento e da certidão de óbito, para além do comando constitucional – art. 5º, LXXVI –, que contempla apenas os "reconhecidamente pobres".[66]

Paulo Gilberto Cogo Leivas refere a adaptação do critério da proporcionalidade, em seus três momentos tradicionalmente admitidos, à atuação em prol dos direitos fundamentais prestacionais (sociais): a adequação imporia o descarte do meio que não consiga alcançar o objetivo proposto, e a busca de outros meios adequados; a necessidade imporia a realização do objetivo exigido, com o sacrifício menos intenso das "posições jusfundamentais colidentes"; a proporcionalidade em sentido estrito imporia uma rigorosa ponderação, "considerando os graus de satisfação ou não-satisfação alcançados pelos meios adequados e necessários".[67]

O paralelo tem a virtude de demonstrar que o critério da proporcionalidade é uma ferramenta de aplicação dos direitos fundamentais em geral, em situação de concorrência ou conflito, seja por causa da defesa (proteção) que reclamam os direitos, seja por causa da promoção que demandam. As críticas que se possam fazer à análise tripartida da proporcionalidade estendem-se: não se vê autonomia, nem praticidade, na consideração da proporcionalidade em sentido estrito, aspecto que já é absorvido pelos momentos anteriores. Quanto ao aspecto da necessidade especificamente voltada ao dever de promoção dos direitos fundamentais, penso que deveríamos acentuar, não o menor sacrifício imposto aos demais (objetivo, contudo, que deve sempre ser perseguido), mas o maior benefício obtido pelo(s) direito(s)

---

[66] Ação Direta de Inconstitucionalidade 1.800/DF, 11/06/2007.
[67] Leivas, Paulo Gilberto Cogo, 2006, p. 77-76.

fundametal(is) cuja promoção se intenta; de qualquer sorte, menor sacrifício com maior proveito são facetas indissociáveis do processo dialético de máxima efetividade dos direitos fundamentais.

Um exemplo. Uma pessoa, com base no direito fundamental social (prestacional) à saúde (Constituição, art. 196), requer que o Estado providencie uma cirurgia para correção de problema ortopédico. Há três alternativas viáveis: a cirurgia, de resultado mais imediato, mas alto custo; a fisioterapia, de resultado mais demorado, mas de baixo custo; tratamento analgésico, de resultado imediato e baixíssimo custo, mas que oferece apenas um paliativo. A avaliação médica é de que o problema ainda não é muito grave e pode ser contornado por algum tempo com o emprego paliativo de analgésicos, fornecidos gratuitamente pelo Poder Público em postos de saúde. Porém, o problema tende a agravar-se e pode atingir, em alguns anos, gravidade tal que somente a cirurgia poderá corrigi-lo. Como o problema ainda não é muito grave, uma fisioterapia intensa pode resolvê-lo, com alguma demora e um pouco de desconforto ao paciente. A cirurgia, que se faria necessária dentro de alguns anos, é igualmente eficiente desde logo. O tratamento lenitivo à base de analgésicos não se mostra adequado, pois não é capaz de resolver o problema de saúde com eficiência; ademais, o paciente quer resolvê-lo o quanto antes, e sua expectativa é muito importante em termos de direitos fundamentais.

Percebe-se que essa avaliação de adequação é sempre concreta, mas – e por isso mesmo – não prescinde de alguma ponderação. A cirurgia não é necessária, pois existe outro meio relativamente menos gravoso (a fisioterapia, que demanda mais tempo, porém compromete menos recursos públicos sempre escassos e potencialmente faltantes a outras pessoas em situação de maior gravidade, e submete o paciente a um desconforto suportável) e com eficiência (benefício) equiparável. Veja-se como o exame da necessidade envolve ponderações, inclusive o grau de razoabilidade da expectativa do paciente. Conclusão: é proporcionalmente mais indicada a fisioterapia, sendo desproporcionais o tratamento analgésico ou a cirurgia.

6. PROPORCIONALIDADE, RAZOABILIDADE E CASO CONCRETO: FUNDAMENTAÇÃO E ARGUMENTAÇÃO

Uma das utilidades do critério da proporcionalidade reside na possibilidade de aplicação específica do Direito aos casos concretos. No dizer de Paulo Bonavides, "com a introdução do princípio da proporcionalidade na esfera constitucional, o constitucionalismo mergulhou a fundo na existencialidade, no real, no fático..."[68]

A generalidade do Direito é fundamental, mas não consegue dar conta da necessária conformação do Direito às especificidades das situações vividas. Para completar um sistema baseado em normas genéricas, que carecem de interpretação para poderem atuar, num processo dialético de afetação do texto pela realidade concreta e vice-versa, é importante a consideração do caso, do problema, do contexto, enfim, uma aproximação tópica. Isso porque a formulação genérica e textual da norma, dada pelo legislador (as "normas em forma verbal fixa"), nem sempre é suficiente: nem sempre "a justificação por dedução basta por si mesma" (Neil MacCormick).[69] O critério da proporcionalidade atua, "em termos metodológicos", como uma "exigência da tópica, apta a fornecer argumentos insuscetíveis de serem retirados diretamente do sistema", nas palavras de Rodrigo Meyer Bornholdt.[70] Diríamos nós que a tópica participa do sistema, pois possibilita que as normas, em sua aplicação concreta, sejam integradas ou corrigidas.

A proporcionalidade fornece abertura para a consideração das particularidades, ao mesmo tempo em que procura estabelecer parâmetros de racionalidade que conduzam essa aplicação tópica do Direito. Na lição de Dimitri Dimoulis e Leonardo Martins,

---

68 Bonavides, 1996, p. 385.
69 MacCormick, 2006, p. 73 e 93.
70 Bornholdt, 2005, p. 163.

a proporcionalidade caracteriza-se "como uma forma de resposta a problemas concretos e conflitos envolvendo direitos fundamentais que apresenta a vantagem de ser particularmente aberta a concretizações nacionais, sem deixar de ser racional".[71] André de Carvalho Ramos afirma que "esses graus de intensidade da intervenção e os diferentes pesos das razões justificadoras devem ser explicitados pelos tribunais em marcos argumentativos ostensivos e transparentes, justamente para evitar qualquer crítica sobre eventual decisionismo e arbítrio sem reflexão".[72] Trata-se mesmo, como enfatiza André Ramos Tavares, de uma "exigência de racionalidade".[73]

Sendo exigência de racionalidade, a proporcionalidade haverá de ser manejada com rigor e sensibilidade. Daí a advertência de que não deva a proporcionalidade resumir-se a uma invocação de efeito, porém vaga, que causa viva impressão, mas nada esclarece, apenas um *topos*, "com caráter meramente retórico, e não sistemático", como afirma Luís Virgílio Afonso da Silva ao criticar a jurisprudência do Supremo Tribunal Federal.[74]

Para traduzir essa dimensão a um tempo prática, concreta e ajustada da proporcionalidade, utiliza-se com freqüência a idéia de razoabilidade. Tenho a impressão de que se trata, com freqüência e talvez sem cuidado, de mera troca de palavras para traduzir a mesma idéia. As distinções são superficiais e talvez residam na *origem e respectivo contexto cultural* (enquanto a proporcionalidade teria origem alemã, a razoabilidade teria origem inglesa); entre *gênero e espécie* (enquanto a proporcionalidade seria mais ampla, a razoabilidade corresponderia apenas a um dos aspectos daquela: a adequação ou, quem sabe, até a proporcionalidade em sentido estrito); na *relação estabelecida* (enquanto a proporcionalidade "exige a relação de causalidade entre meio e fim", a razoabilidade "exige a relação das normas com suas condições externas

---

[71] Dimoulis e Martins, 2007, p. 178.
[72] Ramos, 2005, p. 140-141.
[73] Tavares, 2006ª, p. 657.
[74] Silva, 2002, p. 31.

de aplicação", sem que haja "entrecruzamento horizontal de princípios" (Humberto Ávila).[75]

Não me convence a alegação de que haveria diferença estrutural entre proporcionalidade e razoabilidade, e que "o teste sobre a irrazoabilidade é muito menos intenso do que os testes que a regra da proporcionalidade exige, destinando-se meramente a afastar atos absurdamente irrazoáveis"; bem como que "[a] regra da proporcionalidade é, portanto, mais ampla do que a regra da razoabilidade, pois não se esgota no exame da compatibilidade entre meios e fins" (Luís Virgílio Afonso da Silva).[76]

A razoabilidade é um chamamento à sensibilidade e ao bom senso do jurista, que deve esforçar-se por captar a expectativa jurídica da comunidade, conforme o pensamento de Aulis Aarnio: "somente os valores que possam lograr um consenso representativo na comunidade são aceitáveis como critério de decisão" (Samantha Chantal Dobrowolski).[77]

Interessante aplicação da razoabilidade – provavelmente traduzindo o aspecto da necessidade – foi realizada pelo Supremo Tribunal Federal em mandado de segurança impetrado contra ato do Presidente da Câmara dos Deputados e do Diretor do Departamento de Pessoal dessa Casa, que havia reajustado os proventos da impetrante em obediência a decisão do Tribunal de Contas da União, que considerou ilegal a incorporação de "quintos" pela impetrante, em razão da *falta de um dia* para o implemento do tempo exigido para a aquisição da vantagem, tendo-se determinado a devolução dos valores percebidos. O Supremo Tribunal reconheceu a boa-fé da impetrante e determinou a restituição das quantias descontadas; reconheceu, mais, o direito à incorporação da vantagem, ao fundamento de que, em razão de a impetrante ter trabalhado no dia da publicação do ato de sua aposentadoria e em dias subseqüentes, o tempo de exercício de fato da função

---

[75] Ávila, 2003, p. 102-103.
[76] Silva, 2002, p. 29 e 33.
[77] Dobrowolski, 2002, p. 120.

pública, por gerar conseqüências, inclusive para fins de responsabilização por condutas ilícitas, deveria ser contado.[78]

O Supremo Tribunal Federal referiu-se à razoabilidade – talvez como adequação – ao não admitir que, em concurso público, se levasse em consideração o tempo anterior de exercício justamente na mesma atribuição em disputa: "Mostra-se conflitante com o princípio da razoabilidade eleger como critério de desempate tempo anterior na titularidade do serviço para o qual se realiza o concurso público."[79]

Em outras ocasiões, a razoabilidade vem sendo invocada. Ao declarar a inconstitucionalidade de diversos dispositivos da Lei nº 9.096/1995, que estabeleciam "cláusula de barreira" aos partidos políticos, condicionando-lhes o funcionamento parlamentar a determinado desempenho eleitoral e conferindo-lhes diferentes proporções de participação no Fundo Partidário e de tempo disponível para a propaganda partidária ("direito de antena"), o Supremo Tribunal Federal entendeu violado o princípio democrático e, especialmente sob a invocação da falta de razoabilidade por parte da lei, o art. 17, IV, da Constituição: "funcionamento parlamentar [dos partidos políticos] de acordo com a lei".[80]

A exposição de pessoas famosas em local público autoriza, em princípio, o exercício do direito à informação popular. Contudo, detenhamo-nos nas particularidades do "caso Cicarelli". As pessoas famosas em questão afirmaram que não pretendiam exibir-se; estavam fazendo amor. O local público era uma praia. As imagens foram captadas por meio de filme e fotos detalhados. A divulgação ocorreu na internet, vale dizer, em escala mundial. Normas jurídicas muito genéricas não conseguem apreender tantas facetas do real.

---

[78] Mandado de Segurança 23.978/DF, Rel. Min. Joaquim Barbosa, 13/12/2006.
[79] Ação Direta de Inconstitucionalidade 3.522/RS, Rel. Min. Marco Aurélio, *DJU* 12/05/2006.
[80] Ações Diretas de Inconstitucionalidade 1.351/DF e 1.354/DF, Rel. Min. Marco Aurélio, 07/12/2006.

Técnicas de aplicação do Direito, tais como o critério da proporcionalidade, permitem uma maior aproximação. Aproximam o Direito, para afastar as câmeras, que obtiveram um grau de aproximação e indiscrição indevido.

7. CONCLUSÃO

A proporcionalidade é uma ferramenta útil e importante para o Direito, particularmente na solução de problemas que envolvem direitos fundamentais: é um tempero no caldo dos direitos fundamentais, que, como revela o "caso Cicarelli" – e mantendo a metáfora culinária –, ajuda que fiquem gostosos.

8. BIBLIOGRAFIA

Alexy, Robert. *Teoría de los derechos fundamentales*. Madrid: Centro de Estudios Constitucionales, 1993.

Araujo, Luiz Alberto David; Nunes Júnior, Vidal Serrano. *Curso de Direito Constitucional*. 9ª ed. São Paulo: Saraiva, 2005.

Agra, Walber de Moura. *Curso de Direito Constitucional*. 2ª ed. Rio de Janeiro: Forense, 2007.

Ávila, Humberto. *Teoria dos princípios. Da definição à aplicação dos princípios jurídicos*. São Paulo: Malheiros, 2003.

Benda, Ernesto. "Dignidad humana y derechos de la personalidad." In: BENDA et al. *Manual de derecho constitucional*. Madrid: Marcial Pons, 1996.

Bonavides, Paulo. *Curso de Direito Constitucional*. 6ª ed. São Paulo: Malheiros, 1996.

Bornholdt, Rodrigo Meyer. *Métodos para resolução do conflito entre direitos fundamentais*. São Paulo: Revista dos Tribunais, 2005.

Clève, Clèmerson Merlin e Freire, Alexandre Reis Siqueira. "Algumas notas sobre colisão de direitos fundamentais." In: Grau, Eros Roberto e Cunha Sérgio Sérvulo da (org.). *Estudos de Direito Constitucional em homenagem a José Afonso da Silva*. São Paulo: Malheiros, 2003.

Coutinho, Jacinto Nelson de Miranda (Org.). *Canotilho e a constituição dirigente*. Rio de Janeiro: Renovar, 2003.

Dimoulis, Dimitri e Martins, Leonardo. *Teoria geral dos direitos fundamentais*. São Paulo: Revista dos Tribunais, 2007.

Dobrowolski, Samantha Chantal. *A justificação do Direito e sua adequação social. Uma abordagem a partir da teoria de Aulis Aarnio*. Porto Alegre: Livraria do Advogado, 2002.

Duhamel, Olivier. *Pour l'Europe. La Constitution européenne expliquée et commentée*. Paris: Seuil, 2005.

Fachin, Luiz Edson. *Estatuto jurídico do patrimônio mínimo*. Rio de Janeiro: Renovar, 2001.

Franciulli Netto, Domingos e Sombra, Thiago Luís Santos. "O direito à imagem em locais públicos." In: *Direito à privacidade*. Martins, Ives Gandra da Silva; Pereira Jr., Antonio Jorge. (coord.) Aparecida: Idéias e Letras; São Paulo: Centro de Extensão Universitária, 2005.

Freitas, Juarez. "O intérprete e o poder de dar vida à Constituição: preceitos de exegese constitucional." In: Grau, Eros Roberto e Guerra Filho, Willis Santiago (org.). *Direito Constitucional – estudos em homenagem a Paulo Bonavides*. São Paulo: Malheiros, 2001.

GRIMM, Dieter. "A função protetiva do Estado." In: Souza Neto, Cláudio Pereira de; Sarmento, Daniel (coord.). *A constitucionalização do Direito. Fundamentos teóricos e aplicações específicas*. Rio de Janeiro: Lumen Juris, 2007.

Guerra Filho, Willis Santiago. *Processo constitucional e direitos fundamentais*. São Paulo: Celso Bastos, 1999.

Heck, Luís Afonso. *O Tribunal Constitucional Federal e o desenvolvimento dos princípios constitucionais. Contributo para uma compreensão da Jurisdição Constitucional Federal alemã*. Porto Alegre: Sergio Fabris, 1995.

Leivas, Paulo Gilberto Cogo. *Teoria dos direitos fundamentais sociais*. Porto Alegre: Livraria do Advogado, 2006.

Maccormick, Neil. *Argumentação jurídica e teoria do direito*. São Paulo: Martins Fontes, 2006.

Mendes, Gilmar Ferreira. *Direitos fundamentais e controle de constitucionalidade*. 2ª ed. São Paulo: Celso Bastos, 1999.

Müller, Friedrich. *Métodos de trabalho do Direito Constitucional*. 3ª ed. Rio de Janeiro: Renovar, 2005.

Pereira, Guilherme Döring Cunha. *Liberdade e responsabilidade dos meios de comunicação*. São Paulo: Revista dos Tribunais, 2002.

Ramos, André de Carvalho. *Teoria geral dos direitos humanos na ordem internacional*. Rio de Janeiro: Renovar, 2005.

Rothenburg, Walter Claudius. "A dialética da democracia: entre legisladores e jurisdição constitucional." In: Clève, Clèmerson Merlin; Sarlet, Ingo Wolfgang; Pagliarini, Alexandre Coutinho (coord.). *Direitos humanos e democracia*. Rio de Janeiro: Forense, 2007, p. 429-440.

_____. *Princípios constitucionais*. 2ª tir. Porto Alegre: Sergio Antonio Fabris, 2003.

Sarlet, Ingo Wolfgang. *A eficácia dos direitos fundamentais*. 5ª ed. Porto Alegre: Livraria do Advogado, 2005.

Sarmento, Daniel. *A ponderação de interesses na Constituição Federal*. Rio de Janeiro: Lumen Juris, 2000.

Silva, Luís Virgílio Afonso da. "O proporcional e o razoável." *Revista dos Tribunais*, São Paulo, n. 798, p. 23-50, abr. 2002.

Steinmetz, Wilson Antônio. *Colisão de direitos fundamentais e princípio da proporcionalidade*. Porto Alegre: Livraria do Advogado, 2001.

Streck, Lenio Luiz. *Jurisdição constitucional e hermenêutica. Uma nova crítica do Direito*. 2ª ed. Rio de Janeiro: Forense, 2004.

Tavares, André Ramos. *Curso de Direito Constitucional*. 3ª ed. São Paulo: Saraiva, 2006a.

Tavares, André Ramos. *Fronteiras da hermenêutica constitucional*. São Paulo: Método, 2006b.

PRINCÍPIO DA RAZOÁVEL DURAÇÃO DO PROCESSO

*Paulo Hoffman**

> **Sumário**: Introdução. 1. Art. 5º, inciso LXXVIII, da CF – EC nº 45 (8/12/2004) – Problema resolvido? 1.1. Critério da posta in gioco. 1.2. Possibilidade de se recorrer de despachos que, apesar de não conterem conteúdo decisório, atingem o direito à razoável duração. 1.3. Dano marginal. 2. Cerne da questão: Falta de estrutura. 2.1 Informatização do processo. 2.2 Uniformização de jurisprudência. 2.3 Meios alternativos de solução de conflitos e mecanismos de aceleração da tutela jurisdicional. 3. Indenização e responsabilidade objetiva do Estado. 4. O justo processo e a norma sobre a duração razoável do processo. 5. Propostas na busca da razoável duração. 6. Bibliografia.

INTRODUÇÃO

O processo civil como ciência é algo inebriante, fabuloso! Quanto mais se estuda e conhece a matéria, mais se quer aprofundar, desbravar, aprimorar.[1] A cada dia novos institutos são implementados ou simplesmente reinterpretados, descobrindo-se novas maneiras de compreender estudos feitos no começo do século passado, por mestres como Carnelutti, Chiovenda e tan-

---

* Doutorando, Mestre e Especialista em Direito Processual Civil pela PUC-SP. Especialista em Direito Processual Civil pela Università Degli Studi di Milano. Membro do Instituto Brasileiro de Direito Processual. Professor da Escola Superior da Advocacia. Advogado em São Paulo.

[1] Já disse o filósofo grego Sócrates, "só sei que nada sei".

tos outros, cujas lições escritas numa época com valores e compreensão tão diferentes da atual, até agora não foram completamente desvendadas.

Chiovenda escreveu a edição dos seus princípios na primeira década de 1900 e, tanto tempo depois, ainda estamos tentando desvendar sua profundidade.[2] Notadamente, no Brasil, impressiona-nos a obra e a capacidade do insuperável Pontes de Miranda, autor de tantos livros, em diferentes áreas do Direito, mas sempre com profundidade ímpar.

Kazuo Watanabe ensina que

> do conceptualismo e das abstrações dogmáticas que caracterizam a ciência processual e que lhe deram foros de ciência autônoma, partem hoje os processualistas para a busca de um instrumentalismo mais efetivo do processo, dentro de uma ótica mais abrangente e mais penetrante de toda a problemática sociojurídica. Não se trata de negar os resultados alcançados pela ciência processual até esta data. O que se pretende é fazer dessas conquistas doutrinárias e de seus melhores resultados um sólido patamar para, com uma visão crítica e mais ampla da utilidade do processo, proceder ao melhor estudo dos institutos processuais – prestigiando ou adaptando ou reformulando os institutos tradicionais, ou concebendo institutos novos –, sempre com a preocupação de fazer com que o processo tenha plena e total aderência à realidade sociojurídica a que se destina, cumprindo sua primordial vocação que é a de servir de instrumento à efetiva realização dos direitos. É a tendência ao *instrumentalismo* que se denominaria *substancial* em contraposição ao instrumentalismo meramente nominal ou formal.[3]

Assim, se nem mesmo os assuntos incessantemente discutidos há muito tempo ainda não foram completamente esgotados, apesar da eficiência e capacidade daqueles que nos antecederam, digno de nota a preocupação de tratar-se especifi-

---

[2] "A questo scopo mira anche con altre misure: cioé reprimendo i ritardi nell'istruzione o nel compimento della causa, dipendenti da negligenza dei procuratori, con penalitá contro costoro (arts. 61, 170, 177, 180 ecc.); e reprimendo lê superflui (art. 376)." Chiovenda, 1965, p. 858.

[3] Watanabe, 1987, p. 22-23.

camente de diversos princípios processuais e constitucionais como nesta obra se fará.

Ensina Cândido Rangel Dinamarco que, "obviamente, desfazer dogmas ou ler os princípios por um prisma evolutivo não significa renunciar a estes, ou repudiar as conquistas da ciência e da técnica do processo". E acrescenta: "Reler os princípios, não renegá-los."[4]

Em especial, no que tange à razoável duração do processo, tema que aflige aos operadores do Direito ao redor do mundo, entendemos não ser matéria esgotável e obrigação do estudioso constantemente voltar ao tema na busca por melhores interpretações e soluções.

Já se disse com acerto que, se a teoria na prática é outra coisa, precisamos alterar uma ou outra ou simplesmente tentar adequá-las. Assim é que, apesar da fascinação que nos causa a ciência do processo civil, na prática, o processo como solução de conflitos[5] tem se mostrado de uma total e gritante ineficácia, instrumento extremamente insatisfatório para se dizer o mínimo, motivo pelo qual a razoável duração do processo é, sem dúvida, uma preocupação mundial.

Em tempos mais recentes, é de ser notada uma doutrina processual mais voltada ao dia-a-dia forense, preocupada com a efetividade, assim como a constante realização de palestras, cursos e artigos disponibilizados na *internet* como uma forma democrática de distribuição e acesso à informação qualificada, diminuindo o abismo entre a ciência e seus pesquisadores e os operadores que vivem a realidade e as mazelas da vida forense.

Nas palavras de José Roberto dos Santos Bedaque, "a postura dos próprios processualistas, hoje mais conscientes do verdadeiro papel reservado à sua ciência: o processo é instrumento de pacificação social e, como tal, deve contribuir para este objetivo".[6]

---

[4] Dinamarco, 2003, p. 14.

[5] "Sob esse aspecto, a função jurisdicional e a legislação estão ligadas pelo escopo fundamental de ambas: *a paz social*." Dinamarco, 1993, p. 159.

[6] Bedaque, 2003, p. 54.

É exatamente dentro deste corte epistemológico e antropológico que pretendemos traçar e demonstrar a importância da inclusão em nossa Constituição Federal, do princípio da razoável duração do processo.

1. ART. 5º, INCISO LXXVIII, DA CF – EC Nº 45 (8/12/2004) – PROBLEMA RESOLVIDO?

É comum ouvir-se a indagação sobre para que serve ou mesmo o que muda com o acréscimo da garantia do direito à razoável duração do processo como Direito Constitucional. A questão é, com o devido respeito, simplista e coloca exclusivamente na lei a gravidade do problema da comprovada exagerada demora do processo, cujas causas são endêmicas. Quem assim pensa, olvida-se de que a relevância histórica desta importante inclusão na Constituição Federal será sentida no correr dos anos. De certo que diversas outras alterações legislativas ainda são necessárias e, principalmente, a mudança de mentalidade e de estrutura, porém isto em nada diminui a relevância deste direito fundamental.

Por isso, entendemos não se tratar de medida inócua, populista ou simplesmente de pressão, mas, sim, importante conquista ter sido o direito à razoável duração do processo alçado ao posto de garantia constitucional, devendo todo o sistema legislativo, doutrinário e jurisprudencial ser obrigatoriamente repensado a partir desse novo direito. Não se pode mais permitir a elaboração de leis que causem uma maior lentidão na solução dos processos, sob pena de serem inconstitucionais. Igualmente, se da lei posta se der uma interpretação que leve a caminhos mais tortuosos e burocráticos, com certeza, essa corrente estará agindo em desconformidade com a novel garantia constitucional.

Sem dúvida, há muito se busca um processo mais célere e mais efetivo,[7] porém, a partir da Emenda Constitucional nº 45,

---

[7] Celeridade e efetividade são conceitos complementares, mas não coincidentes. O processo precisa ser ágil (celeridade), mas precisa ser o máximo possível capaz de entregar à parte que tem direito, tudo e exatamente aquilo que teria recebido caso não tivesse se socorrido do Poder Judiciário. Contudo, se pode dizer que quanto mais demorado for o processo, maior será a chance de também não ser efetivo.

necessariamente as medidas a serem tomadas deixam de ter um caráter único de boa vontade e passam a ser mero cumprimento de um dever.

Um processo para nós, operadores do Direito, é algo comum do nosso dia-a-dia. Todavia, a simples possibilidade de vir a ser "processado", leva o cidadão comum e honesto a um completo desespero. Quem sem ser médico ou ligado à área da saúde gosta de freqüentar hospital? Quem tem a tranqüilidade e a serenidade diante de uma doença grave com algum familiar? O paralelo que se traça visa a exatamente tentar trazer o mesmo sentimento que o leigo sente com o processo.

Então, devemos nos lembrar que, ao jurisdicionado envolvido no processo, a situação é sempre de aflição, pois para ele aquilo não é uma circunstância comum ou aceitável, razão pela qual o processo deve ter exata e exclusivamente o tempo completamente indispensável para sua correta resolução, nem um dia a mais.

É por isso exatamente que o direito à razoável duração do processo é e deve ser seriamente considerado o direito fundamental da pessoa humana, assim como o é o direito a vida, saúde, liberdade, felicidade e tantos outros que, num primeiro momento, parecem muito mais relevantes e importantes que o simples direito a ter um processo julgado em tempo razoável.

O processo como mecanismo de realização de direitos pode levar uma pessoa, uma família, uma empresa, à completa perdição; vidas são refeitas ou destruídas com uma simples decisão judicial e, o que é pior, a falta ou demora excessiva na conclusão do processo faz com que a simples indefinição destrua o ânimo e a esperança tão indispensáveis à vida.

Outrossim, sem dúvida, imprescindível se tornou que esse direito fosse alçado à garantia constitucional, assim como o são o contraditório, a ampla defesa, a inafastabilidade, enfim, o devido processo legal. Aliás, não se pode falar em devido processo legal, se o jurisdicionado conhece os meios para acessar o Poder Judiciário, assim como o modo pelo qual o processo se desenvolverá, mas não tem a menor idéia nem pode conceber quando ele terminará.

Mais que mera garantia constitucional deve o direito à razoável duração do processo ser encarado como modelo legislativo e critério de julgamento.

Nelson Nery Junior lembra que

> bastaria a Constituição Federal de 1988 ter enunciado o princípio do devido processo legal, e o *caput* e a maioria dos incisos do art. 5º seria absolutamente despicienda. De todo, a explicitação das garantias fundamentais derivadas do devido processo legal, como preceitos desdobrados nos incisos do art. 5º, CF, é uma forma de enfatizar a importância dessas garantias, norteando a Administração Pública, o Legislativo e o Judiciário para que possam aplicar a cláusula sem maiores indagações.[8]

Tratando do art. 24 da Constituição espanhola, Joan Picó i Junoy, ressalta a seriedade e gravidade do direito à razoável duração do processo, lembrando que a finalidade última do fenômeno da constitucionalização das garantias processuais não é outra que senão lograr a tão pretendida justiça.[9]

O processo, como forma dialética que é, exige um período de maturação, não podendo ser finalizado corretamente no prazo em que as partes envolvidas imaginam e gostariam. É preciso tempo para que haja maturação das teses apresentadas, bem como para a realização das provas necessárias; é impensável excogitar um processo rápido que atropele todas as garantias e não permita às partes a correta e adequada defesa daquilo que entendem como sendo seus direitos. Rejeita-se um processo extremamente lento e ineficaz, mas também um processo precipitado e decidido de forma incongruente.

Domingos Franciulli Neto afirma que "dois problemas, entre outros, afligem a Justiça: de uma parte, o juiz tardinheiro; d'outra, o juiz afoito, a generalizar em profusão as liminares e a concessão de tutelas antecipadas".[10]

A busca entre esses dois extremos (ineficácia e afobamento) é exatamente o que devemos entender por razoável. Um proces-

---

8 Nery Junior, 1999, p. 40.

9 Junoy, 1997, p. 21.

10 Franciulli Netto, 2004, p. 92.

so rápido, mas correto, completo, sério e efetivo, decidido em prazo razoável. Contudo, para responder se um determinado prazo é razoável ou não – além do sempre necessário bom senso – basta nos colocarmos exatamente na posição da outra parte (isto é: autor na posição de réu, advogado na situação do juiz, e vice-versa) e imaginar quanto tempo seria necessário para a realização daquele ato.

Além disso, não se pode esquecer que cada pessoa tem um tempo próprio e capacidades diferentes para a realização de cada tarefa. Por isso, basta ignorar o mais rápido e o mais lento e caminhar no sempre sensato caminho do centro para decidir-se sobre o que seja razoável ou não.

Ademais, para a definição do termo razoável duração devem ser considerados o meio físico e as particularidades de cada região em que se deva decidir. Lugares com realidades completamente distintas, com especificidades opostas, não podem receber a mesma classificação. Entretanto, é extremamente fácil definir se um processo terá sido decidido em prazo razoável quando se verifica comparativamente uma mesma comarca.

Ora, juízes e processos submetidos a uma só realidade, com similitude de partes e advogados, assim como da complexidade de causas, não podem ter durações muito distintas. Não se pode justificar um processo finalizado em muito mais tempo que outro; pautas de audiência muito disformes, cumprimento de diligências tão díspares, dentro de uma mesma localidade.

Assim, ressalvadas eventualidades esporádicas e as conhecidas dificuldades operacionais e o excessivo número de processos que são submetidos os magistrados, somos favoráveis à estipulação de prazos para o juiz decidir. Devemos caminhar para o estabelecimento de prazos com conseqüências para os juízes. Prazos "razoáveis" e condizentes com a responsabilidade e aflição de decidir sobre a vida das pessoas, porém limites de tempo para que as decisões sejam tomadas. Nas palavras de Sidnei Benetti, determinando os mandamentos do juiz: "Ser diligente. Presto e pontual na prestação jurisdicional. Trabalhar muito no julgamento dos casos, em organização da Justiça, no aperfeiçoamento cultural. Nunca te deixes levar pela solução injusta, apenas por ser a menos trabalhosa.[11]

Não se está de modo algum, nem mesmo subliminarmente, tentando dizer-se que a demora do processo seja culpa dos magistrados. De modo algum! Somente se conclama, na busca pela razoável duração do processo, eliminar todas as eventuais válvulas de escape.

Na realidade é senso comum a idéia que as chamadas "fases mortas" do processo, aquele longo período em que os processos permanecem parados nos "escaninhos" dos cartórios, esperando pela realização do ato judicial, tem sido o grande vilão da morosidade judicial.

Some-se a isto a necessidade premente de que os advogados entendam sua função social dentro da estrutura judicial, seu papel e responsabilidade para que, sem abrir mão da defesa dos interesses de seu cliente, exerça seu múnus com coerência e técnica, evitando atitudes e posicionamentos que atrasem a correta solução da lide. Aliás, não só se deve clamar por uma adequada atualização e estudo dos advogados, mas, também, impedir que suas manifestações tornem o processo algo enfadonho e prolixo, diante da mera transcrição interminável de doutrina e jurisprudência no inútil trabalho de "colar e copiar".

Igualmente, imprescindível o adequado treinamento, valorização e incentivo aos funcionários públicos, figuras essenciais para o bom funcionamento da máquina judicial. Devem estar sempre atualizados com as modernas técnicas e atentos às modificações e necessidades atuais.

1.1. Critério da *posta in gioco*

Quer nos parecer, contudo, que o mais eficiente critério para definição do que venha a ser a "razoável duração" seja realmente o adotado pela Corte Européia dos Direitos do Homem, o crité-

---

[11] Beneti, 2003, p. 180.

rio da *posta in gioco*: a) complexidade do caso; b) comportamento das partes; c) atuação dos juízes, dos auxiliares e da jurisdição.

Para definir qual o prazo razoável de duração de um processo se deve atentar para o caso concreto em si. O comportamento das partes, que devem atuar de modo diligente a não causar ilações indevidas, cumprindo as determinações judiciais a tempo; não se pode falar em desrespeito ao direito da razoável duração se as partes envolvidas agiram de modo a retardar a solução do feito, solicitando, por exemplo, constantes adiamentos.

E, também, tem relevância o comportamento do Judiciário como um todo, partindo, evidentemente, da atuação do juiz a demora nas decisões, o prazo de agendamento de audiências e demais diligências e condução firme a não permitir que a parte que não tem razão consiga agir de modo a causar a demora no processo. Vale dizer, neste caso cabe ao juiz impedir a má-fé da parte não participando de suas artimanhas, ao contrário, punindo-as.

Todo o aparato judicial deve atuar em favor da consecução do objetivo de terminar o processo dentro de um prazo razoável, daí a razão pela qual todos os auxiliares do juízo também devem atuar da maneira mais rápida e eficiente possível.

A complexidade do caso; na verdade, talvez o mais importante entre os três critérios, porquanto qualquer especificidade que demande a causa será motivo a justificar uma maior demora. Um caso que tenha matéria fática extremamente complexa e que dependa de um determinado conhecimento específico, uma perícia mais trabalhosa e detalhada, ou que demande amplo debate e tempo para compreensão, poderá levar a que um processo demore muito mais tempo para ser resolvido, sem que isto, em absoluto, possa significar que não tenha terminado em prazo razoável.

Quem milita no dia-a-dia forense tem facilmente uma previsão de quanto tempo pode demorar cada um dos procedimentos mais conhecidos. Contudo, uma ação de cobrança pode demorar vários anos para ser decidido em 1ª instância e, adotado o critério da *posta in gioco*, constatar-se não ter havido infração ao direito da razoável duração, enquanto uma outra ação, também de cobrança, pode ter sido julgada em apenas um ano e se perceber uma demora excessiva se essa poderia ter sido resolvida em apenas quatro meses.

É esse o fator que nos impede de ceder à tentação de ditar um prazo específico para cada tipo de ação.

Poder-se-ia, ainda, perguntar quanto tempo a mais seria necessário para caracterizar a exagerada duração, isto é, quantos meses ou anos seriam necessários, além do mínimo, para que tivesse havido infração ao direito da razoável duração. Igualmente aqui, somente a análise específica do caso em concreto poderá levar a uma resposta. Rechaça-se a alegação de se tratar de critério única e exclusivamente subjetivo, valendo neste tópico para definição, em paralelo, a mesma postura adotada para saber se é devida ou não a indenização por dano moral, ou se está diante de mero aborrecimento da vida moderna, assim como estipular o valor da indenização.

Como quase tudo na vida, também aqui, propugna-se pelo bom senso.[12]

1.2. Possibilidade de se recorrer de despachos que, apesar de não conterem conteúdo decisório, atingem o direito à razoável duração

Contra despacho não cabe recurso, porquanto estes são meras determinações de andamento do processo e não causam prejuízos às partes. Entretanto, não se pode negar que alguns despachos podem causar intenso prejuízo ao direito da parte, ainda que de forma reflexa. Não se está com isto querendo discutir se essa decisão seria realmente despacho ou se estaria diante de uma decisão interlocutória.

Para melhor compreensão, imaginemos duas situações:
1ª) designação de audiência inicial no procedimento sumário ou de audiência preliminar, somente para daqui dois anos;

---

[12] Sobre o tema da razoável duração, voltada para a área do Direito Penal, destacam-se Nicolitt, 2006; e Lopes Jr. e Badaró, 2006.

2ª) em se tratando de típico caso de julgamento antecipado da lide, a designação de audiência de instrução e julgamento; o que prevaleceria, o livre convencimento motivado ou o direito à razoável duração do processo? E mais, em sendo cabível o agravo de instrumento, poderia o Tribunal com base no art. 515, § 3º já julgar a demanda?

Com relação à 1ª indagação: ora, se a razoável duração do processo é Direito Constitucional, sem dúvida alguma a designação de audiência com um prazo claramente desproporcional ofende Direito Constitucional da parte a permitir, por óbvio, a interposição do agravo de instrumento. Estranha-se que haja uma certa resistência em acatar esse posicionamento, pois se houver infração ao Direito Constitucional da ampla defesa ou do contraditório, ninguém ousaria duvidar caber o agravo de instrumento. Portanto, se assim o é, por que não cabe agravo de instrumento no caso de nítida infração ao direito da razoável duração? Seria a razoável duração um Direito Constitucional de "segunda linha" ou "de mentirinha"?

Não, absolutamente não! E para que o Direito Constitucional da razoável duração seja realmente implementado, é necessário não tergiversar na sua importância e relevância, permitindo que os mecanismos processuais existentes sejam todos colocados à disposição da parte para obtê-lo, porquanto a efetividade e as tutelas específicas têm dado o tom correto da função do Poder Judiciário, não mais se permitindo que primeiro se deixe o direito ser lesado para somente após pensar-se em indenização contra o autor da lesão.

Ademais, por qual razão não caberia agravo de instrumento se até mesmo seria cabível Recurso Extraordinário, após o devido trâmite processual normal, com base na infração ao Direito Constitucional à razoável duração do processo? Uma pauta de audiência incompatível com a seriedade que se espera dos órgãos julgadores é problema administrativo do Tribunal e é exatamente isto que se visa combater.

Do mesmo modo, quanto à segunda indagação, também opinamos favoravelmente ao cabimento do agravo de instrumento, porquanto não pode ser a parte obrigada a produzir prova desnecessária e aguardar muito mais tempo para obter sentença que poderia obter desde já. Não se trata de modo algum de atingir o livre convencimento motivado do juiz, mas de não se permitir ilações indevidas, geralmente, praticadas por comodismo ou falta de adequado estudo do processo. Contudo, por mais que estejamos tentados a admitir o julgamento já pelo Tribunal, entendemos que mais correto seria a determinação para que seja proferida sentença, em respeito ao ditame legal previsto no art. 5º, inciso LXXVII, da CF.

Conclua-se este tópico afirmando que em outras tantas situações devemos ser ainda mais exigentes com o novel Direito Constitucional da razoável duração, tal como na não concessão de liminares ou "sentenças antecipadas" da parte incontroversa dos pedidos cumulados, exigindo efetividade e tempestividade na atuação dos órgãos judiciais. Vale o raciocínio, também, para exigir a extinção do processo sem julgamento do mérito, nos casos em que for de plano aplicável ou de julgamento de recursos manifestamente inadmissíveis.

1.3. Dano marginal

Não se deve, ademais, confundir o perigo da demora com o direito à decisão dentro do prazo razoável, isto é, ainda que não venha a perecer o direito pela demora, tal como mencionado no caso da designação de audiência para data longínqua, deve o Judiciário estar atento em respeito ao direito à razoável duração do processo. Terem sido as audiências iniciais no processo sumário ou nos Juizados Especiais Cíveis designadas para somente daqui um ano, além de ferir diretamente todos os princípios norteadores e os próprios prazos fixados na lei, pode não se ter um prejuízo direto, imediato, irreparável à parte, mas causa o que se denominou chamar de dano marginal.[13]

---

[13] "Perchè qui la consumata perizia dei rimedi circoscritti e limitati non serve più a nulla; qui l'unico strumento in grado di arrestare il prodursi del danno marginale è quello di attribuire prontamente all'attore il bene controverso, nonostante la perdurante incertezza relativa all'esistenza del suo diritto." Andolina, 1983, p. 21.

O dano marginal é aquele que o processo e sua duração causam à parte, independentemente do prejuízo já sofrido pelo descumprimento da obrigação ou desrespeito a direito, o qual será de algum modo reparado pelo processo. Até pode o dano marginal de alguma forma ser recomposto, seja pela aplicação de multa, correção monetária, porém deverá ser de todo modo evitado e minimizado.

A natural duração do processo já acarreta danos às partes, razão de o legislador prever, entre outras medidas, o seqüestro, a execução provisória e, atualmente, a antecipação dos efeitos da tutela a minimizar os prejuízos advindos da espera. Contudo, necessário se faz acabar com a morosidade que decorre dos mais diversos fatores e que prolonga o processo muito além do essencial e justo. Em texto primoroso e obrigatório,*"Cognizione" ed "esecuzione forzata" nel sistema della tutela giurisdizionale*, Italo Andolina define com segurança e clareza o conceito de *dano marginal*, aquele decorrente da duração exagerada do processo a prejudicar as partes.[14]

Portanto, mais que mera previsão vazia de sentido ou conceito filosófico, urge que o Direito Constitucional à razoável duração do processo seja entendido e interpretado como razão de uma nova mentalidade, cabendo aos operadores do Direito exigir e agir em prol de seu acontecimento. Não só as leis não podem atingir ou serem contrárias à razoável duração, mas, principalmente, à sua interpretação e às decisões judiciais.[15]

---

14 *"Ma, per il momento, è opportuno mettere da parte queste considerazioni e concentrare l'attenzione sul danno che l'attore subisce nelle more del procedimento: esso può convenientemente definirsi come 'marginale', in quanto va progressivamente ad aggiungersi a quello eventualmente già sofferto anteriormente alla proposizione della domanda"*. Andolina, 1983, p. 17.

15 *"Tanto é vero che, nelle ipotesi in esame (che possono essere indicate come figure di danno marginale in senso lato), l'ordinamento, senza minimamente rimuovere lo stato di insoddisfazione del diritto riesce ugualmente, attraverso acconci e circoscritti rimedi, ad arrestare, o prevenire ab ovo, il prodursi del danno marginale. Viceversa, il danno marginale che individua il piano dogmatico del titolo esecutivo, si caratterizza, a mio avviso, per il fatto di essere una conseguenza diretta ed immediata della semplice permanenza, durante il tempo corrispondente allo svolgimento del processo, dello stato di insoddisfazione del diritto, o cosa che è lo stesso, di quella concreta*

2. CERNE DA QUESTÃO: FALTA DE ESTRUTURA

João Batista Lopes afirma que

> com efeito, as causas da morosidade da justiça são várias – anacronismo da organização judiciária, falta de recursos financeiros, deficiências da máquina judiciária, burocratização dos serviços, ausência de infra-estrutura adequada, baixo nível do ensino jurídico e aviltamento da remuneração dos servidores – e nenhuma delas, isoladamente, explica o quadro atual de lentidão dos processos. É inquestionável, porém, que nossa anacrônica organização judiciária é responsável, em grande medida, pela dissonância existente entre a modernidade de nosso processo e o atraso na distribuição da Justiça.[16]

Toda e qualquer lei ou modificação, bem como a melhor intenção será sempre inócua se não se agregar à estrutura do Poder Judiciário os recursos estruturais faltantes. Fala-se não somente em investimentos em tecnologia, aparelhamento, mas também na valorização dos juízes e funcionários públicos, com treinamento, número adequado de funcionários, plano de carreira e salários, prédios e instalações adequadas.

Infelizmente não interessa a um Estado que é o principal "consumidor" do "produto Justiça" que os processos andem de forma mais rápida, assim como não têm os políticos vontade política em investir correta e seriamente no Poder Judiciário, uma vez que a melhora não seria rapidamente sentida, não se convertendo, por conseqüência, automaticamente em votos.

Neste sentido, Clito Fornaciari Júnior, afirma que o

> desinteresse do Estado pelo destino da Justiça, decerto porque, em qualquer confronto de contas, ele é mais devedor do que credor, não o fez fornecer e atualizar, também, materialmente, as estruturas do Poder, de modo a inviabilizar a comprovação prática da eficiência dos institutos incorporados, àquela época, ao nosso sistema.[17]

---

situazione lesiva che si è visto stare all'origine del processo. Questo peculiare tipo di danno può essere indicato come 'danno marginale in senso stretto', oppure come 'danno marginale da induzione processuale', appunto in quanto esso è specificamente causato, e non soltanto genericamente occasionato, dalla distensione temporale del processo". Andolina, 1983, p. 20.

16 Lopes, 2002, p. 128.
17 Fornaciari Júnior, 2005, p. 1.

Cabe assim aos órgãos de cúpula do Judiciário, em particular ao Conselho Nacional de Justiça agir e exigir condições estruturais para a correta prestação do serviço jurisdicional.

Na verdade, o grande mal da Justiça no Brasil é realmente a evidente falta de interesse dos governantes em investir corretamente no Poder Judiciário. As reformas introduzidas na esfera constitucional e, principalmente, no processo civil foram importantíssimas e necessárias, mas ainda insuficientes, uma vez que a realidade prática de nossos Tribunais não permite que sejam efetivamente aplicadas, restando somente um plano teórico excelente, sem resultados práticos e concretos.

Desse modo, tornam-se retóricas a ilusão à constante alteração de leis e a criação de novos códigos, tendo a lei sempre por imperfeita, incompleta e responsável maior pelo problema da morosidade judicial, sem se concentrar esforços e criar mecanismos de pressão para obrigar os governantes a realizar os devidos e corretos investimentos para a instrumentalização da máquina judiciária.

A melhor lei será sempre insuficiente se introduzida numa estrutura arcaica e inoperante. Repugna-se, igualmente, a idéia da simples supressão do direito ao recurso, pois a experiência moderna, além do espírito inconformado de nosso povo, impede-nos de imaginar um processo mais célere à custa de julgamentos equivocados mantidos por inexistência do duplo grau de jurisdição.

2.1. Informatização do processo

Dentro deste contexto, importante ressaltar a brilhante iniciativa e nova mentalidade que nos traz a Lei nº 11.419/2006, que trata da informatização do processo.[18] A realidade virtual hoje é corriqueira na vida das pessoas e quase todas as rotinas do dia-a-dia rapidamente vão sendo obrigatoriamente transferidas para o computador.

---

18 Sobre o tema, por todos, Calmon, 2007.

Negócios são realizados, transferências bancárias, entrega do Imposto de Renda, enfim, não tinha mais cabimento o Poder Judiciário manter-se distante de tudo isto, como se o formalismo do papel e da burocracia tivesse que vencer a tecnologia.[19] Impossível manter-se o processo arraigado a séculos de atraso, em que autos são costurados e valorizados como se fossem o próprio direito da parte.

Muitas vezes, um único recurso passa por até "oito carimbos" até chegar a julgamento, e, infelizmente, muitas vezes um crucial Recurso Especial ou Extraordinário sequer é julgado pela falta de um desses ou, o que é pior, por estar borrado.

Renato Nalini destaca que "o processo não perdeu sua feição de mecanismo superado, em descompasso com o ritmo da sociedade moderna. O processo de instrumento de realização do justo, converteu-se, à mercê de muitos fatores, em finalidade em si."[20]

Assim, não se pode mesmo imaginar um processo sem ilações indevidas, mantido a distância da informatização que, com certeza, muito rapidamente será a realidade dentro do Poder Judiciário, bastando somente interesse político de aparelhar adequadamente as Varas e Cartórios, bem como criar sistemas confiáveis e seguros.

2.2. Uniformização de jurisprudência

É de se ressaltar que cada vez mais se caminha para o fortalecimento da jurisprudência. A realidade da Súmula Vinculante, da Súmula Impeditiva de Recursos, o Julgamento de Causas Repetitivas, assim como a valorização das formas de uniformização de jurisprudência, até mesmo em 1º grau, é um relevante passo para que os juízes tenham mais tempo para julgar corretamente, evitando-se a realização de tarefas inúteis e, principalmente, a segurança jurídica.

---

[19] Maria Elizabeth de Castro Lopes atenta para a "tendência de simplificação e desburocratização"(2006, p. 81).
[20] Nalini, 2006, p. 14.

Não se pode mais conceber decisões conflitantes e a utilização reiterada da máquina estatal quando se sabe exatamente qual será o resultado final do processo. Não se pode, sob um suposto direito à liberdade de decisão do juiz, permitir julgamentos que contrarie todo um sistema recursal. Não se está cogitando, por óbvio, de matérias novas, mas daquelas já debatidas à exaustão e com formação de jurisprudência nas Cortes Superiores, assim como não se está pregando o engessamento de conceitos e situações.

2.3. Meios alternativos de solução de conflitos e mecanismos de aceleração da tutela jurisdicional

Refugiria ao objetivo do presente trabalho tratar dos meios alternativos de solução de conflitos, tais como a arbitragem, a mediação, a conciliação, assim como dos mecanismos de aceleração da tutela jurisdicional, porém não podemos deixar de ressaltar a importância crucial de valorizá-los cada vez mais.

Não se pode mais continuar com aquela mentalidade de incentivo ao litígio, da cultura da sentença como único modo de solução do conflito, pois esta é, sem dúvida, sempre a mais insatisfatória, pois, afinal, mesmo quem vence integralmente a demanda, sempre perde, no mínimo, com a exagerada demora do processo. Temos que dar vazão a essa litigiosidade contida de modo a que o Estado realmente exerça seu papel de pacificador das relações individuais, reservando-se a tutela tradicional somente àqueles casos em que a solução por meios alternativos mostre-se inviável.

Com um processo mais célere e efetivo, as chamadas tutelas de urgência ficariam reservadas a situações realmente extraordinárias em que fossem estritamente indispensáveis, e não, à forma praticamente generalizada como hoje se encontra. A dedicação intensa da doutrina ao estudo das tutelas de urgência demonstra exatamente essa séria problemática do desrespeito ao direito da razoável duração.

3. INDENIZAÇÃO E RESPONSABILIDADE OBJETIVA DO ESTADO

O § 6º, do art. 37, da Constituição Federal prevê:

> As pessoas jurídicas de direito público e as de direito privado prestadoras de serviços públicos responderão pelos danos que seus agentes, nessa qualidade, causarem a terceiros, assegurado o direito de regresso contra o responsável nos casos de dolo ou culpa.

O art. 15 do Código Civil praticamente repete o mesmo enunciado transcrito.

O art. 175, parágrafo único, IV, da Constituição Federal estabelece a "obrigação do Estado em manter serviços adequados", no mesmo sentido que o art. 22, parágrafo único, do Código de Defesa do Consumidor estipula "que os órgãos públicos serão compelidos a cumprir e reparar os danos causados no caso de descumprimento, total ou parcial, da obrigação de fornecer serviços públicos adequados, eficientes, seguros e, quanto aos essenciais, contínuos". Cumpre relevar, ainda, que o art. 5º, inciso LXXV, da CF prevê que "o Estado indenizará o condenado por erro judiciário, assim como o que ficar preso além do tempo fixado na sentença".

Desse contexto resulta a questão de se o cidadão prejudicado pela exagerada duração do processo teria direito a pleitear a justa indenização em face do Estado e se haveria a necessidade de elaborar uma lei com essa expressa previsão.

Diante do novo inciso LXXVIII, do art. 5º, da CF, com a previsão da duração razoável do processo como garantia constitucional do cidadão, nosso posicionamento é cristalino no sentido de que o Estado é responsável *objetivamente* pela exagerada duração do processo, motivada por culpa ou dolo do juiz, bem como por ineficiência da estrutura do Poder Judiciário, devendo indenizar o jurisdicionado prejudicado [21] – autor, réu, interveniente ou ter-

---

[21] "Sustentou o min. Aliomar Baleeiro, no voto que proferiu: 'Se o Estado responde, segundo antiga e iterativa jurisprudência, pelos motivos multitudinários, ou pelo 'fato das coisas' do serviço público, independentemente de culpa de seus agentes, (...) com maior razão deve responder por sua omissão ou negligência em prover eficazmente ao serviço da justiça, segundo as necessidades e reclamos dos jurisdicionados, que lhes pagam impostos e até taxas judiciárias específicas, para serem atendidos." Dias, 2001, p. 262.

ceiro interessado –, independentemente de sair-se vencedor ou não na demanda, pelos prejuízos materiais e morais.

É indubitável na doutrina a responsabilidade objetiva do Estado por atos de seus agentes, tanto no Poder Executivo quanto no Legislativo, havendo, porém, uma inexplicável resistência residual em admitir a óbvia responsabilidade objetiva quanto ao Poder Judiciário, sob argumentos impróprios, inadequados e totalmente ultrapassados. A prestação do serviço judicial é função exclusiva do Estado, como já visto anteriormente no presente trabalho, razão pela qual, se a expectativa é frustrada e não é atendido e respeitado o direito do jurisdicionado, não há alternativa senão indenizar.

O § 6º do art. 37 da Constituição Federal refere-se ao termo "agente" e a este deve se dar a interpretação mais ampla possível, para que abranja qualquer tipo de pessoa que preste serviço ao Estado, seja a que título for. Na definição de Hely Lopes Meirelles, podem-se abstrair o seu significado e abrangência:

> agentes públicos são todas as pessoas físicas incumbidas, definitivamente ou transitoriamente, do exercício de alguma função estatal. (...) Repartem-se, inicialmente em cinco espécies ou categorias bem diferenças, a saber: *agentes políticos, agentes administrativos, agentes honoríficos, agentes delegados e agentes credenciados*.[22]

Dessa forma, como excluir os membros do Poder Judiciário de tal responsabilidade? É cediço que o juiz é responsável na forma do art. 133 do Código de Processo Civil, mas essa responsabilidade é subjetiva com relação a ele, e não ao Estado. Também é sabido que é possível que o Estado, em ação regressiva, pode cobrar desse juiz culpado o que foi pago pelo Poder Público para se ressarcir.

Cumpre ressaltar que, em hipótese alguma, no nosso entendimento, seria cabível a indenização decorrente de uma sentença equivocada – *error in judicando* – proferida sem qualquer mácula moral ou comportamental, principalmente diante da ampla possibilidade recursal em nosso sistema. Contudo, a sen-

---

[22] Meirelles, 2001, p. 69-70.

tença intencionalmente proferida em sentido contrário ao manifesto direito da parte, por exemplo, por concussão do juiz, acarretará a culpa do Estado – *in vigilando* –,[23] porquanto é dever do Estado fiscalizar, investigar e punir os maus magistrados.[24] Não pode o juiz, além de todas as mazelas e cobranças da profissão, perder a autonomia e a tranqüilidade na hora de julgar. É muito perigosa a tentativa de transformar o juiz em uma máquina, na qual se colocam os problemas de um lado e obtêm-se sempre sentenças perfeitas na outra ponta, mas isso não autoriza que o Estado fique impune diante da ineficiente prestação da tutela jurisdicional.

Ainda sob a vigência da Constituição anterior, esse tema já gerava calorosas discussões na doutrina. Vale trazer a lume o ensinamento de Luiz Rodrigues Wambier, para quem

> a demora na prestação da tutela jurisdicional constitui-se, no mais das vezes, em causa de sensíveis danos ao cidadão; imaginar que, seja qual for a sua causa, possa resultar na irresponsabilidade do Estado é raciocínio que implica desconsiderar o preceito constitucional da ampla reparabilidade as lesões aos direitos dos cidadãos.

---

[23] "O retardamento ocorre, em regra, pela ocorrência ou concorrência das seguintes causas: serviço mal aparelhado e desídia do magistrado, não sendo rara a conjugação dos dois fatores negativos. Entendemos que, se a demora ocorre por conta exclusiva da negligência do juiz, a responsabilidade é do juiz, passível de sanções pecuniárias, administrativas e até penais, sem prejuízo do disposto no art. 133, II, e parágrafo único, do CPC. Se a procrastinação se dá por culpa do juiz e da 'falta de serviço', como é freqüente, responde o Estado, com ação regressiva contra o juiz negligente. Na hipótese de as autoridades incumbidas da fiscalização e correição das atividades forenses negligenciarem no desempenho das suas atribuições, haverá responsabilidade do Estado e da autoridade faltosa (parágrafo único do art. 107, referindo-se à Constituição Federal de 1967). 'Na prática, nada disso funciona, como todos sabem. Mas é bom que se diga e proclame, pois mais vale acender uma vela do que maldizer a escuridão'." Azevedo, 1994, p. 16.

[24] "A condenação ressarcitória, para o juiz responsável por má prestação jurisdicional, constituiria estímulo a que todos os demais se motivassem à adequada outorga. É uma forma de se ampliar o acesso à justiça convencional. Para todos os juízes, porém – aqui incluídos aqueles que investem na autoformação continuada e procuram vencer a sobrecarga de trabalho resultante da contingência, o Judiciário precisa oferecer melhores condições de trabalho". Nalini, in: www.oab-ms.org.br

E complementa:

> É justo que ao provimento estatal imperfeito corresponda a necessária responsabilização do Estado e que o dever ressarcitório lhe seja imposto, de modo a restaurar o equilíbrio social rompido pelo ato jurisdicional danoso.[25]

Vale lembrar que o tema da responsabilidade civil do Estado passou por três fases bastante distintas. Em um primeiro momento, o Estado não tinha o dever de indenizar, em qualquer hipótese – teoria da irresponsabilidade do Estado. Após, progrediu-se para a responsabilidade com culpa – teoria subjetiva –, desde que esta fosse provada, mas sempre calcada em critérios subjetivos. Hoje, temos a responsabilidade objetiva, prevista no § 6º, do art. 37, da Constituição Federal, mas na modalidade de risco administrativo, e não de risco integral. Isso significa dizer que, provados o evento danoso e o nexo de causalidade, o Estado é obrigado a indenizar, independentemente de culpa, somente se admitindo exclusão ou atenuação da indenização no caso de prova de culpa exclusiva da vítima, caso fortuito e força maior, devidamente comprovado.

Frise-se, porém, que, no caso de erro judiciário, previsto no art. 5º, LXXV, da CF, a responsabilidade será com base na teoria do risco integral, conforme bem traduzido por Nelson Nery Junior:

> Mais específica do que a garantia de indenização da CF 37 § 6º, aqui foi adotada a responsabilidade objetiva fundada na teoria do risco integral, de sorte que não pode invocar-se nenhuma causa de exclusão do dever de o Estado indenizar quando ocorrer o erro judiciário ou a prisão por tempo além do determinado na sentença.[26]

Importante ainda ressaltar o entendimento no sentido de que a prática de um ato danoso do juiz com culpa poderá ensejar o dever do Poder Público de indenizar o jurisdicionado, embora não possa ser responsabilizado o juiz diretamente, haja vista que o art. 133 do Código de Processo Civil relaciona os casos em que caberá a responsabilidade pessoal do juiz, mas somente a título de dolo.

---

25 Wambier, 1988, p. 41.
26 Nery Junior, 2003, p. 136, nº 71.

4. O JUSTO PROCESSO E A NORMA SOBRE A DURAÇÃO RAZOÁVEL DO PROCESSO

O processo civil é técnico e concebido em bases concretas e formais, utilizando-se de conceitos e procedimentos para o fim de, com a prestação da tutela jurisdicional, fazer-se justiça. Assim, toda vez que se mistura ou une-se um termo técnico e predefinido, tal como processo, com conceito filosófico como "justo", sempre haverá opiniões e divergências.

Exatamente nessa linha de raciocínio, poderia parecer um paradoxo aceitar a existência de um *justo processo*, tendo em vista que, em tese, não se poderia conceber um processo que não fosse justo. Todavia, processo é um instrumento da jurisdição, termo técnico e meio para prestação da tutela jurisdicional, o qual pode ter início, desenvolvimento e término sem que várias regras fundamentais tenham sido observadas, mas que, de igual modo, atingirá a consecução do objetivo final, ainda que de forma obscura, ou seja, terá havido "processo", mas não um "justo processo".

Desse modo, não há contradição em usar ou defender a expressão *justo processo*, porquanto um *processo* pode existir e terminar, sem nunca ter sido *justo*, adequado, honesto e democrático.

Entretanto, um processo em que sejam rigorosamente respeitados todos os princípios processuais e morais, mas que tenha uma duração excessivamente longa, não será igualmente justo, motivo pelo qual sua duração razoável é preocupação que deve orientar o legislador, o jurista e todos os operadores do Direito, sob pena de se transformar a atividade jurisdicional em seu todo em uma grande fábula, um enorme dispêndio de tempo e dinheiro, que jamais atinge o fito e princípio maior do estado democrático, que é a realização da mais lídima forma de *justiça*.

5. PROPOSTAS NA BUSCA DA RAZOÁVEL DURAÇÃO

Como dissemos, a duração do processo é conseqüência natural e necessária[27] para que haja o amadurecimento da síntese

---

[27] Neste sentido, por todos, Tucci, 1997, p. 14-15.

e da antítese trazidas pelo autor e pelo réu, permitindo-lhes amplo direito de defesa, contraditório, e oportunidade de produzirem provas e de interporem recursos contra as decisões que lhes forem desfavoráveis, daí por que o processo não pode ser resolvido de imediato.

Em razão do lamentável quadro atual da Justiça brasileira, apresentamos três propostas básicas e centrais do presente trabalho como primordiais e iniciais na busca da realização do Direito Constitucional da razoável duração do processo.

A primeira delas é a imediata destinação de verbas para a completa reforma da estrutura do Poder Judiciário, investindo-se seriamente em equipamento, tecnologia, pessoal e treinamento.[28] Além disso, entendemos que a resolução do problema da exagerada duração do processo civil passa pela conscientização das partes e dos operadores do Direito, cada qual fazendo o que lhe é cabível.

Crucial pensarmos seriamente na profissionalização e privatização dos cartórios e demais serviços judiciais, a exemplo do que já ocorre nos cartórios de notas, de protestos e de registros, obviamente fiscalizados pelo Poder Judiciário. O juiz deve ter sua atenção e esforços voltados à função jurisdicional, sendo inaceitável a atual obrigação de administrar cartórios, funcionários e demais problemas que daí emergem. O próprio comando do fórum deve ser confiado a um administrador especialmente contratado para esse fim.

A segunda proposta diz respeito à inexplicável insistência em não se alterar o art. 520, do CPC, que trata dos efeitos em que é recebida a apelação.

Qualquer que seja o tema tratado é uníssono o entendimento de todas as correntes da doutrina no sentido de ser totalmente injustificável e inexplicável que o art. 520 do CPC não seja altera-

---

28 "Há fatores econômicos, obviamente. O Poder Judiciário sofre de escassez crônica de recursos e, em parte por isso, em parte por certa falta de discernimento administrativo, deixa de aplicar meios necessários, por exemplo, para um emprego mais intenso da tecnologia moderna." Barbosa Moreira, 1994, p. 131.

do para transformar a regra do recebimento do recurso somente no efeito devolutivo.

Automaticamente ocorrerá uma grande valorização da sentença quando esta passar a ser imediatamente executiva, já que os magistrados se sentirão mais incentivados a criar verdadeira normatização do caso, isto sem contar uma esperada tendência das partes a se conformar mais com a sentença proferida e executada provisoriamente, a diminuir o excessivo número de recursos.[29]

A terceira proposta é a estipulação de prazo máximo de duração do processo em cada esfera judicial. Repita-se, não se trata de obrigar o juiz a cumprir prazos incompatíveis, mas devem ser tomadas providências sempre que o processo ultrapassar determinado prazo máximo, o qual virá previsto em lei, desde que não tenha para isso concorrido unicamente as partes.

Ressalvada, obviamente, a complexidade da causa, torna-se um objetivo institucional acabar com a duração absurda, com processos que excedem 10, 15 ou 20 anos. Imagina-se que – como ideal inicial a ser alcançado –, no máximo, o processo teria cinco anos de duração (dois anos em 1ª instância, um ano e meio em 2ª instância e um ano e meio nas Cortes Constitucionais), sendo que, após esse prazo, em cada uma delas, deverá ser finalizado em caráter de "urgência urgentíssima", não se medindo esforços, a não ser que as partes diretamente tenham concorrido para a demora ou que unanimemente estejam concordes com a tramitação normal.

Paralelamente, poder-se-ia pensar em isenção de honorários advocatícios, a exemplo do processo monitório, para cumprimento voluntário de determinações judiciais, ou ônus maior em caso de recurso, tal como ocorre no juizado especial cível. É preciso pensar na criação de incentivos à parte para incentivá-la a não litigar.

---

29 Sobre o tema, por todos, Silva Ribeiro, 2006.

6. BIBLIOGRAFIA

Andolina, Italo. *"Cognizione" ed "Esecuzione Forzata" nel Sistema della Tutela Giurisdizionale*. Milão: Dott. A. Giuffrè Editore, 1983.

Azevedo, Álvaro Villaça. "Proposta de Classificação da Responsabilidade Objetiva: Pura e Impura. Algumas Hipóteses de Responsabilidade Civil no Código de Processo Civil." In: *Revista do Advogado* 44, outubro de 1994. Associação dos Advogados de São Paulo.

Barbosa Moreira, José Carlos. "A Efetividade do Processo de Conhecimento." In: *Revista de Processo* 74, ano 19, abril-junho de 1994. São Paulo: Revista dos Tribunais.

Bedaque, José Roberto dos Santos. *Direito e processo: influência do Direito Material sobre o processo*. 3ª ed. rev. e ampl. São Paulo: Malheiros, 2003.

Beneti, Sidnei Agostinho. *Da conduta do juiz*. 3ª ed. rev. São Paulo: Saraiva, 2003.

Calmon, Petrônio. *Comentários à lei de informatização do processo judicial. Lei nº 11.419, de 19 de dezembro de 2006*. Forense, 2007.

Chiovenda, Giuseppe. *Principii di Diritto Processuale Civile*. Napoli: Jovene Editore, 1965.

Dias, Ronaldo Brêtas C. A. "Jurisprudência do STF sobre a Responsabilidade do Estado por Ato Jurisdicional." In: *Revista de Processo* 103, ano 26, julho-setembro de 2001. São Paulo: Revista dos Tribunais.

Dinamarco, Cândido Rangel. *A instrumentalidade do processo*. 3ª ed. rev. e atual. São Paulo: Malheiros, 1993.

_____. *Nova era do processo civil*. São Paulo: Malheiros, 2003.

Fornaciari Júnior, Clito. *Processo civil: verso e reverso*. São Paulo: Juarez de Oliveira, 2005.

Franciulli Netto, Domingos. *A prestação jurisdicional – o ideal idealíssimo, o ideal realizável e o processo de resultados*. Campinas: Millennium, 2004.

Junoy, Joan Picó I. *Las Garantias Constitucionales del Proceso*. Barcelona: Jose Maria Bosch Editor: 1997.

Lopes, João Batista. "Efetividade do processo e reforma do Código de Processo Civil: Como explicar o paradoxo processo moderno – Justiça morosa?" In: *Revista de Processo* 105, ano 27, janeiro-março de 2002. São Paulo: Revista dos Tribunais.

Lopes, Maria Elizabeth de Castro. *O juiz e o princípio dispositivo*. São Paulo: Revista dos Tribunais, 2006.

Lopes Jr., Aury e Badaró, Gustavo Henrique. *Direito ao Processo Penal no prazo razoável*. Rio de Janeiro: Lumen Juris, 2006.

Meirelles, Hely Lopes. *Direito administrativo brasileiro*. 26ª ed. São Paulo: Malheiros, 2001.

Nalini, Renato. *A Rebelião da Toga*. Campinas: Millennium, 2006.

_____. "Novas perspectivas no acesso à justiça." In: www.oab-ms.org.br

Nicolitt, André Luiz. *A duração razoável do processo*. Rio de Janeiro: Lumen Juris, 2006.

Nery Junior, Nelson. *Princípios do processo civil na Constituição Federal*. 5ª ed. rev. e ampl., 2ª tir. São Paulo: Revista dos Tribunais, 1999.

_____. *Código de Processo Civil comentado*. 7ª ed. rev. e ampl. São Paulo: Revista dos Tribunais, 2003.

Silva Ribeiro, Leonardo Ferres da. *Execução provisória no processo civil*. São Paulo: Método, 2006.

Tucci, José Rogério Cruz e. *Tempo e processo: uma análise empírica das repercussões do tempo na fenomenologia processual (civil e penal)*. São Paulo: Revista dos Tribunais, 1997.

Wambier, Luiz Rodrigues. "A Responsabilidade Civil do Estado Decorrente dos Atos Jurisdicionais." In: *Revista dos Tribunais* 633, ano 77, julho de 1988. São Paulo: Revista dos Tribunais.

Watanabe, Kazuo. *Da cognição no processo civil*. São Paulo: Revista dos Tribunais, 1987.

Cadastre-se e receba informações sobre nossos lançamentos, novidades e promoções.

Para obter informações sobre lançamentos e novidades da Campus/Elsevier, dentro dos assuntos do seu interesse, basta cadastrar-se no nosso site. É rápido e fácil. Além do catálogo completo on-line, nosso site possui avançado sistema de buscas para consultas, por autor, título ou assunto. Você vai ter acesso às mais importantes publicações sobre Profissional Negócios, Profissional Tecnologia, Universitários, Educação/Referência e Desenvolvimento Pessoal.

Nosso site conta com módulo de segurança de última geração para suas compras.
Tudo ao seu alcance, 24 horas por dia.
Clique www.campus.com.br e fique sempre bem informado.

www.campus.com.br
É rápido e fácil. Cadastre-se agora.

Outras maneiras fáceis de receber informações sobre nossos lançamentos e ficar atualizado.

- ligue grátis: **0800-265340** (2ª a 6ª feira, das 8:00 h às 18:30 h)
- preencha o cupom e envie pelos correios (o selo será pago pela editora)
- ou mande um e-mail para: **info@elsevier.com.br**

ELSEVIER
EDITORA CAMPUS
NEGÓCIO
Alegro

Nome: _____
Escolaridade: _____ ☐ Masc ☐ Fem   Nasc: __ / __ / __
Endereço residencial: _____
Bairro: _____ Cidade: _____ Estado: _____
CEP: _____ Tel.: _____ Fax: _____
Empresa: _____
CPF/CNPJ: _____ e-mail: _____

Costuma comprar livros através de: ☐ Livrarias ☐ Feiras e eventos ☐ Mala direta ☐ Internet

Sua área de interesse é:

☐ **UNIVERSITÁRIOS**
☐ Administração
☐ Computação
☐ Economia
☐ Comunicação
☐ Engenharia
☐ Estatística
☐ Física
☐ Turismo
☐ Psicologia

☐ **EDUCAÇÃO/ REFERÊNCIA**
☐ Idiomas
☐ Dicionários
☐ Gramáticas
☐ Soc. e Política
☐ Div. Científica

☐ **PROFISSIONAL**
☐ Tecnologia
☐ Negócios

☐ **DESENVOLVIMENTO PESSOAL**
☐ Educação Familiar
☐ Finanças Pessoais
☐ Qualidade de Vida
☐ Comportamento
☐ Motivação

20299-999 - Rio de Janeiro - RJ

O SELO SERÁ PAGO POR
Elsevier Editora Ltda

CARTÃO RESPOSTA
Não é necessário selar

ELSEVIER
CAMPUS
NEGÓCIO
Alegro

Cartão Resposta
0501200048-7/2003-DR/RJ
Elsevier Editora Ltda
CORREIOS